ZHONGGUO
WENSHIJINGPIN
NIANDUJIAZUO

耿 立

主 编

GENGLI
ZHUBIAN

中国文史精品

年度佳作

2017

山西出版传媒集团

山西人民出版社

图书在版编目（CIP）数据

中国文史精品年度佳作 2017 / 耿立主编 . —— 太原 : 山西人民出版社，2018.4

ISBN 978-7-203-10338-7

Ⅰ . ①中… Ⅱ . ①耿… Ⅲ . ①文史资料—中国— 2017 —汇编 Ⅳ . ① K250.6

中国版本图书馆 CIP 数据核字 (2018) 第 032160 号

中国文史精品年度佳作 2017

主　　编：耿　立
责任编辑：孙宇欣
复　　审：刘小玲
终　　审：员荣亮
装帧设计：八牛·设计

出 版 者：山西出版传媒集团·山西人民出版社
地　　址：太原市建设南路 21 号
邮　　编：030012
发行营销：0351-4922220　4955996　4956039　4922127（传真）
天猫官网：http://sxrmcbs.tmall.com　电话：0351-4922159
E-mail：sxskcb@163.com　发行部
　　　　　sxskcb@126.com　总编室
网　　址：www.sxskcb.com

经 销 者：山西出版传媒集团·山西人民出版社
承 印 厂：山东新华印务有限责任公司

开　　本：710mm×1000mm　1/16
印　　张：13.5
字　　数：249 千字
印　　数：1—5000 册
版　　次：2018 年 4 月　第 1 版
印　　次：2018 年 4 月　第 1 次印刷
书　　号：ISBN 978-7-203-10338-7
定　　价：42.00 元

序言

历史的记录在哪儿？

耿　立

历史是一种发生，一种存在，一种记忆，一种阅读，一种传播。

历史也是一种扭曲，一种遮蔽，一种欺辱，一种改写，一种人云亦云。

发生的历史不一定被记录，记录的不一定就真实，夹藏私货者、有意篡改者多矣。

有人言：历史只相信被记录下的。当发生的没有被记录，那真相在哪里？

所以，这就是很多很多人想着烧掉文字，杀死在场者的原因。历史很残酷，残酷的是遮蔽历史的人，是心存诡诈、做出见不得人见不得历史丑事的人。

所以，人们读史，就会读出悲凉，读出热泪。

所以，我们读历史的时候，一半要小心雷区；但是我们面对那些拼死写出的历史，要保持敬意。

人们说，读史使人明智，这是从启发和借鉴来说的。在中国人心中，历史代表一种价值判断和定位，人们对历史有着肃穆的信仰。

历史在我们这里，有着宗教一样的地位，宗教的末日审判，到了我们这里是历史来承担这件事。我们总相信历史会给坏人以诅咒，给好人以赞美。所谓的历史定位，就是一种历史一种伦理，人的一切言行、一切事功都是要上史书的。于是历史的写作真实，不畏权势，秉笔直书和价值判断，一字寓褒贬，就是人们对写史的要求。

怎样来记录历史？我想到了阿赫玛托娃的长诗《安魂曲》：这是写在大墙下的文字，一个妇人因儿子被捕，她带着为儿子准备的包裹等候在监狱的大墙下，惊恐地四处探听儿子的命运。这是阿赫玛托娃仅仅写自己的儿子吗？这是写给天下所有受伤的母亲：

我知悉一张张脸怎样凋谢，

眼睑下流露出凄楚惊恐的目光，

苦难怎样将粗粝的楔形文字，

一页页刻上面颊，

一绺绺乌黑乌黑的卷发，

霎时间怎样变成一片银白，

微笑怎样从谦和的嘴唇枯萎，

恐惧在干涩的轻笑里战栗。

我不仅是为我一个人祈祷，

而是为了所有与我站在一起的人们，

无论是凛冽寒冬，还是七月热浪，

我扑倒在失明的红墙下。

《安魂曲》 楼肇明译

也许在苦难面前，诗歌是软弱的、无用的，但阿赫玛托娃说她要用这无用的话语，为曾经和正在受苦难的人们"编织一块巨大的遮羞布"。这样的"安魂曲"，安放了诗人阿赫玛托娃，也安放了众多孤苦无告的母亲们的灵魂。

人们读史，对一些历史黑洞和禁区，就像侦探一样，欲摸索真相。

读史就是读人，读心。历史的价值，既是对丑陋的存照，也是对正义的存照。

在国人的观念里，历史是存在因果的，人是自己的因也是自己的果。人活在当下，也活在历史中。

也许，因为有因果，历史给人以希望，也给人以恐惧。这也许，就是历史活着的价值。

2017 年 11 月初　珠海

目录

无神之讼

李敬泽

公元前 632 年六月，卫国，这盛产圣人、偏执狂、诗人和罪人的国度，经历了动荡不定的冬天、春天和初夏，终于迎来了一个平静的夜晚。两个月前的城濮之战后，天下大定，晋文公重耳确立了晋国的霸权。楚国暂时退出了中原，它只是遭受了挫折，但并未失去它的力量。而那些曾经属于楚国阵营的国家将在新秩序下付出代价，比如郑国，比如曹国。

卫国有理由感到幸运，这个国家证明了它具有卑微而机敏的生存能力。它在两头巨兽的搏斗中居然幸存下来，居然完好无损。而且，摄政的公子叔武证明了他对社稷的忠贞、对他的兄长和君王的忠贞，他谢绝了晋文公的好意："谢谢，我不能取代我的兄长，没有什么比我和哥哥的情义与信义更加重要，我所做的一切只是为了有朝一日把君位还给他。"然后，流亡陈国的卫成公郑的代表宁俞庄严盟誓，成公郑不会追究和报复那些在他流亡期间留在卫国支持叔武的人们，卫国将团结如初，成公郑将一如既往地信任叔武，信任辅佐叔武的元咺。

这是美好而幸运的结局。这一切完全符合成公郑、叔武和元咺在绝望中的复杂设计。卫国，这个在精神上的绝对洁净和绝对黑暗之间摆荡着的国家，这个将诞生商鞅的国家，会在春秋史上开创一个先例，它将证明，人有可能在德行的指引下安然穿过权力和政治的泥沼。

在这个夜晚，天下最轻松的人可能就是叔武。这个人，我们至今还没来得及注视他。此时此刻，他正在沐浴，他的身体在清水中如雪如玉。我们无法从史籍中确定他的确切年龄，但是，他一定是年轻的，他还是少年。他的身体如一棵光滑清新的树，还不曾留下欲望、算计和猜忌的斑点和节疤。所有见到他的人，都会暗自叹息，这个孩子，他这么洁净，最不适合他的可能就是君位，不能想象，他会行走在肮脏的猛兽中间。

对叔武来说，今晚是轻的，轻如鸿毛。他细细地洗濯自己，他的嘴角浮着笑意。

他或许想到了，明天，哥哥就回来了，他将注视着英武如神的哥哥走向大殿尽头的君位，他甚至想到，在他的君上坐下的一瞬间，远远地看了他一眼，过去那些明亮的日子在目光中微妙地闪过。

浴室的门开了，一个侍从悄无声息地走进来，隔着蒸腾的白雾，他甚至没有看清侍从的脸，但他听到了侍从的声音：

"公子，君上回来了。"

"啊！"叔武惊喜地叫起来，"哥哥回来了！不是说好了明天吗，怎么现在就到了？快，帮我穿上衣裳。"

"公子，他们已经到了，就在门外。"

"啊！"

叔武"哗"地一下站起来，晶莹的水从他身上倾泻而下，如同玻璃碎了。

他接过一件外衣披上，他已经来不及晾干、梳理他的头发，他一手"捉发"，赤着脚，奔出门去。

他看见熊熊火炬映红夜空。

看见院子里站满了士兵。

看见宁俞、歂犬和华仲站在人群的前面，他认识他们，他们跟随哥哥流亡。

他想，哥哥在哪儿呢？

这个疑问将永远地存在着。

因为就在这一刻，一支沉重的箭挟着狂风向他扑来。

叔武倒下了。

那个夜晚所有在场的人都不会忘记这个少年的倒下，他的白衣，他雪白的身体，如天上一只雪白的鸥鸟被击中，所有的人都记得他的眼睛，那是惊喜的、期待的目光，是孩子，是羔羊。

所有的人一动不动，火把在燃烧，猎猎如旗。所有的人都像在一个梦里，射出那一箭的歂犬也如定住了一般，手依然保持着松开弓弦的姿态。

"叔武！叔武！"

人群两边闪开，成公郑踉踉跄跄地跑进来：

"叔武何在？叔武何在？"

然后，他看见了他的弟弟。倒在地上的弟弟，胸口插着箭，箭上的翎毛犹在颤动，只有细细的一缕血，流到他锁骨的凹处，竟积住了，如一枚红玉。

成公郑呆立着。在人们眼里，他的身体如一座流失的沙丘，风吹过，渐渐地垮下去，他垮在叔武的身旁，不知过了多久，发出尖厉的抽泣。不是号啕，是一根细细的弓弦在拉着心、拉着肺。

就这样，一声，一声……

不知过了多久，他站起来，转过身，所有人都吓了一跳，成公郑面如厉鬼，盯着满院子的人——

"谁干的？"

"谁？！"

他看向歜犬、华仲，他盯着歜犬手中那把空弓。

他抬起手，指定了歜犬：

"杀了他！"

那夜，元咺纵马奔逃。

高天阔地呀，竟容不下一个叔武！

元咺并不是为了逃亡。他反复想过自己的下场，只能是一死，被砍死、被箭射死、被三尺白绫吊死。当他得知成公郑竟然误听人言杀了他的儿子时，他就知道，大路朝天，他元咺终究是要死。他不是叔武，他深知世间山高水低，当那个晚上，成公郑把卫国的社稷、把他们兄弟的命都托付给他时，他知道，这是如山如河的大信，而山有猛虎、水有波涛，就在这不可置疑的大信中，必然潜伏着凶险的不信。儿子死了。他甚至都不曾为此流下一滴眼泪，他只是在深夜里，睁大眼睛，注视着黑暗的最深处，他对他的儿子说："我的孩子，如果死而有灵，如果你的魂魄不散，你不要走远，你等等你的父亲，为父很快也会去了。"猜忌之心一起，一个君王就是一头醒来的猛虎，猜忌被证明错了，但那又怎样？成公郑的心里，已经有了鬼，已经有了虎，他已经吞噬了自己的儿子，他必定要吃掉自己。

但元咺从不曾犹豫，他还是要和叔武一起，迎回成公郑。靡不有初，鲜克有终，他想，他活着就是为了成全当初那份如山之重的大信。他和儿子都曾经宣誓效忠他们的君王，那么好吧，受人之托，忠人之事，至于这条命，你拿去！

但是，你不能杀了叔武！天理昭昭！天理昭昭！你不能杀害那个孩子！

在那匹狂奔的马上，元咺确信，他必须逃命，必须活下去，他不是为自己活着，他是为那死去的孩子活着。这可怜的孩子呀，他像一滴水一样洁净透明，他想都不曾想过背弃自己的兄长和君王，他面对常人不可抵抗的诱惑，卫国的君位触手可得，但是，苍天在上啊，这孩子从没想过要伸手拿过来，他只是在替他的哥哥保存一件东西，然后，他要完好、郑重地交给哥哥。

多么恶毒的人才能对这样一个孩子下手，世间如果还有信，还有义，这孩子就不能白死，我必申冤！姬郑，从今夜起将不是我的君王，他是我的仇敌，他是必受惩罚的罪人！

公元前 632 年，中原多事之年。一切都以春秋时代罕见的速度迸发。各国的史官们发现，他们本来清简如朝露的工作骤然间如疾风猛雨，这一年的事竟多于之前十年二十年的事。

在这一年的许多事中，有一件事很大。但是史官们并未看出它的大。他们的目光只盯着眼下，他们未能在漫长历史的尺度上衡量事件的意义。

这一年，在春秋史上，发生了第一件，也是唯一一件针对诸侯国国君的诉讼。这不是比喻，不是比附，这是一次真正的、近于现代意义的诉讼和审判。有原告，有被告，有辩护人。想必也遵循着特定的程序。

这就是元咺诉卫国国君姬郑案。

这一年冬天，晋文公重耳继践土之会后举行了第二次诸侯盟会——温之会。齐、鲁、宋、蔡、郑、陈、莒、邾、秦的国君参加了盟会。其中，秦国第一次参与中原诸侯的会盟，这个偏处西陲的国家由此开始了席卷天下的漫长征程。而秦穆公，这雄才大略的君王，他一定不会想到，他的国家的最终命运将取决于后世一个名叫商鞅的卫国人，现在，他只是漠然地看着卫成公郑像一个卑贱的囚犯，被押解到晋军大营。

一国的国君面对他的臣子的控告，这是春秋前所未有之事。这将是一次公正的审判，晋文公，这新的霸主，将在周王和诸侯面前为天下主持公道。考虑到被告的特殊身份，那些天里，他手下的群臣必定翻遍了典册，尽力使一切符合古老的、已经近于传说的律法，同时参酌了当时司法实践的一般惯例。

于是，卫成公将不会出庭。作为尊贵的国君，他可以委托一名代理人，叫作"坐"，但是这个"坐"可不仅是一般意义上代理，他不仅作为被告出席庭审，而且，一旦被判有罪，作为虚拟和象征的戴罪之身就立即转化为实体，他要第一个接受惩罚。

这个危险的"坐"由卫国大夫蓬庄子担任。

还必须有律师，他是被告一方的辩护人，按照当时的说法，这叫"大士"，由卫国大夫士荣担任。

参与诉讼的还有宁俞，他是成公郑的主要谋臣，也是案件的重要当事人，正是他代表成公郑与留守的卫人达成了誓约，也正是他那天晚上带领军队提前回到都城。现在，在即将开始的诉讼中，他的角色是"辅"。"辅"的功能，史官们语焉不详。考量宁俞在整个事件中的作用，这个"辅"很可能是主要的辩方证人，鉴于成公不出庭，他必须作为知情人、作为成公之"辅"，提供证词和解释。

如此重要的春秋时期大审，在《左传》中除了交代人物之外，只有寥寥四个字：

"卫侯不胜。"

卫成公郑的官司输了，被判有罪。

如果回到两千六百多年前的庭审现场，想象在狱官、法官面前，一方站着元咺，另一方站着蘧庄子、士荣和宁俞，他们何以证明成公郑有罪或无罪？

争辩的焦点，也是元咺控诉的主要案由，必定是，姬郑，这个背信之人，他背弃了庄严的誓约，他曾经承诺，在归国复位后将会宽免所有留在卫国守护社稷的人们。这首先就是叔武。而现在，他卑鄙地谋杀了叔武，他公然践踏了他的誓言！

而士荣，这位中国史上第一位留下姓名的刑辩律师，必定会将辩护的重点放在成公郑的"不知情"："我的君主，他没有任何犯罪动机，他从未想过杀害甚至伤害叔武，众所周知，叔武是他最亲的弟弟。大庭广众之下，人们目睹了他对叔武之死的悲伤和愤怒，他立即下令诛杀了违命擅杀的逆贼，作为国君，他以此有力地证明了他的信义和公道。"

这位士荣先生一口咬定姬郑不知情。"好吧，现在我要问的是，在今年六月，在举行了盟誓，保证绝不追究留守社稷的人们之后，双方约定了姬郑返回都城的时间，这个时间是哪一天？"

……

"好，那么请问，为什么你不按约定的时间回去？为什么你们要提前一天？是不是，你们订下誓约，就是为了背弃誓约？姬郑，这卫国的君主，他就是要蓄意欺骗他的臣民，就是要提前动手，出其不意？！

"好，你刚才说了那么多理由，告诉我们你们不得不提前回去，你们无意背信和欺骗。可是你就是不能解释，提前回去为什么不告知一下叔武或元咺？那只需要一个人、一封书信。叔武和元咺一定会摆开盛大的仪仗迎接国君的归来。而你们不，你们在暗夜中悄悄地来了，像贼一样来了，你们让宁俞叫开城门，因为是他代表姬郑订立了誓约，让守城门的人放松了警惕，他们认为他一定是先期回来，有事相商，于是，城门就这么开了，叔武就这么死了。

"好吧，事到如今，你们依然咬定姬郑并不知情。他不知道歂犬会杀叔武，他没有向歂犬、向任何人下达这样的命令。宁俞你愿意做证，你们从没有商量过此事，一句话、一个字也没有。好吧，现在，我们不得不相信，这个歂犬，他是疯了，他在没有得到任何命令的情况下，径自张开弓，搭上箭，对准了他的主上最亲的弟弟，他甚至没等叔武说出一句话就射出了他的箭！他与叔武并无私仇，你们告诉我这是为什么？你们说这是歂犬愚蠢的忠心，他一定是担心叔武会谋反作乱，所以，他就做了他认为应该做的事，然后呢？他所忠诚的君上甚至都不听他一句倾诉和申辩就把他当场杀了，是吗？

"法官大人，陪审团的先生们，现在摆在我们面前的，是一个有关猜忌、有关卑鄙的背信的案件。同时，也是个有关善、有关德行和信义的悲剧。那个死去的少年，他爱他的哥哥，他没有一刻想过要背弃他的君王，即使在今天，在此刻，你们也不忍和不能指控他做过任何伤害或者图谋伤害君上的事，他的心和手都一样清白。

"可就是这样一个人，他被杀了，在他的兄长、他的君王处心积虑的谋划下被杀了。是的，这不是什么意外，这是处心积虑的谋杀。这个人，这个叫姬郑的人，他的身上流着文王高贵的血，但是，他的心里盘踞着蛇蝎，他要用无辜者的血换来他王位的安宁。他背信弃义，毫无理由地杀害了自己的弟弟！如果这天下依然是周天子的天下，依然是按照神圣的天理和律法所运行的天下，那么，这个人，他就是有罪的。即使他是一个国君，他仍然是一个罪人！"

——我们永远不会知道此案的抗辩过程。这无疑是中国历史的一个重要损失。我们现在知道的是，为国君辩护失败的律师必须去死，于是，倒霉的士荣被处以死刑。蘧庄子是成公郑的替身，必须分担姬郑的罪责，他被处以刖刑，双腿从膝盖处被斫断。宁俞被赦免，他毕竟只是忠于他的主上。

元咺回到了卫国，在晋国支持下扶立公子瑕为君。

剩下的问题就是，如何处置成公郑这个罪人。

在公元前 632 年这场语焉不详的审判中，合乎法理的终审法官应是周王。

只有周天子有权判决诸侯。当然，自春秋以来，周王从来不曾行使这项权力。非不为也，是不能也，周王早已失去行使权力的能力。很多诸侯死于非命，他们或者恶贯满盈，或者运气太差，但惩罚并非来自公开施行的律法，而是因为王纲解纽，犯上作乱。

所以，这场审判是对古老律法的一次心血来潮、别出心裁的模仿。这不是周襄王的法庭，这是霸主晋文公的法庭。"霸主"是后人对齐桓公、晋文公的权力实质的表述，在当时正式的文书中，他们被称为"方伯"，这来自最初的霸主齐桓公所召唤的历史记忆：周王曾经授予齐国始祖姜太公以方伯之权，他可以代表周王征伐诸侯，维护天下秩序。此时，周王已不是昔日的周王，而方伯已是僭主或霸主，他的权力并非来自周王，而是来自大国实力。但无论齐桓、晋文，他们都精明地意识到，挟天子可令诸侯，周王仍然是可供征用的合法性资源。

晋文公重耳对卫成公郑素无好感，他本来就希望由叔武接过君位。当元咺逃到晋国，向他投诉卫国发生的一切，他立刻断定，绝不能听之任之，这是对他个人的羞辱，是对霸主权威的挑战。他俯允了叔武的请求，同意姬郑复位，但这个姬郑，他连一天都等不及就杀掉了叔武，他还知不知道谁是老大？难道霸主就不是恶霸？

最简便的办法是，立即纠合诸侯，兴师问罪。但是，晋文公重耳和他的群臣一向极富想象力，他们已经充分尝到了使用周王的甜头，晋国的霸业就是从出兵平定周王的家务纠纷开始的。在城濮之战后的践土之会中，他们像唱堂会请名角一样把周襄王唤来，所有的人都看出周王是不得不来，但来和不来大不一样。周王如灯，纸灯笼也是灯，周王是龙，虽然是纸糊的龙。现在，晋文公舞龙灯，正在兴头上。

既然在法理上，一个诸侯无权判决另一个诸侯，既然作为方伯，他有整顿天下之权，那么他何不在天下诸侯面前公开审理元咺的诉讼，然后把罪人交付周王，让其行使这神圣的权力？还有什么比这更能显示他是多么认真地维护着礼法和公义？

现在，陪审团做出了有罪裁定，然后，姬郑被交给了周襄王。晋文公重耳的意旨是明确的：这个有罪的人，请你判他死刑。

但是，谁也没有想到，就在那一瞬间，纸龙变成了活龙，周襄王居然拒绝了重耳的要求。

《国语·周语》记载了襄王的答复：

> 不可……夫君臣无狱。今元咺虽直，不可听也。君臣皆狱，父子将狱，是无上下也。而叔父听之，一逆矣。又为臣杀其君，其安庸刑？不布而不庸，再逆矣。一合诸侯，而有再逆政，余惧其无后也。不然，余何私于卫侯？

周襄王管不了自己的老婆和弟弟，他也不得不屈服于晋国的强权，但是，此刻面对这一案件，他的驳回堪称完美，大道昭然。

"既然我们在谈古老的律法，那么好，我们先谈一条，那就是君臣无狱。古老的律法首重人伦，人伦是最根本的法。臣子控告君王，这本身就不能立案不能受理，这世上必定有很多败德作恶的君王，但是，如果律法给予了臣子控告的权利，那么维系这个世界的基本秩序就会动摇崩溃，臣可以告君，儿子可以控告父亲，请问，这将是一个什么样的天下？这是否是你想要的天下？

"你要知道，这不是一个自然人对另一个自然人的诉讼，这实际上是臣民对一个君王的统治行为的诉讼，这种统治注定包含暴力。而你又是凭着哪一条律法来界定君王暴力的正当或不正当？

"好吧，现在，你要如此处置一个君王，请问，其他诸侯会怎么想，他们会为此欢呼，会说你发动了革命把公义带给了天下吗？不，他们会陷入深深的恐惧，在他们面前将敞开一个凶险莫测的新世界，在这个世界里，将只有律法的公正，而不再有世界的根本伦常，他们将不得不为自己的头颅提心吊胆，因为他们随时都会成为他们臣民的被告！你认为他们还会跟着你走吗？"

——这一套说法是如此反动而如此有力，周襄王动用了周王朝深谋远虑的智慧证明了眼前这个政治暴发户还是太嫩，他揭开了晋文公在采取如此富于想象力的行动之前未曾深思的事实：这不仅是一个案件的是非曲直，而是对于整个西周、春秋乃至后世的宗法伦常的根本挑战。在春秋，这种挑战至少在理论上是不可想象的。

在一个宗法制社会中，法律是宗法的延伸，宗法高于律法，也高于周王，更高于晋文公。文公默然，无言以对，春秋时的人们也只能信服。后世两千年，悠悠众口，包括公羊家、穀梁家，对于成公郑均无道德上的恕辞，但是他们也完全赞同周王的裁定。

一种超越宗法，超越君臣、父子，更具超越性和普遍性的法律和生活在公元前632年灵光一闪，然后熄灭了。

剩下的，就是成公姬郑。这个有罪的人，他逃过了死刑。按照古礼，他被幽禁在周廷，身边只有宁俞伺候。

成公郑失去了一切，不，他还有一条命在。公元前632年的烈焰把他锻造成了一块铜、一把刀。此时，他真正彻底地理解了他的父亲，至高的信念就是生存，就是活下去，比你的对手活得长，活着重新登上君位，这本身就是全部的目的和意义。

一切不像看起来那么渺茫，他知道，他已经成为晋文公重耳的一个麻烦，一个悬而未决的问题。重耳直接杀了他也就罢了，但是经过周王义正词严的辩护，重耳已经不能公开杀他。好吧，事情总要有个了断，重耳最希望的是他在某个早晨忽然自己死掉，而他偏要顽强地活着。

宁俞，这忠诚的臣子，他把自己变成了厨师和仆人。每天，他亲自做好饭，亲手送到姬郑的房中，看着他的主上吃下去。他们都知道，有些事必会发生，他们慢慢地等着。

姬郑病了，他们终于等来了一个医生。这个名叫衍的医生，他要为姬郑看病。当然，宁俞知道，一个医生要毒死一个病人是多么容易，他把医生请到自己房中。

房里陈列着玉璧和珍宝。宁俞说："我有事求你……"

事情就这样发展下去了。医生衍一直在给姬郑开药，但姬郑一直活着。21世纪的人会认为医生根本不曾下药毒，但当时的史官无法想象医生会如此不忠于职守，他们说，医生只是减少了毒药的剂量。

就这样过了将近两年，成公姬郑一直活着，他把自己活成了耐药性惊人的白鼠，同时也成了国际政治中一个令人尴尬的问题。终于，有一天，鲁国的臣子臧文仲向鲁僖公提起此事："既然大张旗鼓地审了，如果有罪，尽可以杀剠鞭扑，但是，一切刑罚必须公开执行。现在就这么不清不楚地关着，派人去下毒又没毒死，毒不死又不好意思追究下毒的医生，显然，他们也不想落下一个杀诸侯的名声。既然如此，还留着他干什么呢？事情总要有个了断，成公郑当日也是鲁国的盟友，何不出面说和，给晋国一个台阶，把人放了。"

鲁国向周王和晋文公各送去了十对玉璧。晋文公想了想，也烦了，做个顺水人情，答应释放姬郑。

释放成公郑，意味着放弃了元咺和他所拥立的公子瑕。晋文公把卫国交给了命运，好吧，这摊子烂事你们自己解决吧。

成公郑没有丝毫迟疑，他完全知道应该怎么做，他只能诉诸人性的黑暗，只能诉诸贪欲和背叛。他向卫国臣子周㪛、冶廑开出了价码："苟能入我，吾使尔为卿。"——拥立我吧，你们将成为执掌国政的上卿。

事情简单乏味：公元前630年，周㪛、冶廑发动政变，杀死了元咺和公子瑕，卫成公重登君位。

但故事还没有完。成公郑履行他的承诺，在太庙举行仪式，在卫国列祖列宗的灵前，向周㪛、冶廑授予上卿之命。

那一日，风和日丽，卫国的国人聚集在太庙门前，他们都已累了，疲惫而冷漠，所有的人都希望成公郑重回君位，他至少能为这个国家带来安宁。

然后，人们看见周㪛和冶廑下了车，周在前，冶在后，他们都穿着正卿法服，这一对赌徒志得意满，像两只斑斓的公鸡。

好吧。人们默默地看着。周㪛走到了太庙门前。

就在这一瞬间，周㪛忽然停住了，他站住，转过脸，他的脸上沸腾着痛苦和恐怖，然后，他轰然倒下，狂乱地抽搐。

没有人走过去，所有的人都目瞪口呆地看着。直到抽搐终于停止，一个太庙的礼官走过去，俯身探手试了一下鼻息，然后，站起来，低声说：

"他死了。"

他是对着冶廑说的。冶廑呆呆地看着礼官，然后，慢慢地脱下正卿的法服，转过身来，梦游一般走向马车。

马车绝尘而去。

是的。他们都没能成为正卿。

在那一刻，所有的人都知道，神灵是在的。但是，所有的人都对那神灵充满了疑惑：他究竟是依据什么施行他的惩罚呢？如果他是公正的，难道更应该被惩罚的不是成公姬郑吗？如果他放过了成公郑，他又如何让人相信他的公正，如何让人相信在世间、在冥冥之中、在人们的头顶上有不可置疑的大义？

——在那个阳光暴烈的早晨，成公郑站在太庙的台阶上，冷冷地俯视着这一切。他甚至都没有抽动一下眉毛。他的目光越过了眼前的一切，一直看向远方。

他看见了那个决定性的时刻。他和宁俞、歂犬、华仲，当他们决定出其不意地提前回到都城时，他的确没有说出、没有命令杀死叔武，甚至也没有人问他，他想，在那一时刻，他们所有的人都明白一件事：你不能把你的生存寄托于对方的善意。

然后，他看到了血，叔武的血，他的血竟是稀薄清淡的，有着青草的腥味。他看见自己在抽泣，他永不能忘记那种把内脏一丝一缕地抽取出来的抽泣。那时他就知道，这是他在这世间的最后一次哭泣，为了他的父亲、为了叔武、为了他自己、为了多难的卫国、为了这不仁的天地。

他抱起叔武，他把亲爱的弟弟单薄的身体紧紧地搂在怀里。他想，这世间终究是没有神灵的。

《当代》2017 年第 2 期

"娶洋妇"记

周松芳

晚近以来，中国积贫积弱，长期受洋人欺侮，在一些人看来，如果得以娶一洋妇，是否可以"出一口恶气"，可贴上"爱国主义"的标签？事实上没那么简单。梳理国人娶洋妇的史例，可谓别有意蕴在。

娶洋妇不易

最早立志也得以娶成洋妇的，恐怕是大名鼎鼎的容闳了。1845年他在澳门的马礼逊学校肄业时，曾写下一文，题为《意想之纽约》："予之意想得成为事实者，尚有二事：一为予之教育计划，愿遣多数青年子弟游学美国；一则愿得美妇以为室。今此二事，亦皆如愿以偿。"由容闳之志，可见当时想娶个洋妇实在不易。但当时很多人认为，似乎留学就可以娶洋妇，所以当左宗棠的福州船政学堂派员留学，三年届满回国，国内就热传这班留学人员，学没好好上，倒是娶了洋妇"以娱情"，此传言还堂而皇之地上了著名的《申报》——当然该报后来又刊发了更正的消息。

早期海外华人娶洋妇固然不易，但在英国有所例外。因为中英贸易渊源甚早，由于一口通商的关系，广东人很早就践土英伦。据学者考证，早在1769年8月，广州就有一位陶塑匠搭船去英国，受到热烈欢迎。稍后，又有一位译名"王彤"（Whang Tong）的人曾在1775年到访伦敦，并与英国的文士和科学家会面。再晚一点的1816年，冯亚生、冯亚学两个广东商人因其伯父任广东海关税收官，出于好奇搭船赴英伦，后赴德国登台表演二胡，并协助德国汉学创始人之一威廉·夏特研究汉语。

到鸦片战争后，特别是1842年割占香港岛后，粤人与英人的往来更为密切了，最主要的当然是受雇于英人商船上的水手与杂役。这些水手与杂役，有一部分滞留于利物浦等港口城市，再内迁至伦敦等地，成为早期英国华人移民的主要来源。除水手外，由于被西洋人以坚船利炮为象征的先进科学技术所震惊，晚清重臣张之洞在《劝学篇》中就提出，"出洋一年，胜读西书四五年""入外国学堂一年，胜于中国三年"，因此求学留洋者也越来越多。在朝廷派遣官费留学生之前，不少广东人因地利之便及认识之先，早就私人留学英国了。

这些早期的广东水手或留学生，留下来，总要解决生理乃至家庭问题。他们不可能像美国来自中国广东的新会、开平、台山等地的金山客（指淘金的人），即便人不在家乡，父母照样帮其娶妻，让新娘抱个大公鸡拜堂——无论如何，他们是想要回来的。这些留在英国的广东人，下焉者求诸风月场，上焉者觅一英妇，竟也有得偿所愿者。1868 年，曾任光绪皇帝外语老师的张德彝随使欧美，在英国听说有广东人王阿秀在此开张茶铺，盈利丰厚，已纳"番女"为妻，六年内生了两子一女。次年又见到一例：一位英国妇人，年约三十，其夫名为田阿喜，隶籍浙江钱塘，以抛刀接刀为戏，在欧洲各国卖艺，两人结婚已有九年，育有子女。

至于不娶或娶不到洋妇，窥视或者嫖宿之，也是一种选择，虽然等而下之。此种"嗜好"，虽达官贵人亦不能免。1925 年初，翁之熹（翁同龢之侄曾孙）随同传奇将军徐树铮出使欧洲，便曾入妓馆观裸舞；"性学博士"张竞生则认为巴黎是浪漫之地，有满大街的情人可找，下下等人才需要去逛妓院，但他 1928 至 1933 年再度旅居巴黎时，还是亲自去考察了巴黎最著名的妓院"玻璃宫"。

"吉士怀春，有女诱之"

早期移民，用广东话讲，"揾食艰难，揾女也艰难"。但随着中国派出三十万华工赴欧参加"一战"，情形则大为改观了。因为这些华工，多有滞留不归者，有娶妻的需求，而战后法国等地，女多男少，加之相处日久，种族隔阂或歧视会相对减弱，这时娶洋妇的事例，就相对多而且相对真实与美好。

这些华工不再"揾食艰难"，而是吃得好、穿得好（有制服），形象大为改观。当时的《远东时报》便有报道："（华工每人）日领一法郎二五，在中国每月领十五元。"工人的住处被划分成数处，每处可容纳千人，工人们生活安适，倒也没有太多的不满意之处。定例每日给米两斤，鱼肉咸菜各四盎司，热水随量。餐后一小时，又给以茶半盎司。工人们既能获得充足的食物，又能随时令赴沙地操练，每日起床及睡眠均有规律，"故当出发之前，无不肥满强健"。

"有女怀春，吉士诱之"，在当时的法国，华工们则是"吉士怀春，有女诱之"。史学家蒋廷黻就说，1917 年他应基督教青年会之征，赴法国勒克列索劳军（主要是鼓舞后方华工的工作积极性）。一天晚上，他正在俱乐部中工作，一个法国女孩子跑进来，说要与蒋单独谈谈，于是蒋便把她带到办公室。女孩问道，她是否可以和一个姓杨的工人结婚，蒋廷黻告诉她："我不认识那个人，所以无法提供意见。"又问她是否考虑过中国的生活习惯与法国多有不同的问题。法国女孩说已考虑过了，并言："如果我待在法国，我可能永远也结不了婚。即使我能幸运嫁了人，对方也可能是个莫名其妙的家伙，把赚来的钱都喝了酒，醉后发脾气打骂我。我认识杨已经一年，他从未喝过酒，我认为他永远也不会打我。我想嫁给他一定很好。"（《蒋廷黻回忆录》）有意思的是，在来法国前，蒋廷黻自己也正与一美国女友交往。某天，蒋的女友凯瑟琳和她母亲到餐厅来，蒋本想避而不见，但另一端盘子的学生有意捉弄他，他只好被迫硬着头皮去招待这两位女客。凯瑟琳的母亲给了他五元小费，让蒋相当尴尬。

对于华工与法女的结合，如果蒋廷黻还只是持旁观者与中立者的态度，那国民党大佬李石曾，可算是起劲的撮合者。1918年底，与李石曾同船赴法留学的著名政治人物李璜（后为中国青年党创始人之一）就说，李石曾尤其留心华工与法女"苟合"后所生的私生子。到法后，他即不遗余力地托专人收养中法混血儿。1920年，李石曾觅得专人专款，设立了一托儿所，专收在法华工与法女所生婴儿，其中大半皆为私生子。

在中法混血二代中，最成功、最出名的，恐怕要数谢东发博士了。谢东发的父亲是山东人（原籍江苏），母亲为法国人，他本人娶的妻子亦为法国人。谢的举止神情一派正宗的"法国范儿"，他精通英文、德文，办有报纸，社交面颇广。1925年，徐树铮出使欧洲时，还专门约见了他，并请他帮忙翻译及演说等事。谢东发由此成为代表中国的著名外交官，如代表中国出席国际劳局理事会等。谢东发之所以杰出，除了"混血"的优势，当然还在于他的父亲并非普通的水手或者华工，而是大有来头："西土文学家谢东发博士之尊人谢大铭君原籍江宁，其随曾纪泽远航来法……此盖侨法华人之老前辈。"

当然，最能乘其浪漫大"泡"法妞的，非"性学博士"张竞生莫属。他当时与宋子文等作为"中华民国"第一批公派留学生，也有这个资本。张竞生交往的第一位法国女友，是有爱人的："一日她向我说有先前的爱人因战伤到南方去医治，她奉母命不得不到他所在的地方去照顾。"旋即在游泳池里又"泡"到了一位当卫生员的已婚法国女子，还跑到日出岛过了一段时期的同居生活。可惜此女子两三个月后不告而别，令他好几个月魂不附体。1916年，张竞生转往南部的里昂大学后，或许南法人更浪漫，他得到了更多交友的机会。在里昂，他还与一个法女有了私生子，但那孩子不久后夭折，也就断了他携洋妇归国的可能性。

兼具开放与保守的广东人

经过"一战"的洗礼，欧洲的华人娶起洋妇来，就相对容易些了，尤其是在非主流的小国或英法等国的乡间。在比利时，华人似乎更受洋妇欢迎，著名新闻记者、出版家邹韬奋 1934 年访问比利时的见闻，堪称最佳例证。

20 世纪 30 年代初，有三个年轻的青田小贩一同住在一个比利时人的家里，恰巧那家房东有三个女儿，年纪也正好与这三位青田小贩相当。这三位青田小贩见房东比较困难，也经常帮点小忙，接济他们。日长月久，来来往往，房东的三个女儿便与青田小贩产生了感情，而且都发生了关系，其中一个女儿年龄还在十六岁以下。此事被她们的父亲发觉后，那位父亲怒不可遏，上法院控告了那三个青田小贩。在别人的土地上犯事，小贩们恐惧的心情可想而知。开庭审判的那天，观审的人很多，中国使馆也派人去旁听。幸好房东太太站在青田小贩一边。她当着众人，面对法官，口若悬河地讲了一篇大道理。她历数丈夫在外面"轧姘头"，平日不但不住在家里，而且置她们母女生活于不顾的种种"罪状"，极力赞扬三个青田小贩如何如何好。法官问那三个女儿，三个女儿也都说母亲的话不错，并且表示愿意嫁给这三个青田小贩。结果那三个青田小贩因祸得福，喜出望外，各拥着娇妻"凯旋"。（《新生周刊》1934 年第 1 卷第 25 期）

中国人吃苦耐劳，虽然在国内有"大男子主义"，但在洋妇面前，这些"大男子主义"不仅不见了踪影，还变成"小男子主义"，甚至"男仆主义"了。有人在经济条件相对没那么好的苏格兰观察到：中国人想交外国女友，或娶她们为妻，那她们真是感谢上帝，因为嫁了中国人，被带回去总可以有仆人可用，嫁了本国的人，就得像奴隶似的一天到晚操劳。并不是说每家如此，因为苏格兰人家中有佣人的很多，就是因为中国人所讨的外国女人都是下等的人，有时自己是人家的佣人，嫁了中国人反而有人用。如果是个有钱的华人，那更会有苏格兰洋妇倒追。

这些娶苏格兰女子的华侨或留学生，多半是广东人。成立于 1583 年的爱丁堡大学，是全球顶尖名校，也是与广东人渊源最深的英国大学。在英的中国留学生，除了伦敦，就以爱丁堡的数量为最了。

1934 年，邹韬奋在欧洲考察时，发现在利物浦的华人，大多娶了英国女子，在曼彻斯特也有二十多个华侨，全部从事洗衣业，也几乎全有了英籍的妻子。当然他们差不多全是"妻管严"，这不单是寄人篱下的原因，还在于冒险到英国谋生的华侨，教育程度原本就低，有许多人中西文字都不识，而英国妻子至少受过一些教育，所以大半受妻子的管辖，"惧内者"居多，因为写信记账以及许多事都要仰仗她们。但卑贱及缺乏文化，并不妨碍他们的小孩出落得聪明、健美。

在首都伦敦，娶洋妇的难度自然更大一些，只有约三分之一的广东华侨娶了英妇。这还得益于战争的"恩赐"：华侨有机会和英国女子一起工作，因有接触机会，她们觉得平日听上去可怕的中国人倒也不怎么坏，因感情日洽而嫁给中国人的不少。因此中英混血儿们，在当时的伦敦有两百个上下，不但相貌好（尤其是女子），而且非常聪明。可这些合法婚生的孩子，也常常遭受歧视。如毕业找工作时，雇主每每以"中英合种"的缘故加以歧视，拒绝录用。不仅孩子，他们的英国母亲也同样遭受歧视，气无可出时，她们便说："我不做英国人，我既嫁给中国人，便是中国人了！"（《萍踪寄语·英国的华侨》，三联书店 1987 年版）可见即使娶了洋妇，也不能"沾妻带夫"。

据时人莫耀的统计，当时中英混血儿在全英国约有两千余人，大多艳丽聪颖，"凡英国各区学校学生，成绩最优者必属之"。莫耀担心他们纯粹接受英国教育，数典忘祖，因此便与伦敦的国民党组织商议创立两间学校，加强这些混血儿的中华文化教育，并在回国参加国民党第四次全国代表大会时，呼吁高层重视。虽然最后没有成功，但也显示了国民党精英中，自元老李石曾之后，不乏具有此种情怀之人。当然，推动之功，粤人有力焉，因为国民党伦敦支部的七百多名党员，百分之九十都是粤籍工人。

当然也有能娶而不娶洋妇者，尤以广东人为典型——广东人真是兼具开放与保守两个极端，于斯可见。有记载称，伦敦唐人街曾有一家药铺，掌柜姓黄名生，系广东人，十二岁就跟他叔叔到了英国。先替人洗衣服，后来做杂货店店员，最后当了药铺东家，曾在伦敦大学法科进修。"一战"时，他上书美国总统威尔逊，力争山东问题，请求主持公道。这位黄先生年满三十却仍未娶妻，终日以不识汉字为耻，早晚读《英华字典》，在汉字旁标注英音。适逢四十岁才出国的贵州黄生先生，遂"互换课程"。广东黄生心中郁郁不乐，因为"不孝有三，无后为大"，贵州黄生劝他娶英国女子，他终以"死了不能归葬祖茔，养子不是完全中国人"来回绝宗兄的提议。贵州黄生是"五四"后出国的，思想新潮，极力解说人种"杂交"的优点，而广东黄生终不为所动。后来广东黄生因必须专心攻学以取得学位，不得不另请一位英国女店员相助。谁知女店员爱上了男东家，男东家也教女店员打字，但到最后他收了铺子，辞了女店员，回国娶妻，供奉双亲。那位女店员临行时对贵州黄生说："他是一个铁人。"（盛成《欧游杂感之二：烟雾的伦敦》）

"吃中国饭菜，娶日本老婆"

由于中日间复杂的历史渊源，一个中国男人娶一个东洋的日本女人，当为他人所乐见。民国时期也很流行一个段子，所谓"吃中国饭菜，娶日本女子，住西洋房子"。日本人喜欢中国菜，也努力学烧中国菜，但似乎很难学会，为了探寻烧中国菜的秘诀，不少日本人鼓励日本女子嫁给中国厨师，当时，几乎每家在日中国菜馆的店主妇都是日本人——这样一来，部分中国男人倒真正实现"吃中国饭菜，娶日本老婆"了。

著名散文家、翻译家钱歌川就说，日本老婆"丈夫无论怎样使她不堪都可以，她却一点儿也不能使丈夫不乐。这便是日本老婆的特长，别国的女子无论怎样也是望尘莫及的。日本老婆还有一种好处，就是她能不辞劳苦在家操劳，比任何忠仆都好"。因此，娶日本老婆，比住洋房、吃中国菜还要实际得多。洋房有时要坏，中国菜有时做得不合口味，唯有日本老婆侍候丈夫无微不至——跪迎跪送，开门盛饭，柔顺始终不变，从没听见她们有一句怨言。

娶日妇的情形太多了，最著名者如周作人、李叔同、苏步青等，实难缕述。不过最有意思的，莫过于郭沫若了，因为他差不多是三者给占全了。

1916年6月，郭沫若在东京的留日同学陈龙骥患了肺病，住进圣路加医院。不久，陈龙骥病故，郭沫若在给亡友料理丧事时，遇见了医院的一位年轻看护——佐藤富子。佐藤富子听郭沫若说起友人之死，流了不少同情的泪水，还说了许多安慰的话。

据日本有关资料记载，佐藤富子是宫城县黑川郡大衡村士族传道士卯右卫门的长女，其祖父是北海道大学的创始人。父亲原是北海道大学土木系毕业的工程师，后转而信仰基督教，当了牧师。富子于1914年中学毕业后，母亲准备给她操办婚事，她坚决拒绝，并设法出逃，来到东京京桥区圣路加医院当护士，立志将一生献给慈善事业。

隔了数日，郭沫若寓所的仆人拿着一张名片，报有一日本女性求见。郭开门迎客，果然见一位脚踏彩色木屐的美丽少女等候在外。佐藤富子向他倾诉了爱慕之情，郭沫若不啻如司马长卿之遇卓文君，欣喜异常。两人的爱情闪电般地急遽发展，不久即缔结婚约，同居于千叶县市川町，为此，佐藤富子同父亲及家族闹到断绝关系的地步。为掩人耳目，富子请郭沫若代她起个中国名字，郭沫若为她取名"郭安娜"，自此一直沿用这个名字，终生未改。

光阴荏苒。多年后，安娜已诞下五个子女，郭沫若与家人交流均用日语，天长日久，便生发了"汉儿尽作胡儿语"之慨。他想起中国以烹饪术闻名于世，尤以川菜最为脍炙人口，若能每日品尝正宗的中国菜，则"宗邦之荣未尝忘"。于是，郭沫若便不雇佣仆人，让安娜每日下厨，自己在旁悉心调教，所做菜式均为川菜，如炕肉煮豆腐、红烧黄芽白、东坡肉等，口味、制法均恰到好处。"乞丐煨鸡法"尤为安娜所擅长。安娜喜欢到郊外野餐，每到假日即携儿女出游，行至绿荫深处，便将已宰杀、清洗干净的整只鸡涂裹上酱料，置于泥浆中，再扔到火堆里。不久，泥浆爆裂而鸡亦烤熟，与儿女们共啖之，尽踏郊之兴。（《郭沫若旅日艳史》，《孤岛》1938 年第 1 卷第 1 期）安娜后来寻亲中国，郭氏终不予见，官方倒是妥为安排，俾其以副部级待遇终老。此是后话了。

但是，也有因为娶不到妻子等原因而感到压抑愤懑的，著名作家郁达夫的成名作《沉沦》，就反映了这群人的心声，也多少包括了他本人的心声。

德国洋妇最难娶

无论东洋南洋，只要不是白人，娶起来都相对容易。即便在美洲，除了北美的美加白人，南美洲的肤色近似华人者，娶起来同样容易。最好娶的白人洋妇，恐非俄妇莫属，因为原来的白俄贵族没落后，其中不少人流落上海，甚至堕入烟花巷陌，与东洋日妇一起，共同形成上海滩的洋妓风景。

洋妇最难娶的，恐怕是德国的了。日耳曼民族有一种保守固执性，同时也可转化为自我优越论；后来希特勒高举种族优越论的大旗，禁止与有色人种通婚，并非是没有渊源的一夕所成之事。季羡林先生留德十年（其实 1935 年去，1946年归，前后加起来达十一年），最有体会，也最有发言权。他说，一方面是因为德国民族的相对刻板保守，远不似法国人、意大利人的浪漫，不容易外嫁外娶，更因为其潜在的纳粹思想——后来纳粹执政，自然也不是凭空而至；到纳粹执政时，与黑人等量齐观的黄种人特别是中国人，想娶一个德国女子，简直难于登天：

> 我在德国十年，没看见过一个德国妇女同一个黑人挽着臂在街上走路的。在法西斯统治下，那是绝对不可能的。到了瑞士，也没有见过。现在来到马赛，到处可以看到一对对的黑白夫妇，手挽手地在大街上溜达。我的精神一时恍惚，满街都是梨花与黑炭的影像，黑白极其分明，我真是大开眼界了。法国人则是"司空见惯浑无事"，怡然自得。（季羡林《留德十年》，外语教学与研究出版社 2009 年版）

《读书杂志》1931 年的《留德指南》一文也说：

> 青年在未出国前，以为西洋女子如何解放，如何风骚，何况德国
> 女子人口超过男子五六百万，柏林市且有每个男子可分得八个女子的
> 统计，这个问题当然不成问题，作者承认，西洋女子是解放，的确也
> 是风骚。不过她们解放中却有一个民族观念，风骚里却带有一个实际
> 问题：在……公园中、图书馆和教室里，只看见美丽姑娘追逐男子，
> 献媚男子，患失之心，溢于言表。但她们所追逐所献媚者皆系黄发碧
> 眼的青年，她以为只有他们是文明种子，只有他们才配为她追逐和献媚，
> 同时亦只有他们才够资格去追逐或献媚于她。

当然也有成功娶得德妇的，说"成功"，还在于这德妇非等闲之辈。比如后
来官至中联部副部长的王炳南，以留学为掩护在柏林大学读书时，便娶了后来还
拿到了博士学位的学妹安娜·利泽（中文名为王安娜）——作为反法西斯进步人
士，也实在应当别论——其难度不胜于娶俄妇也。此外，季羡林说"德妇难娶"，
但他的老同学汪殿华一到德国，却很快娶了一个德国老婆。他们是 1933 年从清
华毕业的，汪自费留学德国，季则先回山东省立高中教了一年书，然后才获得交
换研究生的机会，于 1935 年 9 月下旬抵达德国。此际，"汪殿华和他的德国夫人，
在夏洛滕堡区的魏玛大街，为我们找到了一间房子"。

"性学博士"张竞生于 1916 至 1919 年在法国里昂大学攻读博士学位时，曾浪
游至德国莱比锡，冬至之夜，与女友在一酒窟纵乐通宵，只是不知道是德妇抑或法
妇。倒是他 1913 年暑假在法国海滨度假时，与一个德国大学生同时热烈追求一家
餐馆的一位十六七岁的娇小玲珑的法国少女，最终胜出，自觉颇为得意，其实竟也
还占了便宜——德法为世仇，一般情形下，法国女子是不会委身于德国男子的。

如果按照李金发的标准，并据他所说，也曾有一个后来国共合作时在广州担
任过中国共产党的领导人的熊某，曾娶过两个德妇。第一个是 1920 年在柏林大
学读书时主动找上门来的，因为她认为他很像其前日本男友——当时日本人在德
国比中国人有地位；又因为这少女刚失恋，因此乘人之"危"，得以恋成情人。
可惜后来她去到佛莱堡大学，旋即失去，因为在那里还有她的瑞士前男友等着。
第二个是在国共合作时期的广州所见，但不知是如何娶得的，只是不久熊某即遭
杀害，那德妇只好打道回国。其实，这种革命夫妻，不可以世俗论。

风啊，水啊，一顶桥

——我所认识的木心

王琪森

现在想来，我更敬佩他在五十七岁后，还勇敢地走出国门，有些决绝地漂泊异乡。他曾说过："一切崩溃殆尽的时候，我对自己说：'在绝望中求永生。'"如果他当年不是决然地悄无声息地出走，就不会有今天如此不同凡响的归来。他极有可能湮没于滚滚红尘，或是消失于漫漫俗世，从而使世间不曾有过木心。

他是以出走这样的方式，实现了人生的自我救赎及生命的自我涅槃，然后再用归来证明他的存在和价值。这是他所崇尚的尼采式的迥然独立与精神取向。

2011 年 12 月，八十五岁的木心终老于故乡。他在弥留之际，看着木心美术馆的设计图，喃喃地讲："风啊，水啊，一顶桥。"风啊，水啊，是自然界自由的精灵，是尘世间匆匆的过客。他是眷恋，还是告别？他是皈依，还是超然？反正他是通过这顶桥从上穷碧落的此岸走向了心无挂碍的彼岸。

——题记

我在《岁月留香访巴老》一文的开头写道："如果和大师相处在同一时代而无缘相识或相见的话，那也许是人生的遗憾。但仔细想想，只要能承受到大师的思想光泽和人文精神，也就是人生幸事了。"

近年来，那位"横空出世"的木心，颇受文学艺术界关注，据说他的散文与福克纳、海明威的作品一起被收入《美国文学史》教程。他在我国宝岛台湾和纽约华人圈中被视为深解中国传统文化的精英人物和传奇大师。他的"木心故居"

和"木心美术馆"也已成为江南古镇乌镇的一道独特的人文风景。我与木心在20世纪80年代初曾一起办展览相识，共事一年多，天天相见，现在看来也算是幸事了。

1980年初，当时的上海市手工业局在上海工业展览中心搞了个上海市工艺美术展销会。这是一个规模甚大且长设性的以外销为主的会展，将展览中心的西二馆全部包了下来，展出面积达三千多平方米，集中了上海及全国各地的工艺美术精品，如玉雕、牙雕、木雕、瓷器、漆器、铜器、珠宝、首饰及书画、篆刻、文房用品等，共计有三万多种。在当时的上海乃至海外颇有影响，有"东方艺术宫"之称。为了设计布展，手工业局从当时的工艺美术系统中抽调了一部分会画画写字的人员成立了设计组。我也忝列其中，来到了西二馆二楼夹层的工作室。

木心那时叫孙牧心，他是设计组的负责人，工美展销会那三个环形的会标就是他设计的。他当时已五十五岁，中等身材，面容清癯，眼睛很大，且微凹而带有稍黑的眼晕，嘴巴也大，嘴角微微向上翘起，显得颇为自信，总之外貌有些洋气。他说话的语速缓慢，声调不高，是那种带有浙江乡音的老派上海话。他当时正在装牙齿，全口牙拔得仅剩两颗门牙，因此说话也有些漏风。只是他的穿着给我的感觉很另类，如在深秋，我们都已穿着外套长裤，他却上身一件大红短袖T恤，下面是一条西短裤。

那时对人的了解大都是从背后议论或小道消息得来的，有人说他是大地主出身，曾去过台湾，后来在1949年又回来了。他不仅会画画，而且钢琴也弹得不错。新中国成立后吃过几趟官司（坐牢），一直在厂里（上海创新工艺品一厂）被监督劳动，现在总算平反了。他从未结过婚。当时手工业局的局长胡铁生是一位喜欢书画篆刻的老干部，对他颇赏识，不仅请他参加工美展销会的筹备，还让他担任了设计组负责人。那时，他正在申请美国移民。在此，我也纠正木心"百度百科"介绍中两个不确切之处：一是说他曾任总设计师的上海市工艺美术中心，应是上海工艺美术展销会，后改为上海工艺品展销公司；二是说他在1977年至1979年间遭遇软禁，事实上他1978年就出来工作了。

尽管老孙是设计组的负责人，但他却没有什么架子，对人友善，讲话客气，布置工作也是用商量的语气，而且颇幽默，喜欢讲"死话"（玩笑）。因此，设计组里的几个年轻人比较喜欢和他接触。那时我是文艺青年，也时常和他聊聊文学。如法国的雨果、左拉、巴尔扎克、莫泊桑、福楼拜等，他说他喜欢梅里美，他文字好，干净。福楼拜也不错，他擅长结构。如英国的莎士比亚、狄更斯、哈代、夏洛蒂·勃朗特等，他说莎士比亚有些不可思议。如俄国的普希金、托尔斯泰、果戈理、契诃夫、肖洛霍夫、陀思妥耶夫斯基等，他说普希金是真正的诗人，他有诗性精神，而托尔斯泰有殉道精神。他对"十二月党人"似乎很推崇，说他们也是很有殉道精神的。当然也谈我国的鲁迅、郭沫若、茅盾、巴金、老舍等，但他对徐志摩、戴望舒、李金发更感兴趣，说他们有真性情。那大都是在花香弥漫的午间休息时刻，或是在夕阳西下的傍晚时分，我们利用工作之余的时间进行着这些很随便的聊天式的"吹牛"。当时老孙的身份是我们的同事，因而我们的文学漫谈是"信天游"，现在想想的确是很值得珍惜的。后来，木心在纽约做了五年的《世界文学史》讲座，他说这是自己的"文学回忆录"，"在自己的身上，克服这个时代"。那么这些当年的文学漫谈，是否是他讲座的滥觞？

木心曾就读于刘海粟创办的上海美术专科学校，后来又在林风眠任校长的杭州国立艺专读过书，当时主要是学西洋的油画。他对刘校长、林校长都很尊重。他说刘校长很有魄力，将上海美专搞得风生水起，培养了那么多的画家。他特别以相当欣赏的口气说："我们校长的太太夏伊乔那真是漂亮，学校有时搞活动，她穿着白色的连衫裙，真像维纳斯。"他认为林校长是真正将东西方画风融为一体的大家，开创了自己独特的画风。在老孙的影响下，当时的设计组艺术氛围还是颇浓的。我时常利用午休时间练字临帖，有一次他望着我临的魏碑《张黑女》说："《张黑女》太秀气了，我喜欢《张猛龙》，写得硬，有气势。""我临《张黑女》是想在楷书中增加一些隶意。"听了我的回答，他即点头讲："哦，那倒也是可以的。"有时他也会兴趣所致，画些小的油画和中国山水画，主要是表现一种意象朦胧和空间组合。我说："老孙啊，你画得很有现代感，很抽象的嘛。"他也有些调侃地讲："我是戒戒厌气（无聊），弄弄白相（玩玩）的。"当时，我还认为他是谦虚。反正那时的老孙活得本真、松弛，有种解脱感。后来，我才知道，他是很看重他的绘画的，他曾感慨："文学既出，绘画随之，到了你们热衷于我的绘画时，请别忘了我的文字。"

当时我在报纸上开始发些散文、文艺评论，老孙看后总会鼓励："侬写的东西我看了，文笔不错。"我有时也会问他："侬也写写吗？""年轻的时候也写过诗、散文及小说，'文化大革命'中都弄光了。现在不写，但有时写些读书笔记。"听了他的回答，我还真以为他已度过了他的文学时代，实际上他一直在顽强地坚守着、默默地耕耘着。"文学是我的信仰，是这信仰使我渡过劫难。"这才是他真正的内心独白。经过一些日子，我们比较熟悉了，他才悄悄地告诉我说他实际上一直坚持在写。后来我才知道，1971年至1972年间，他在一个防空洞中被不见天日地整整隔离审查了十八个月。防空洞中渗出了不少水，他只能在一块相当狭小的高地上容身。他借着写交代的机会，在劣质纸上写下了六十六篇共六十五万余字的《囚禁中的日记》。他在暗无天日中就是靠写作活下来的，他能不写吗？应当讲，正是木心的坚守，才使中国当代文学的高地上增添了一座高峰，并赢得了世界性的声誉。

在我与老孙一起办展的那些日子里，我觉得他是一个颇有意志、毅力的人。他当时虽然已经五十五岁，但还是为赴美国做着积极准备，时常看到他工作台上放着一本英语词典，一有空就捧起来啃单词，有不懂的地方还请教展销会里的英语翻译。在看英文版报刊时，还认真做摘录。为了节省时间，他常常在吃午饭时，请我们带两个馒头给他，他则留在办公室内学英语。当时出国大潮刚刚涌起，且大多数是年轻人。因此，我曾问过他，已经五十多岁了，出国打拼吃得消吗？他则直率地讲："我想出去看看，闯闯。以前没有这种可能，现在有了，尽管岁数是有些大了，但总得尝试一下吧！"对于他的这种勇气和精神，我当时是敬佩的，而且我在他的眼神中看到了那种似乎义无反顾乃至有些决绝的意味，这眼神是令人难忘的。

我有时很早就去上班，为的是可以在办公室练练字，也总是看到老孙正穿着西短裤在展览中心的后花园跑步，这可能是他为出国而做的健身锻炼。应当讲，我和他相处的这段日子，也许是他一生中境遇改善、活得比较舒心的时候。同时，也正是他为决意闯荡美利坚而做着最后准备的时期。我有时也听到他在感叹："唉，办出国手续真难、真烦，要这样那样的材料、证明，有些就是莫名其妙。"但在他的语气中却充满了一如既往的执着。他曾说过："倘若不是出走，这顽强而持久的挣扎，几乎濒于徒劳。"

一年多后，工美展销会内的设计布置已基本完成，我们借调的人员也大部分回到了原单位，但老孙又留了一段时间。后来，他去了上海工艺美术协会。再后来在 1982 年 8 月，他终于出去了，听说他在美国的境遇似乎不是很好，还叫人从国内带些棉毛衫裤等给他。从 20 世纪 80 年代中期以后，我们好像不再谈起他，有些音信全无的感觉。一直到 2001 年的《上海文学》上，由陈子善主持的一个专栏，选择发表了木心的散文《上海赋·只认衣衫不认人》，我翻过，也没太注意。后来到了 2006 年 1 月，我在上海书城见到广西师大出版社出的散文集《哥伦比亚的倒影》，翻开扉页，有一张戴着礼帽的头像，那熟悉的眼神、微翘的嘴角才使我惊讶这个"木心"不就是当年的"老孙"孙牧心？再看内折页上印着极简单的三行字：木心，1927 年生，原籍中国浙江。上海美术专科学校毕业，1982 年定居纽约。接下来是该社出版木心著作的目录：散文集七本、诗集四本、小说一本。是啊，岁月是首不老的歌谣，总要在时光里吟唱。人生是条悠长的河流，总会在红尘中相逢。以广西师大出版社出的这套木心著作作为起始，从此，关于木心的消息、介绍、评说就多了起来。这个自嘲为"文学的鲁滨孙"、被称作"归来的局外人"的人的文字终于走进了他曾经长期生活过的地方。

2006年，对于木心来说是有编年史意义的。在他的著作回归后不久，年届七十有九的木心，也应故乡乌镇盛情、真挚、厚重的邀请回到了曾经"魂牵梦萦"然而又"永别了，我不会再来"的故乡。对于乌镇，我也是熟悉的。早在20世纪70年代末，我和汤兆基应当时还是桐乡县（现桐乡市）的县文化局局长鲍复兴（后任浙江省博物馆馆长）之邀，去乌镇讲授书法篆刻课。当时从上海到乌镇交通很不方便，我们先坐火车到杭州，住一晚后于第二天一早赶到一个又小又老的码头坐小火轮前往。小火轮经过六个多小时"扑、扑、扑"的航行，在下午才靠到乌镇码头。当时的乌镇相当淳朴低调，乡土风情原汁原味，茅盾故居才刚刚开始筹建。而到了2006年，乌镇已是国内外著名的旅游景点了。因此，我曾想到乌镇去看望老孙，但又听人说，木心不愿意见当年的同事。我想红尘浮沉、世事纷扰，老孙不想见自有他的原因，那也就不必去打扰他了，让他在东栅财神湾186号，旧称孙家花园、如今的晚晴小筑中安享晚年吧。

2011年12月，八十五岁的木心终老于故乡。他在弥留之际，看着木心美术馆的设计图，喃喃地讲："风啊，水啊，一顶桥。"风啊，水啊，是自然界自由的精灵，是尘世间匆匆的过客。他是眷恋，还是告别？他是皈依，还是超然？反正他是通过这顶桥从上穷碧落的此岸走向了心无挂碍的彼岸。

后来，我又到桐乡参加一个书画界老朋友的寿庆，心想这次我是可以不用征求"老孙"的意见，也无吃闭门羹的顾虑，去看看木心了。他曾说过："万头攒动火树银花之处不必找我，如欲相见，我在各种悲喜交集处，能做的只是长途跋涉的归真返璞。"如今，他是归真返璞了。

木心美术馆建在湖边，临水留影、简约明快，背衬的是气派豪华、轩昂宏伟的乌镇大剧院。进入馆内，迎面就是一个大橱窗，陈列着照片、遗物及手稿等。我又见到了一别二十多年的木心，他的容貌眼神，还是当年的模样，只是多了一份淡定和从容。美术馆由绘画馆、文学馆、狱中手稿馆及影像厅等组成，扼要地介绍了木心的人生旅途及从艺历程，使我也对他有了进一步的了解。这位曾经熟悉并一起工作过的老孙（我们当时有时叫他"老孙头"），如今却成了公众偶像级的人物，楼上楼下、馆内馆外展示、陈列了他那么多东西，应当讲是功成名就、身后殊荣了。因此，当我的眼神与木心那曾经熟悉的眼神相遇时，我是从心底为他祝福与庆贺的！

一个经历了那么多的人生苦难，一个承受了那么多的精神煎熬，一个邂逅了那么多的命运折磨的人，却为这个世界留下了那么多的文化产品，为这个社会奉献了那么多的艺术力作。现在想来，我更敬佩他在五十七岁后，还勇敢地走出国门，有些决绝地漂泊异乡。他曾说过："一切崩溃殆尽的时候，我对自己说：'在绝望中求永生。'"如果他当年不是决然地悄无声息地出走，就不会有今天如此不同凡响的归来。他极有可能湮没于滚滚红尘，或是消失于漫漫俗世，从而使世间不曾有过木心。他是以出走这样的方式，实现了人生的自我救赎及生命的自我涅槃，然后再用归来证明他的存在和价值。这是他所崇尚的尼采式的迥然独立与精神取向。木心曾相当坦率地讲："我不能想象如果我一直在中国的话，可以写出这样的文章来。所以我觉得，我出来是对的，因为我看到了整个世界是怎样地在动。"可见木心的出走与归来，不是一种轮回，而是一种超拔。

木心曾在暮年的晚晴小筑中留下独白："不用考虑把我放到什么历史位置上，没有位置只留痕迹。我无所师从，也无后继者，从不标榜——一座崭新的废墟。"我离开木心美术馆时，对着老孙的大幅肖像，轻轻地挥了挥手，算是道别。因为我在参观登记簿上，已写下了我的姓名，也算是留痕吧。只是我觉得木心美术馆的命名不太准确，还是叫木心纪念馆较确切。从前的老孙，现在的木心，这也算是我对你的一个小小建议吧。

《上海文学》2017 年第 2 期

19 世纪的花都巴黎

傅　铿

在去年巴黎遭受恐怖袭击之后，海明威的巴黎回忆录《流动的宴席》一夜之间成为法国的畅销书，据说最多时每日出售一千五百本。这本回忆录是在海明威去世三年后 1964 年才出版的，他最初拟的书名是《巴黎速写》（Paris Sketches），现在的标题 A Moveable Feast，这是由他妻子玛丽拟定的，源自海明威对一位友人所做的一段感慨之语："如果你曾足够幸运的话，得以年轻时在巴黎生活过，那么在你的余生里不管你到哪里生活，那段经历始终会跟随着你，因为巴黎是一场不定期的宴席。"

海明威的儿子 Patrick 在 2009 年的修订本前言中说，把一段美好的记忆比喻为一场不定期的宴席，意味着它在主人公心目中的珍贵。一段回忆原本是在一个固定的时间和地点里的经历，比如曾经有过的一段恋情，以后则成了无论你到哪里都跟随着你的回忆。我想，巴黎人在深重的创伤之后，之所以偏爱海明威的巴黎回忆录，一个重要原因是《流动的宴席》让法国人回想起巴黎的黄金时代，世界上的那么多作家和艺术家来到巴黎朝圣，因而也是一种对一个城市美好时光的怀旧，犹如是重温法兰西人青春时期的激情和欢乐。

哈佛大学教授希高纳（Higonnet）说，在二次大战之前，世界的文化中心在巴黎，尤其是在 19 世纪后半叶到 20 世纪 30 年代（相应于所谓的"华丽时代"），世界上的一流作家和艺术家都到巴黎朝圣，很多人都留下来聚集在巴黎，毕加索、雷曼、莫迪格利尼、乔伊斯、贝克特、斯泰恩，等等，不过是其中比较著名的文艺创作家。当时巴黎的魅力在于，有才华的年轻艺术天才可以在这里一夜之间成名：毕加索在巴塞罗那不过是一个默默无名的小画匠，1900 年他才十九岁，只身一人来到巴黎，因为他的一幅画被巴黎世博会选中了。毕加索在得知他的画被西班牙展厅选中时，立刻在他的一幅自画像下面连书三遍："我即王者！"

二次大战之后，世界的文化中心逐渐转移到了美国，尤其是纽约，希高纳甚至给出了巴黎成为"艺术之都"的确切诞生和结束日期：1785 年 8 月 20 日，法国古典派画家雅克·路易·大卫（Jacques Louis David）展出了他的《贺拉修誓言》一画，向世人展示了杰出的革命性献身精神，画中的普世主义公民兄弟发誓要战胜，否则不惜为共同体而牺牲，代表了一种自我反思的英雄主义。歌德曾赋予这幅画它所应得的桂冠：他说，这幅画的展示，标志着巴黎取代了罗马占据了几个世纪的艺术之都的地位。大卫、安格尔、德拉克诺瓦、马奈和莫奈则是 19 世纪的巴黎代表性画家。巴黎作为艺术之都的结束之日，则是 1940 年 6 月 14 日，那天希特勒的军队开进了巴黎，派吉·古根海姆带着她的收藏艺术品来到了纽约，世界艺术中心也随之转移到了纽约，一直保持到今天，至少纽约人至今都这么认为。

而在 19 世纪之前，世界的文化中心则曾经在罗马和佛罗伦萨，雪莱的五首十四行诗组成的《西风颂》，正是在但丁的故乡写成的。文化中心的形成代表了一个国家地域的创造性氛围，其中最重要的土壤是一种自由的空气。19 世纪的伦敦尽管是世界经济的龙头，但却没有成为文化中心，一个最主要的原因是维多利亚时期的道德风尚过于刻板压抑，不利于文化的自由创造，就连《理想丈夫》和《莎乐美》的作者奥斯卡·王尔德这样的天才作家，都最后流落巴黎，在世纪之交客死他乡！

19 世纪，巴黎作为世界观光之都的另一个特点，则是城市中随处都有交际花，继承了威尼斯和佛罗伦萨的经典传统，而成为名副其实的花都——作为世界中心的享乐之都。demimonde 一词在法语里指"不体面的人"或是"不体面的地方"，后来就成为专指交际花或妓女的用语。与其相对的词是 hautemonde，即指"体面的人"或"体面的地方"。自 18 世纪中叶（1750 年）以来，巴黎一直是欧洲大城市中交际花（courtesan）最多的地方。据希高纳估计，在法国革命爆发之前（1789 年），巴黎至少有两万名交际花，占当时巴黎女性人口的百分之十三，而且在 1780 年生活于首都的十五岁至三十五岁女性中，至少有四分之一的人做过出卖肉体的事情。到 1855 年，巴黎的性工作者人数增加到了三万四千人，相比之下，人口比巴黎多一半的伦敦市，妓女人数只有两万四千人；再到 1925 年，巴黎的妓女人数则剧增到七万人。

有趣的是，很多著名作家都把巴黎这座城市形容为一个交际花，而且是所有交际花中最出色的。1832 年，大仲马称巴黎是一位"情绪多变的交际花"。1833 年，巴尔扎克在小说《法拉古》（Ferragus）中称巴黎是"出色的交际花"。1825 年，雨果首先用诗的语言刻画了巴黎的交际花意象："这位争吵和哭泣不休的巴黎女郎 / 被上千种幻相所迷惑，正像 / 一位交际花在疯狂的激情中歌唱。"

当时法国主要名作家的代表作中，都描写了交际花的形象，比如巴尔扎克《贝姨》中的简妮·蔡婷，雨果《悲惨世界》中的芳汀（业余卖身人），小仲马的《茶花女》，以及左拉的《娜娜》。在实际生活中，很多后来著名的演艺人员，起初都做过交际花，比如 19 世纪最为著名的话剧和电影演员莎拉·伯恩哈特，在二十岁前演艺生涯受到挫折时，便听从母亲的劝告在巴黎做了多年的交际花。希高纳说，1900 年的巴黎世博会宏伟的入场大门口顶上竖立着一座起名为"巴黎女"的雕像，显得时髦，无拘无束，任性，乃至隐隐的堕落，她是莎拉·伯恩哈特与德拉克诺瓦的"自由女神"的某种奇怪混合。

这位莎拉·伯恩哈特的祖上是德国的犹太人，她母亲尤丽是一位名闻巴黎的交际花，姨妈罗馨也是一位交际花。当时法国的交际花法定年龄最小是十四岁，法定结婚年龄最小是十五岁；在莎拉刚刚步入十五岁时，母亲便纵容莎拉在自己家里拉客了，而且客人竟是母亲的情人、妹妹的父亲、莎拉的教父！可以想象，情窦未开的莎拉极度反感，极不情愿地坐在教父的腿上，让老头抚弄自己的身体，乃至舔莎拉的脖子，换来的是一张大支票。十点钟客人走后，母亲还要数落莎拉不够主动，莎拉不客气地回敬母亲："你总不能指望我与你的情人上床吧？！"这样的传闻也记载于当年法国的名流作家龚古尔兄弟的日记中，曾是名流饭余茶后的谈资。

十五岁的莎拉正好处于人生的一个十字路口，之前她在巴黎一个修道院过着宁静的日子，一心只想着奉献给神。从神的教诲到母亲不知羞耻的色情交易，在莎拉纯朴的心灵里形成了一个巨大的道德落差，想到自己的前途，她难免闷闷不乐。一天夜里，家里又来了一位第二帝国的大人物：德莫尼公爵。他可是当时第二帝国皇帝拿破仑三世同母异父的兄弟，母亲便是拿破仑一世夫人约瑟芬的女儿，是当年的荷兰皇后赫滕丝（Hortense，即约瑟芬女儿）与拿破仑一世手下的一位将军弗拉豪特侯爵的私生子。德莫尼公爵多才多艺，既经营着当年法国最热门的地产、铁路和矿产生意，当过拿破仑三世的内务部长、立法团终身主席，又写过话剧，还与奥亨巴赫合作过歌剧的歌词，娶了沙皇亚历山大二世的妹妹为妻，却又是交际花尤丽客厅里的常客。那天公爵感到与母女俩的交谈有点乏味无趣，准备起身告辞时，霍然尤丽随意地问公爵："你看莎拉今后从事哪一行最合适？"公爵随口说："她很适宜于当一位外交官。"随后又拍拍莎拉的脸颊接着说："不过现在不妨先将她送入巴黎音乐戏剧学院进修。"莎拉则在一边坚决地说："我要去侍奉神！我要去侍奉神！"公爵毕竟是见过大世面的人，能够充分理解一个女孩的内心世界。他看着尤丽又出主意说："这样吧，我们有一位共同的朋友大仲马，他在法兰西剧院有一个包厢。你不妨让莎拉去那里看一场戏。看完戏后再问问莎拉还想不想去侍奉神。"

周二晚上，尤丽带着莎拉来到法兰西剧院大仲马的包厢看戏。莎拉后来在自己的回忆录里说，当她第一次看到剧院的神奇布景和演员出神入化的演出时，她居然热泪盈眶地大哭起来。尤丽为女儿感到丢脸，不停地用望远镜看观众的反应。大仲马则看到了一位新星的诞生！看完戏母女坐大仲马的马车回家，莎拉睡着了，大仲马像自己小说中的三剑客达达尼昂一样，敏捷地将莎拉抱入卧室，像对未来的演艺女神那样说："晚安，小星星。"但是对没有任何演艺经历的莎拉来说，要进入享誉世界的巴黎音乐戏剧学院绝非一桩易事。幸好莎拉有德莫尼公爵和大仲马这两位第二帝国的名流贵人的鼎力相助。德莫尼还是巴黎资助演艺事业的上流社会组织"赛马人俱乐部"的主席，他同巴黎音乐戏剧学院的院长、作曲家丹尼尔·奥巴打了招呼，要他好好照顾莎拉。大仲马本人则对戏剧极有研究，自己也写过剧本，他指导莎拉从拉辛的剧本入手，亲自指导和纠正莎拉的发音和动作。经过几个月的苦练，莎拉在最后应试时，还是因缺少经验慌了神。最后以朗诵拉辛的剧本应试。幸好莎拉天生有独特的清脆洪亮的嗓音，加上妩媚动人的容貌和身姿，金黄的头发，使她显得与众不同。当然，最为重要的还是德莫尼在院长面前的"推荐"。莎拉觉得自己的朗诵应试糟透了，但院长却意外地来告诉她："你被录取了。"莎拉喜出望外，对母亲难免也产生一份感谢之情。

德莫尼毕竟是老辣的姜，他表面上说莎拉适合于做外交官，实际上则鼓励莎拉从艺，因为他心里完全清楚，在当年的巴黎，戏剧舞台不过是成就一位交际花的主要跳板：交际花都必须要有几手取悦于人的看家本领，会唱和会演戏是两手除姿色之外最基本的本事了。当时巴黎的风气，女演员中竟有一半以上的人都或多或少做过交际花。莎拉的传记作者写道："成为一位戏剧演员便意味着做一个或高或低的被包养的女人。当时人人都知道，舞台不过是靓丽女孩的展示场地，进入丝绸被套和过上包养生活的跳板——正如他们知道，即便是对最有才华的女孩，一位富有的保护者都是必需的，因为工薪低得吓人，而即便在法兰西剧院，演员们都必须自己出资购置服饰和珠宝。""据莎拉的闺蜜玛丽·哥伦碧在1898年出版的回忆录说，当时那些包养女演员的'保护人'所给的包养费也低得吓人：每月十五路易（三百法郎，相当于一位医生的收入）以下，就算这样，被包养的人已经像下层女孩那样感恩戴德了。"

经过两年的苦学，莎拉毕业了，而且在两次期末的演出考试中都得了二等奖，尽管不是心气高傲的莎拉所指望的最高奖，但她仍给教师们留下了深刻的印象。但毕业时要想找到一份理想的工作也不是一件容易之事。这时尤丽的"保护人"、在巴黎上流社会和演艺界无人不知的德莫尼公爵又出现了，他向当年法国最有威望的法兰西剧院院长爱德华·梯也利推荐了莎拉。莎拉初出茅庐就被法兰西剧院雇用了，那是极大的荣誉。但是可以想象，刚刚满十八岁的莎拉最初出演的几部戏都不成功，她不但难于进入角色，而且有时都不能把握自己的神态和言语。最糟的是，也许是前两年太顺利了，莎拉还有一点桀骜不驯和无视常规的脾气。进入法兰西剧院刚刚半年，在一次新年后纪念莫里哀的历年庆祝仪式上，她居然带了十多岁的妹妹蕾姬一起去，结果蕾姬被一位老资格的女演员推倒在地，满脸是血，莎拉伸手便抽了那位女士两个耳光。第二天院长找到了莎拉，说是道歉被接受的话，她还要被罚款；不被接受的话，就得走人。此事拖了几个月，也许是院长怕德莫尼公爵处不好交代，但最后莎拉还是走人了，此时大约是 1862 年中。

莎拉只能暂时搬回母亲家里住，身在染缸不知其臭的尤丽再次纵容女儿去拉客，并把女儿带入戏院物色人选。莎拉看中了一位年轻的军官科雷特利侯爵，三十岁的侯爵成了莎拉的初恋情人。但是七个月后，侯爵被派到墨西哥战场去了。莎拉又去其他剧院找过临时的工作，但既与事业无缘，也难以补贴家用。这时莎拉的恩人大仲马又走进了她的生活。一次大仲马在戏院看到莎拉在排练，便走过去对莎拉说："我当时劝你从事戏剧不知是对了还是错了，反正你现在处于一个转折点。你不如先到国外去散散心。"然后给她介绍了一位比利时朋友布鲁斯。1863 年底莎拉来到比利时，不久便在一个化装舞会上遇到了一位扮成哈姆雷特的荷兰王子德利尼，那天莎拉扮作伊丽莎白一世。王子一眼就被妖艳的女王吸引住了，便走上去搭话：

> 王子：小姐可以拿掉面罩吗？
> 女王：为什么呢？
> 王子：我想取悦于你。
> 女王：为什么要你取悦呢？
> （其间哈姆雷特将伊丽莎白抱在怀里，并试图吻她。她却赏了他一巴掌。）
> 王子：丹麦王子谦卑地请女王宽恕。是原谅还是不原谅呢？
> 女王：（露出笑容）原谅了！

之后的几天里两人便形影不离了。王子把莎拉带进了城堡，并发誓说要娶她为妻。大仲马的朋友给他写信说："我亲爱的大仲马，你的年轻朋友莎拉·伯恩哈特小姐征服了比利时。在一场舞会上，她震慑住了王子德利尼的心。他们似乎是在幽会。由于我引导她多多散心，你会迁怒于我呢，还是恭贺我给一位女演员提供了解脱自身的途径？"

解脱的结果是：莎拉怀孕了。但是当莎拉把她怀孕的消息告诉王子时，王子却根本就不相信孩子是他的。王子借用女演员奥古斯汀·布罗汉的比喻说："如果你一屁股坐在一堆刺上，你永远都不可能知道是哪根刺刺中了你。"莎拉伤心无比，多年之后将此故事讲给孙女李香妮听时，莎拉说："当时希望都破灭了。大把大把的眼泪，而且想到了自杀。"莎拉与王子的儿子莫里斯生于1864年12月，是她的唯一儿子，长得一表人才，后来成为莎拉演艺公司的经理。有一种说法，王子之所以后来回避莎拉，是因为王子的母亲不同意他们的婚事。无论如何，王子在莎拉心里造成的伤害，让她永生难忘，也难以原谅。以后，莎拉演小仲马的《茶花女》之所以如此轰动巴黎，很大一个原因就是莎拉本人就经受过几年刻骨铭心的茶花女生涯。

这样，正是莎拉那几年交际花的心酸生涯让她逐渐成为一个出色的话剧演员。1866年后，莎拉在法国排名第二的罗德恩剧院找到了工作，一路成为法国的戏剧明星。到1872年法德战争和巴黎公社运动之后，大文豪维克特·雨果返回家园，他流亡二十年后在国内的第一部戏剧《罗伊·布拉斯》就请了莎拉出演女主角西班牙皇后。最后值得一提的是，莎拉与普鲁斯特《追忆似水年华》中的斯万的原型人物夏尔·哈斯也有染。哈斯也曾是莎拉客厅里的常客；当她得知哈斯另有所爱时，也曾一度很伤心。在普鲁斯特的小说中，莎拉成了包玛小姐的角色；最后斯万选择与另一名交际花奥黛特成了亲。莎拉此后则有过数不清的情人，成了巴黎华丽时代最为出色的女演员之一。

以现在的眼光来看，19世纪的花都巴黎充满了颓废、腐败和堕落，女性尤其处于一种极端不利的社会地位。19世纪的巴黎可以说是法国人，乃至整个西方世界最具有文化创造性的象征：夏多布里昂、雨果和梅里美的浪漫主义文学，波德莱尔和魏尔伦的象征主义诗歌，马奈和莫奈等的印象主义，大仲马的骑士小说，凡尔纳的科幻小说，福楼拜和左拉的自然主义小说，一直到马蒂斯和毕加索的绘画和普鲁斯特的意识流小说，其中都有文人艺术家在咖啡馆文化和艺术沙龙氛围中纵情享乐，挑战社会道德常规的影子。也有无数像伯恩哈特、罗丹情人克劳代尔，以及雨果情人朱丽叶·德劳这样的杰出女子成为文人艺术家的缪斯或被包养的女人。归根到底，左右社会公正的天平之倾斜程度，最终取决于一个社会的政治、经济杠杆。

直系总统冯国璋

张映勤

　　冯国璋在北洋时期当过代理大总统，时间不长，一年零三个月。他去世得也早，1919 年 12 月 28 日就因病故去，年岁不大不小，终年六十岁。在清末民初的历史上，冯国璋扮演了重要角色，是北洋系的重臣，直系军阀的开山鼻祖，与段祺瑞同为袁世凯的左膀右臂。

一

　　冯国璋（1859—1919），字华甫，一作华符，出生于河北省河间县（今河间市）西诗经村。他们家原是当地的大户，到他出生时，家道已经中落，主要靠种地为生。青少年时期，同大多数人一样，冯国璋走的也是科举致仕的道路，希望通过读书获取功名。他从七岁开始入私塾读书，年长之后，因为家境贫寒，到姥爷办的毛公书院读书，虽然聪明好学，但时运不济，从十八岁开始参加科举，两试不第，二十四岁时他不得不放弃学业，回家务农。转年冯国璋到天津小站投入淮军盛字营从军，试图改变命运。他先做炊事兵，后当勤务兵。

　　淮军是李鸿章建立的武装，他在任直隶总督时，推行洋务运动，为了训练新式军官，1885 年在天津创办了北洋武备学堂（保定军校前身），挑选一些淮军兵弁入学，冯国璋因有一定的文化功底，好学上进，又经人推荐，顺利地进入第一期的步科学习（王士珍和段祺瑞均为炮科学员），从此开始了他的军旅生涯。

　　五年毕业后，因成绩优秀，冯国璋留校当了教官。当时军队晋升靠的是战功和私人关系，书生背景的冯国璋感觉难以在淮军学堂施展才华。1893 年，他投到太原镇总兵聂士成的军中当幕僚，屡次为聂出谋划策，颇得重用。转年中日甲午战争爆发，聂士成率部在辽东与日作战，冯国璋随行管理军械局，表现突出，深受好评。1895 年 4 月，三十六岁的冯国璋经聂士成推荐随驻日公使出使日本，在考察军事的同时，结交了一批日本军界人士，并抄录和整理了几大本有关军事训练和近代军事制度的"兵书"，转年回国后上呈聂士成阅读。聂士成没什么文化，未予重视，但又不想辜负部下的热情和努力，便把所谓的"兵书"转给了朋友袁世凯。袁世凯也属于淮军，这时正在主持小站练兵，用人之际，求贤若渴，看到这几本书，不禁拍案叫绝，如获至宝，称赞冯国璋道："军界之学子无逾公者，军界学子第一，了不得！"于是向聂士成要人，将冯国璋纳入门下，共襄其事。

几年后，袁世凯官运亨通，升任直隶总督兼北洋大臣和练兵处大臣，加封太子少保衔。得到朝廷重用后，他开始大力提拔亲信，培植羽翼，委任冯国璋为督操营务处总办，自此天津小站新军兵法操典多由他一手修订。中国第一部现代军事操典书《新军兵法操典》即出自冯国璋之手，这也是他发迹的开始。1903年，冯国璋再度赴日本考察军事。回国后，升任练兵处总办兼北洋速成武备学堂督办（校长）。1907年，四十八岁的冯国璋又升任陆军部军咨处正使。

1909年，即宣统元年，五十岁的冯国璋再次官运亨通，被清廷委以军咨府军咨使的要职。这一职务相当于陆军参谋长，负责全国军队的驻扎、调防、军事演习等重大事务。

在前清，科举不成的冯国璋经袁世凯的大力提携，在军旅生涯中找到了晋升之路，成为北洋新军的股肱之臣。

1900年秋季，时任山东巡抚的袁世凯，决定在济南举行操练与检阅军队的秋操大演习，冯国璋、王士珍、段祺瑞接到命令，昼夜加紧操练新军。袁世凯邀请德国驻胶州湾总督一行参加检阅部队，一行人登上观操台，只见军旗一色鲜明，队伍整肃精壮，军威凛然。当冯国璋发出口令后，队伍"一举足则万足齐发，一举枪则万枪同声，行若奔涛，立如直木"。军容严整，训练有素，场面壮观，振奋人心。德国总督当面称赞主持操练的冯国璋、王士珍、段祺瑞为"北洋三杰"。

所谓的"三杰"，声名远播，均为北洋时期叱咤风云的大佬级人物。"北洋之龙"王士珍，才智过人，性格谦和宽宏、锋芒不露，若隐若现，游于宦海神龙见首不见尾，故曰龙；"北洋之虎"段祺瑞，性格坚定，刚愎自用，我行我素，令人生畏，故曰虎；冯国璋有忠心护主的一面，也有见风使舵、善变圆滑的一面，人称"北洋之豹"，也称"北洋之狗"。

说起来，冯国璋与袁世凯两人同龄，冯国璋的生日比袁世凯还略大几个月。袁世凯用人有道，驭下有方，礼贤下士，敬冯国璋为上宾，对他以"四哥"相称（冯在家排行老四），并把新军操练、营务等事完全放手交给他管理。小站练兵，极大地提高了袁世凯的地位。他得到朝廷重用之后，不断提携手下的干将，冯国璋随后也步步高升。对袁的知遇之恩、重用之情，冯国璋一直心存感激，始终以"门生"之礼事袁，态度恭谨谦逊。

1908年，小皇帝溥仪即位，其父载沣摄政，为报复袁世凯当年出卖其兄光绪帝一事，载沣将袁世凯开缺，赶回河南彰德"养疴"。冯国璋在政坛处事谨慎，八面玲珑，四处讨好，周旋于袁世凯和朝廷之间，他提出请辞回家，未被批准。袁世凯的旧部中他是唯一比较得到朝廷信任的官员，这也是后来他一度忠君保皇的原因之一。冯国璋工于心计，为人圆滑，在政局不明朗的情况下，首鼠两端，互不得罪，一方面对袁世凯感恩图报，不改其忠，暗通音信，不断联系；一方面对朝廷也忠贞不贰，结交皇族，邀宠示好。

1911年10月10日武昌起义爆发，清朝江山不稳，处于风雨飘摇之中，清政府试图以武力镇压革命军，陆军大臣荫昌受命督军前往镇压，所有湖北各军及赴援各部队，均归其节制。荫昌亲率第一军打头阵，第二军则由冯国璋督率接应后援。清朝贵族荫昌虽然得到朝廷的信任，但手里没有一兵一卒，调动不了军队，出去参战，他改不了风流倜傥的公子哥做派，磨磨蹭蹭十天以后才到了武汉。他将指挥部安在火车上，由重兵把守，并在火车的前后都挂上了火车头，随时可以逃跑。这样的清朝贵胄，如何领兵打仗？！

这时的冯国璋接到任命，马上跑到彰德密见袁世凯。袁大人面授机宜，以"慢慢走，等着瞧"六字箴言相告，并对冯说："非筹备周妥，计出万全，断难督师进攻。"袁世凯经营新军多年，官兵上下对其极为效忠，北洋军形成了"只知有袁宫保，不知有大清朝"的心理。荫昌作战不利，一连十几天，寸土未复，寸功未立；冯国璋又走走停停，迟滞不前，起义的风暴遍及各省，告急的文书纷至沓来，朝廷震惊，不得不走马换将，重新起用袁世凯。袁世凯待价而沽，要足了条件。出山之后，命冯国璋为第一军军统，担任前方作战任务，段祺瑞为第二军军统，为后方接应。

冯国璋得到命令后，马上率军猛攻汉口，炮轰放火，穷追猛打，激战三日便攻克了汉口，其后又打下汉阳。武汉三镇连克两镇，其势之猛出人意料。冯国璋因战功卓著被朝廷授予二等男爵，他正打算一鼓作气渡江拿下武昌之时，袁世凯却命令他按兵不动。

冯国璋立功心切，他懂军事，善用兵，但玩不好政治，袁大人"剿抚并重"的良苦用心他没揣摸透。革命军是袁世凯手里要挟朝廷的王牌，冯国璋的战绩让革命军看到了北洋军的强大实力，但是一旦把革命军灭了，阻断了沟通的渠道，他拿什么与朝廷讨价还价？这点心思只可意会不可言传，历来军事就是政治的延续，军事要为政治服务，这种基本常识冯国璋不会不懂。说到底他骨子里还是效忠朝廷，梦想着建功立业、出人头地。当时袁世凯派心腹王士珍到前线暗示冯国璋，要他凡事悠着点，打打停停，伺机而动。冯国璋竟然说："余只知精忠报国，不知有他。"不仅如此，冯国璋还头脑发热，亲自跑到北京通过摄政王载沣面奏隆裕太后，请求拨给饷银四百万两，他保证可以独力平定"叛乱"。太后表示，财政吃紧，四百万两饷银一时难以筹划，但可以先给他拨发三个月的饷银，并准备临朝时召见冯国璋。清政府当时把宝压在了冯国璋身上，希望他再接再厉，一举扫平革命党。可是当时国家的财政已经捉襟见肘，可供朝廷支配的银两只有一百多万两。袁世凯听到风声，抢先一步见了太后，使冯国璋的如意算盘成为泡影。袁世凯不可能让冯国璋坏了大事，他马上将冯国璋调回北京，接替载涛担任清廷禁卫军统领（相当于北京卫戍区司令），兼察哈尔都统。前线战事交由段祺瑞全权指挥。

冯国璋虽然没有完全实现袁世凯的政治意图，但是他战功卓著，连克两镇，作用非凡，为日后袁世凯跟革命党人谈判，逼清帝退位，争得总统宝座，奠定了坚实的基础。

当初在君主立宪还是共和体制的选择上，冯国璋举棋不定。但是他很快便顺应形势，心里清楚清朝已经大厦将倾，无力挽回了。同情归同情，可是他无能为力，袁大人执掌国柄，只能继续在这棵大树下乘凉。

1912年1月26日，段祺瑞再次向清廷施压逼宫，联名四十六位北洋高级将领吁请清帝逊位，要求清廷"明降谕旨，宣示中外，立定共和政体"。1月1日这一天，冯国璋、段祺瑞等四十八位北洋将领联名通电："誓死拥护君主立宪，反对共和政体。"这一次联名的变成了四十七人，唯独少了他冯国璋。

此前，冯国璋曾对家人讲过："现在有人要推翻大清，欺负人家孤儿寡母，我不干，你们也一样。"见了电文，他勃然大怒，对其秘书长说，段祺瑞现在人在保定，这个电报却发自武汉，是真是假，尚无法确定，他要通电质问。手下人清楚段祺瑞的做法都是袁世凯在背后指使，晓以利害，反复劝说，冯国璋无可奈何，只能忍气吞声，接受现实。

鹬蚌相争，渔翁得利，武昌起义最大的赢家是老谋深算的袁世凯。

袁世凯要逼小皇上退位，其实还有一个心结没有打开，当时北京有一支保卫朝廷的禁卫军，装备精良，训练有素。这支一万两千多人的部队，大部分都是效忠皇室的满族和蒙古族人，北洋重兵这时候并没有集结于北京，一旦清帝退位的消息传出，遭到禁卫军官兵的反对，后果不堪设想。而能驾驭这支部队的，只有禁卫军统领冯国璋一人，他的态度，至关重要。在关键时刻，冯国璋站在了袁世凯一边，为袁世凯登上大位立下了汗马功劳。

冯国璋带着赫赫战功回到北京，担任保卫京畿的重任。由于他为人机智圆滑，对皇室贵族恭敬有加，素有忠君的美名。昔时，皇族为了牵制尾大不掉的袁世凯，对冯国璋也是极尽拉拢予以重用。在武昌前线，他的突出表现让朝廷十分满意，他誓死效忠，奋勇拼杀，极力主战，反对议和，与袁世凯的态度大不相同。大势已去，南北谈判之时，他又以旧臣身份主张优待清室，保持帝号，为维护皇室利益做出了不少努力，冯国璋的所作所为深得皇族好感。解决好禁卫军的问题，非他莫属。

1912年2月10日上午10点，清帝退位的前两天，冯国璋来到禁卫军大营，集合官兵，进行安抚。他先分析了一通形势，告诉大家，只有和议，别无选择。然后开始宣读《清帝退位后优待之条件》。

听到"皇帝逊位"的消息，队伍中立刻出现了骚动和议论，冯国璋信誓旦旦地向大伙表示："两宫的安全，我冯某敢以身家性命担保！并且，我敢担保两宫绝不离开禁宫，仍旧由我们禁卫军照常护卫。至于我们禁卫军，不裁撤，不断饷，不论我今后调任什么职务、走到什么地方，我保证永远不和你们脱离关系！"

这些官兵最关心的两个问题——皇室的安全待遇和自己的切身利益，冯国璋都做了保证，皇室尊号仍存不废，让权不让位，禁卫军俸饷等也维持不变。人们见大势已去，不再有任何反应。一场潜在的骚乱危机让他巧妙化解。

二

冯国璋力挺袁世凯很快得到了回报，1912年3月10日，袁世凯宣誓就职临时大总统后，任冯国璋为总统军事处处长兼禁卫军总统。9月出任直隶都督兼民政厅长。

1913年3月20日，国会开会前夕，国民党代理理事长宋教仁被杀，孙中山怀疑此事是袁世凯在背后指使，组织力量进行讨袁，"二次革命"爆发。冯国璋任江淮宣抚使兼北洋军第二军军长南下镇压，于1913年9月2日攻占南京。此后他出任江苏都督，同年晋升陆军上将，后又被授以宣武上将。从此，冯国璋拥兵自重，坐镇南京，成为独霸一方的封疆大吏。

随着袁世凯政权的巩固，他对自己的左膀右臂冯国璋、段祺瑞采取了笼络和打压的两面手段，除加官晋爵之外，大总统重施政治联姻的故技，将自己的家庭教师周砥介绍给了丧妻不久的冯国璋，同时又派人监督限制他的权力。

冯国璋为了保袁，放弃了忠君的立场，而一旦发现袁世凯有称帝的举动后，就立刻表示反对。

冯国璋那时坐拥江苏富庶之地，兵多粮广，当他听说北京城有人策划拥袁称帝的消息后，决定到北京一探虚实。1915 年 6 月，冯国璋三次亲自谒见袁世凯。每一次袁世凯都要留他吃饭。

冯国璋借机试探道："外间有总统要改帝制的传说，不知确否？请预为秘示，以便地方上着手准备。"

袁世凯一口否认："华甫，你我是自己人，我的心事不妨向你说明，今天总统的权力和责任，跟皇帝有什么区别？一个人想当皇帝，无非是为子孙着想，因为总统不能世袭，而皇帝却可传子传孙。拿我来说，老大克定有残疾，是个无用的跛子，老二克文以名士自居，三四子都是纨绔，更没出息，其余都很幼小，岂能付以国事？我如果做了皇帝，哪一个是我的继承人呢？将来只会招祸，不会有好处的。"

冯国璋又追问一句："总统说的是肺腑之言，南方人言啧啧，都不明了总统的心事，不过将来中国转弱为强，到了天与人归的时候，大总统虽谦让为怀，恐怕也推不掉了。"

袁世凯听了还装作很生气的样子："我决不会干这种傻事。我有一个孩子在伦敦求学，我已让他在那里买好了房子，如果再有人逼我，我只有出国去当寓公，再也不问国事了。"

袁世凯信誓旦旦，说的和真事一样，冯国璋半信半疑地回到南京。谁想到过了不到半年，1915 年 12 月 11 日，参政院以"国民代表大会总代表"的名义上书袁世凯"劝进"。12 月 12 日，袁世凯在北京发布命令，承受帝位，改国号为"中华帝国"，年号为"洪宪"。12 月 13 日，袁世凯接受百官朝贺，大加封赏。

几天之后，洪宪帝就任命冯国璋为参谋总长，封一等公，急电催促他进京就职。冯国璋知道被人耍了，这一次再也不上当了，声称有病，拒不进京，并策动江苏军民电请"挽留"。

1915 年 12 月 25 日，蔡锷等组织护国军，讨伐袁世凯，护国战争爆发，袁世凯命令冯国璋出任征滇总司令，他仍以身体不好为由推辞不就。当梁启超派人到南京，联合他共同反对帝制维护共和时，冯国璋的病马上好了，旗帜鲜明地站出来公开反对袁世凯称帝，成为"北洋派中反对洪宪皇帝之第一中心人物"。他给袁世凯发了一封电报，言辞恳切地劝其退位；又通电几个省，表明自己反对帝制的态度。

最初，公开反袁的只有宣布云南独立的蔡锷、唐继尧等人，他们与北洋集团无论是在政治影响力上，还是在军队实力上，都没法相比。冯国璋这时候的选择至关重要，他站在哪一边哪一边就有胜算。在所有未独立的省份之中，冯国璋的号召力极大，振臂一挥，就会使许多观望的将军、督抚们改变态度。他既是护国军的坚定支持者、同盟者，又考虑到与袁世凯的旧情，政治上反对帝制，积极筹划协商，四处联络施压，大造声势；军事上暂时观望，大棒举起来，先不下手。

1916 年 3 月 19 日，冯国璋联络长江巡阅使张勋、江西将军李纯、山东将军靳云鹏、浙江将军朱瑞，联名发出了致各省将军的密电（史称"五将军密电"），征求各省对撤销帝制收拾时局的意见，要求袁世凯"取消帝制、惩办祸首"。这五个人都是北洋大将，手握重兵，盘踞一方，一旦出手，连带其他各省起义，袁世凯的天下势必土崩瓦解。

袁世凯见了电报，吓出一身冷汗，半天说不出话来。这封密电无异于给他送上了一道催命符，三天之后，袁世凯便被迫宣布取消帝制，废除"洪宪"年号，仍称大总统。两个多月后的 6 月 6 日他忧惧而亡，时年五十七岁。有人说，冯国璋的背叛是导致袁世凯死亡的主要原因，"五将军密电"成了压死袁世凯这只骆驼的最后一根稻草。

袁世凯当大总统，冯国璋和段祺瑞心服口服，袁大人足智多谋，雄才大略，知人善任，堪当大任。可称帝不一样，大总统死了，他们两个人都有机会上位，袁世凯当了皇帝，将来太子继位，他们梦想破灭，又成了袁氏家奴。让他们再伺候太子袁克定，那是绝不可能的。

袁世凯在称帝以前，一些北洋旧臣见他时恢复了跪拜，有一回冯国璋、段祺瑞春节去给袁世凯拜年，两人勉勉强强不情愿地跪在地上，弄得连大总统都不好意思，慌忙站起身拦住说："不敢当，不敢当！"可冯、段二人到了袁克定那儿，这小子居然大模大样地坐在那儿接受两位前辈重臣的跪拜。就冲这一点，两人也不会赞同袁世凯当皇帝。

袁世凯死后，黎元洪继任总统，国会选冯国璋为副总统，他不愿失去地盘，仍在江苏就职，在南京设立副总统办事机构，兼江苏督军。此时北洋分裂为以段祺瑞为首的皖系及以冯国璋为首的直系两大派。

1917 年 7 月，因府院之争，张勋入京调停，却闹起了复辟，黎元洪躲进了日本使馆。冯国璋以副总统身份代理大总统，通电讨伐张勋。复辟闹剧只上演了十二天就草草收场。

赶走了黎元洪，段祺瑞三造共和，再当总理，他马上给远在南京的冯国璋发了一封电报，电文只有"四哥快来"四字。冯国璋不愿意放弃自己的地盘和兵权，又贪恋总统的位子，他经过反复斟酌筹划，将一切安排妥当后，于 8 月 1 日，在北京怀仁堂就任"中华民国"代理大总统职务。

冯国璋进京后，将王士珍、段祺瑞请进府来，"北洋三杰"聚在一起，信心十足地筹划未来。三个人共事多年，情意深重，冯国璋成了元首，他表态说："咱们老兄弟三个连枝一体，不分总统、总理、总长，只求合力办事，从今而后再也不会有什么'府院之争'了。"这时的北京政权由他和老段瓜分了，一为代理总统，一为内阁总理，冯国璋以为黎元洪不是北洋派系，和段祺瑞难以合作，这回自己当了总统，老段顾及情面，从此可以"府院一体，内外一心"了。况且他也不是黎元洪，要钱有钱，要兵有兵，地盘不小，势力很大，段祺瑞断然不敢小觑。

冯国璋想得太天真了，玩政治、玩手段他还真不是老段的对手，很快，"府院之争"再度爆发，直皖矛盾不断升级，冯国璋在总统的位子上只干了一年多，1918 年 9 月他被段祺瑞胁迫下台。

三

在北洋旧人中，冯国璋以爱财著称。坊间最著名的段子是关于"卖鱼伐树"的故事。

话说冯国璋当了代理大总统，住到了中南海。有一天他散步时看见了"三海"（即北海、中海和南海）里有很多漂亮的大鱼游荡，便随口问了一句："这都是些什么鱼呀？"随从赶紧回答："回大总统，什么鱼都有，都是些珍稀品种。三海是历朝历代皇上放生的地方，谁也不会动它们，都成了精了。听说有的鱼都上百年了，大的有上百斤重！""哦？"冯国璋来了兴趣，"这要是把这些鱼都卖了，应该值不少钱吧？"随从答道："肯定值钱，听说有的大鱼身上还套了金圈，挂了金牌呢。"说者无心，听者有意，第二天，冯国璋就派人把"三海"里的鱼都捞了上来，金圈、金牌有没有不知道，但这么多鱼也是一笔钱。手下人把鱼运到市井，沿街叫卖"中南海的鱼，大总统的鱼"，一时间，北京城里到处都在卖这种鱼，饭馆也借机炒作，推出了"总统鱼"的招牌菜。冯大总统小赚了一把。事后有人戏称："宰相东陵伐树，元首南海卖鱼。"

伐树一事说的是，冯国璋的老家河北河间县（今河间市），地处平原，历朝历代种植了许多树木，不少还是名木古树，参天合抱，尽是良材佳木。冯国璋做代总统时，觉得这些树能卖一个好价钱，便让手下把它们全部砍伐，用火车运到天津高价出售。当地老百姓见了自然民情激愤、怨声载道。消息传到冯国璋耳朵里，他见众怒难犯，于是采用缓兵之计，邀请故乡年高德劭的乡党士绅到北京，好言抚慰，解释说："这些树树龄太老，任其腐烂实在是可惜，所以我派人将它们砍掉加以利用。请乡亲们不要误会，回头补栽新树的费用，全部由我负担。"

大伙虽然心里不满，但是木已成舟，也无可奈何，好在人家答应了补偿，也算是尚可慰藉聊胜于无吧。于是当地老百姓各自购买新树补种，事后开单子找冯国璋报销费用时，他却置之不理了。

冯国璋"卖鱼伐树"的故事不过是野史罢了，是真是假没人考证。

之所以有这样的段子，和冯国璋爱财敛财的性格不无关系。这一点，成了人们诟病他的原因。北洋同僚段祺瑞身上有这样那样的问题，但一生不爱财，他对冯四哥的钱癖就颇有微词，有一次听说冯国璋用债券收买上海外商的鸦片，借制药之名，从中牟取暴利，他很不屑地对身边人说："我与冯是旧友了，此君有个钱癖，固所深知。"

"北洋三杰"之首的王士珍，洁身自好，为人低调，终生连汽车也不坐，从不在背后臧否人物，但是对冯老弟的爱财抠门也忍不住发几句牢骚。冯国璋代理大总统后，一山不容二虎，终将段祺瑞逼退，任命王士珍署理内阁总理，仍兼陆军总长。有一次，冯国璋让他派人到广西督军陆荣廷那里去调停一下南北冲突，王士珍请示路费开销如何报销，冯国璋支支吾吾不肯出这笔钱，让国务院自己去解决。王士珍出来后十分生气，他对底下人说："这件事还不全是为了他，我又不贪图什么！一天到晚为他出力着想，这一点钱他都不往外拿，真是太小气了！"

在有些人心里，"当官不发财，请我都不来"。大官大贪，小官小贪，但是像冯国璋这么精明算计的也不多见。发迹之后，他通过各种手段，聚敛了大量财富，购地置房投资经营，很有商业眼光，从不放过任何挣钱的机会。杨帆在《中国军阀的最后结局》一书中披露："冯国璋一生善于敛财，积攒钱财资产无数，仅天津就有房产三处，共计房间六百二十间，建筑面积近十二万平方米。在北京仅帽儿胡同的本宅，就有房屋五百多间；在煤渣胡同有房屋三十多间，元勋大人胡同和西堂子胡同还有房屋四十多间。冯国璋的地产与田庄主要在江苏与直隶两省，其中在直隶的土地共计约一千一百余顷，在江苏的土地主要是与张謇合办的企业，占地七十万亩。冯国璋一生进行的土地交易无数，其中尤以直隶都督任上的一笔交易数额为最，当时他伙同有关官员以清东陵放荒为借口，廉价购得一万余顷土地，除将其中三千亩转让议员宁世恩外，其他均用于交易，从中获利甚丰。除此之外，冯国璋在金融业、工商业也有诸多投资。"

据说，他在直隶夹山、遵化、兴隆有三座金矿；在南京、北京、天津有十座钱庄和银号；并且在开滦煤矿、启新洋灰公司、中华汇业银行和"北四行"均有大量的股票和存款。

过去民间早有"一年清知府，十万雪花银"之说，一个清廉的知府大人一年都能刮得十万两银子，更不要说两朝权贵，当过都督、将军和大总统的冯国璋了。

当时的大总统月薪三万，绝对算得上高薪，毛泽东当年在北京大学当图书馆管理员，月薪八块，而北大校长、前清翰林蔡元培挣得最多，月薪才三百块大洋，总统的工资是他们的百倍千倍，可这笔钱人家根本不看在眼里，与那些数不清的灰色收入相比不过是九牛一毛。冯国璋在入京代理大总统时仍兼任禁卫军总统官，每年有三百多万的军饷，他还将崇文门监督一职要到手，每年收税二百多万，其他花样繁多的各种进项更是数目惊人，当然，这些钱并不都是进了他个人的腰包。

冯国璋的后一任，一向老成持重、谨言慎行的徐世昌算得上为官清正的，有一次和老朋友赵元礼聊天时不慎说走了嘴："一个人假若没有几百万，那还算个人吗？"连徐世昌这样没有一兵一卒的文人总统都这么想，那些拥兵自重、独霸一方的军阀、督军、巡抚们更是贪得无厌，欲壑难填了。在他们看来，当了官，捞不到钱，只能说明你这人太笨没本事。

冯国璋的爱财在北洋政要中是出了名的，当时有人指责他"擅自封殖"（不择手段聚敛钱财），冯国璋有自己的解释："项城（即袁世凯）雄主，吾学萧何田宅自肥之计，多为商业，以塞忌者之口耳。"我是学人家萧何韬光养晦掩人耳目，经商是为了避免让袁世凯及忌恨者生疑说我有什么野心。冯国璋说的有一定道理，但不是主要原因。颇具讽刺意味的是，他还给自己刻了一枚印章："平生志在温饱"。如此低调，让人不敢相信。

其实，冯国璋喜欢敛财，和他的少年经历有一定关系。冯国璋出生时，家道便开始败落，一家人以种田为生，温饱都成了问题。他小时候一直幻想通过读书、科举进入仕途，但是后来因为家里太穷供不起他读书，不得不放弃学业，回家务农。冯国璋的青少年时期，备尝生活的艰辛，二十五岁成家以后才走出农村，弃文从武。他知道钱的重要，所以爱财敛财理财守财成了习惯。他在主政南京的时候，军队里的后勤供给、吃穿住行、各种日常补给等，大多是由他自己经营的商业来供应，精打细算，肥水不流外人田。当然，他置办的那些产业、投资、经营，也可以安排一些亲戚、朋友、同乡、故旧就业，从这一点上说，冯国璋兴办实业做生意，客观上不仅拉动了经济，也解决了不少人的就业问题。其实，喜欢敛财，善于经营，节俭算计，都算不上是什么错，只要不贪赃、不枉法、不坑蒙拐骗就行。

冯国璋在天津的住宅坐落于河北区民主道 50 至 54 号，是一排端庄素雅的奥地利式三层小楼房，建筑面积四千五百六十一平方米，占地面积四千二百五十一平方米。

冯国璋在天津原奥租界内的住宅楼原有两处，一处在大昌兴胡同 8 号，另一处在民主道50号。大昌兴胡同8号住宅楼原是奥地利的一个工程师建造的事务所，冯家与其协商后把该楼买下。因此楼设计非同一般，冯家认为这位奥地利工程师在房屋设计及施工方面技术高超，因此又委托他于1912年在此住宅楼的前方设计建造新的住宅楼，即民主道上的那排楼。据说这排楼是冯国璋任北洋政府直隶督军时，奥租界工部局的那位工程师作为还款方式的转予，冯国璋以"五署堂"的名义立的地契。

扩建、接建后的故居为砖木结构，多坡瓦顶。窗户为纱窗、雨淋窗、双槽玻璃窗多层结构。房屋造型整体呈奥式风格，并修建了庭园式花园，布局大方，朴实典雅。共有楼房一百一十间，平房五十四间，人称"冯家花园"或"冯家大院"。

冯国璋故居靠近海河，与著名的袁世凯故居只相隔一条民主道。两届民国大总统的故居——冯宅与袁宅毗邻而居，在全国只有这一处。有人猜测，冯国璋与袁世凯都是北洋军阀，冯当年是袁的下属、门生，两人将住宅建得这么近，也许是为了方便两人联系。1917年冯国璋从代理大总统的位子上下来后，就居住在这里，只是那时，袁大人早已驾鹤西归了。

《北方文学》2017年2月中旬刊

关羽的兄弟与同僚

玄　武

三国时最有名的独生子——刘备

三国时代，宗族力量是群雄逐鹿中原最大的本钱。以曹操为例，曹操祖父由夏侯家过继给曹家。曹操起事，曹氏家族与夏侯家族子弟竞相追随，家族中与曹操同辈的曹仁、曹洪、曹休、曹纯以及夏侯惇、夏侯渊，均为一流战将，其中曹仁、夏侯惇、夏侯渊，成为三位元帅级别的大将。

孙权的父亲孙坚、兄长孙策早已奠定了江东基业，孙权承继父兄之业，广而大之，倒也做得相当不错。与孙权的父亲孙坚打过交道的曹操就曾感慨："生子当如孙仲谋。"仲谋是孙权的字。

唯有刘备孤身一人。正史中刘备的传记，不见刘备有兄弟姐妹的记载。因此可以说，刘备是独生子。究其原因，可能与他父亲早逝有关。

更奇怪的是张飞似乎也没有兄弟。有同样情况的，还有关羽。非但正史，所有的传说、故事、文学作品，都不曾提到过这三人有兄弟。

这三个人孤零零的，身后没有一个家族子弟追随。然而他们共生死、闯天下，居然成功了。

刘备自称皇裔，但肯定不是皇叔，叫皇祖爷爷还差不多——即便根据《三国演义》中所说的刘备族谱来推算，刘备也比当时的汉献帝高出五代。

史书说刘备是汉景帝儿子中山靖王刘胜的后代。刘备的祖父刘雄、父亲刘宏，都做过州郡里的小官。但刘备显然是受过教育的。他十五岁由叔父刘元资助游学，求师于卢植，与公孙瓒为同门师兄弟。

诸侯联盟讨伐董卓时，刘备带关张二人前往参加。依现在的眼光来看，在座的诸侯都是位高权重的大员，独有刘备是草根身份。一个摆地摊卖鞋的立席于这样的重要会议，显得格外怪异。刘备凭什么可以参加这样的会议呢？

原因在于他的老师卢植。

卢植，东汉末年大儒，门生弟子满天下，在朝廷一度居高位。诸侯联盟推举袁绍为总司令，而卢植，乃是袁绍聘来的军师，在袁营的地位举足轻重。

后来刘关张三人投奔公孙瓒，也是缘于卢植，刘备和公孙瓒同在卢植门下求学，为师兄弟关系。史书中说，公孙瓒年长于刘备，刘备把公孙瓒当作老哥对待。由此来看，刘备和公孙瓒少年时的交情，是相当深厚的。

刘关张三人大约结识于公元183年。有趣的是刘备此人，一生中与商人关系都很不错。刘关张三人白手起家，由于大商人张世平、苏双大力资助，才得以举兵。后来在徐州，又得巨商糜竺兄弟倾家财相助。

刘备还曾与吕布和亲，吕布之子娶刘备之女。转眼之间，吕布败亡，被曹操擒杀。想必刘备和亲的女儿，又回到了刘备身边。史载刘备有两个女儿在长坂坡激战时被曹操所掳，但不知其终。

赤壁之战后，刘备做了孙权的妹夫，娶孙氏为妻。《三国演义》中，孙氏有了一个娇艳的名字孙尚香，正史中无这个名字。两人仅过了三年夫妻生活。刘备入蜀时，孙权派人接走了妹妹，此后刘备与孙氏再未见面。据一些资料说，孙氏与刘备生有一子，名刘箕斗。今浙江省龙游县的荷川，有一族刘姓人奉刘箕斗为远祖。

关羽的孙子关统娶刘禅之女为妻。

刘备称汉中王，立一个姓吴的寡妇为后。她是蜀国后期重要将领吴懿的妹妹，原蜀主刘璋哥哥的遗孀。

史书中关羽唯一一次对刘备正面抱怨，是在曹操骑兵部队追击刘备、长坂坡激战之后。幸亏有关羽水军接应，刘备才得以脱险。关羽发怒，说："当年要是许都打猎时听我的，哪会到今天这地步！"

许都打猎，刘备、曹操、关羽、汉献帝与众大臣同在。曹操射中一鹿，群臣误以为是天子射中，群呼万岁迎拜。曹操纵马上前，遮在天子之前泰然受之。关羽大怒，拍马抽刀欲斩曹操，被刘备制止。

关羽镇守荆州，生平从未到过成都。公元215年，关羽与刘备分别于荆州。这是刘备最后一次见到关羽。此后刘备攻蜀，关羽经营荆州。一直到关羽于公元219年身殁，四五年里，两人再未能会面。

荆州一别，竟成永诀。

刘备身后，不只刘禅一个儿子。还有二子刘永、三子刘理，与刘禅属同父异母兄弟。刘禅继帝位后，刘永、刘理分别受封为鲁王、梁王。梁王刘理早卒，鲁王刘永被刘禅宫中太监黄皓谗言中伤，不得朝见达十余年。蜀亡后，刘永被当时的晋朝官方迁往洛阳，封了"奉车都尉"的官职，拜为乡侯。

曹操亲戚，蜀汉国丈爷——张飞

无论是在史书还是在演义中，张飞都性如烈火。但性烈的人难道一定要长相粗莽甚至丑陋吗？

根据近期考古发现，特别是在四川一带出土的文物证明，张飞很可能是个美男子。一些三国时期的雕像中，张飞竟然连一根胡子都没有，而且面如满月，神态儒雅。

张飞的两个女儿，都嫁给了蜀汉后主刘禅，先后为皇后。

史书记载张飞善书法，善画美女，有一册谈古代画家的古籍还提到张飞的名字。

张飞虽然勇猛暴烈，但他对知识分子却特别敬重。他曾专门去拜访蜀地的名士刘巴。刘巴始终没和张飞说一句话。张飞灰溜溜离开，非常愤怒，但即便如此，他也没把刘巴怎么样。依他那时的地位、依他的性格，若是一刀宰了刘巴，那也是小菜一碟。又或者他发怒失控，一拳击去，估计瘦弱的刘巴头骨都会碎。

但是张飞没有这样做。他以杀敌一样的勇力，硬生生控制住了自己可怕的脾气。他又如何发泄自己的愤怒呢？很可能他会找手下士卒的麻烦。史书载："张飞敬君子，不恤小人。"

张飞二十岁时与关羽一起追随刘备，浴血征战沙场。刘备投曹操征吕布时，张飞以战功被曹操拜为中郎将。长坂坡激战时，张飞带二十骑为刘备断后。张飞拆断短桥，单骑站于河边，对面烟尘冲天，曹魏大将曹纯率麾下所谓"天下精骑"数千汹汹赶来，在对岸越积越多。张飞像《三国演义》里描写的那样大喝："燕人张翼德在此，谁来与我决战？"

曹军不敢上前。

公元213年，张飞征蜀，生擒并收服大将严颜。

公元218年，张飞大败曹魏"五子良将"之一张郃。意气风发之际，在今四川渠县的八蒙山石崖上刻下大字：

汉将张飞率精卒万人大破贼首张郃于八濛，立马勒石。

张飞曾和赵云搭档，拦江夺回刘备之子阿斗；曾和马超搭档，抗击曹将曹洪、曹休。公元221年6月，"不恤小人"的张飞，正值自阆中兴兵与刘备大军会合伐吴、为关羽复仇之际，被部将张达、范强（或为范疆）所杀。张飞与关羽青年结识，并肩纵横一生，两人的感情之深自不待言。正史《三国志》中说，张飞把关羽当作兄长来对待。《三国演义》中刻意渲染了关羽殁后张飞的愤怒，并因部将不能按时打造白衣白甲而怒挞之，虽无其事，但从情感上讲这样安排也是合理的。

张飞死时的官职是车骑将军、司隶校尉、西乡侯。其身葬于阆中，其头葬于云阳。但云阳张飞庙中并无张飞的头颅。传说张飞死后，头颅被扔进江中。云阳有个渔夫，夜得张飞托梦，于是下水寻找张飞头颅，结果意外地捞到一罐金子，就用这金子为张飞盖了庙。

张飞最后的谥号是桓侯。桓，开疆拓土、威震敌国的大将，才能使用这一谥号。

张飞的妻子是曹魏大将夏侯渊的侄女。夏侯渊，一个义人。他是曹操同族兄弟，早年曾替曹操抵罪入牢。东汉末年的饥荒岁月，夏侯渊扔掉自己最小的儿子，养活已死去的弟弟的女儿。公元 200 年，夏侯渊的侄女砍柴时，被张飞所得，张飞遂娶她为妻。

公元 219 年，夏侯渊兵败定军山，为黄忠所斩。他侄孙女、张飞女、刘禅的妻子，请求收殓伯祖父的尸体安葬，以尽血缘情谊。

夏侯霸，夏侯渊的次子。公元 248 年，司马氏诛灭曹氏集团，时任右将军、"征蜀护军"的夏侯霸走投无路，想到了在蜀国贵为皇后的堂妹的女儿。他惶惶然投奔蜀国，在阴平道迷路，粮尽后杀马充饥步行赶路。

夏侯霸到了成都，蜀后主刘禅亲自主持欢迎仪式，还特地解释道："卿父自遇害于行间耳，非我先人之手刃也。"意思是你的父亲为乱兵所杀，并非我父亲所为。刘禅还指着自己儿子拉关系表示亲近，说我儿子也是夏侯家的外甥啊。

就这样，继张飞为蜀国的国丈爷之后，夏侯霸成为蜀国的国舅爷。

是非成败转头空，天下原来是一家啊。

史书评价张飞：雄壮威猛，亚于关羽。古往今来，史书称赞猛将，往往以关张连称相喻。

张飞的武器，恐怕不是《三国演义》中的长矛，而是刀。张飞初被拜为新亭侯的时候，曾炼赤山铁打造一刀。上面刻了七个字：新亭侯，蜀大将也。此刀后没入吴国，不知所终。

关羽的儿女亲家——赵云

史书明确称赞赵云，说他是不折不扣的帅哥——"身高八尺，姿颜雄伟。"

常山赵子龙，今河北正定人，与官渡之战时死于关羽刀下的河北名将颜良是同乡。赵云原属公孙瓒麾下，当时刘关张也栖身于公孙瓒。

哥哥过世，赵云辞归故里，刘备前往送别，知道赵云必然不会再回来重投公孙瓒，便拉住赵云的手不舍得放开。赵云说："我不会忘记你的情义。"

官渡大战的混乱中，百姓纷纷携家带口逃离战场，独有一人一马持一长枪逆向狂奔，是赵云听说了刘备在官渡战场上前来投奔。他终于在汝南找到了刘备，此时，刘备在袁绍一方，关羽在曹操一方。

战乱时节，人心飘零。人命朝夕不保，妻子转眼间便会被他人掳走、成为他人妻，而兄弟则生死相随，之死靡他。以刘备为例，他的妻子曾两度为人掳获，一次被吕布，一次被曹操，所幸终于救回。现在赵云来投，刘备心中的感动与欣喜，毋庸讳言。刘备这个天性沉默的人，与赵云共榻而眠，以此表达内心的快乐。

他秘密派赵云在袁绍大军中招募联络勇士，募得几百壮士，都成为刘备手下死士，袁绍却丝毫不知。因此赵云一开始做的，当属保密性极强的潜伏特务性质的工作。这也说明赵云为人的机警周密。

当时关羽在曹操大营，斩颜良之后很快离开曹操投奔刘备，消息这么灵通准确，笔者怀疑也是因赵云前往联络的缘故。颜良与赵云同乡，同以武艺超群名世。他们以前可曾认识？颜良被关羽所斩，赵云心中可有惋惜之情？

赵云从此追随刘备。他是大将，统率刘备的骑兵部队，可以算作骑兵司令官；他又是刘备的警卫，可以算作警卫司令。他对刘备所做的工作，类似于许褚、典韦对曹操所做的工作，是最贴身最放心的护卫。不同的是许、典之流粗猛有余智不足，而赵云智勇双全、心细如发。

赵云的战功：

与曹魏名将、独眼将军夏侯惇对阵，生擒其大将夏侯兰。赵云与夏侯兰是同乡，少时是好朋友。赵云向刘备请命，荐他为军正。

长坂坡激战，曹纯精骑铺天盖地而来，赵云只身杀入重围。这是单独一个骑兵统帅，向一支天下最精锐的骑兵部队主动发起的攻击与挑战——

他所向披靡，胯下战马奔驰处，两侧和前面的敌人纷纷坠马，他英俊肃杀的脸庞因血战而扭曲，是垂死的敌将眼睛望到的最后的事物。

曹操在高处望见他如快舟破浪，大军被他画出一道道不可思议的弧线。

刘备在不远处的逃亡中陷入焦虑，有将领急报说赵云只身前往敌营投敌，刘备猛然朝他扔出了手中短戟，说子龙绝不会弃他而去！绝不会！

刘备的逃亡部队停顿不发，刘备要等待赵云归来。对他人的信任也是一种信念，这信任包括对他人人格的信任，更包括对他人能力的信任。

刘备等到了满身鲜血的赵云归来，他抱着刘备的儿子刘阿斗，他护卫着刘备的夫人甘夫人。

这一战使赵云名扬天下。三国妇孺皆知赵子龙的威名，皆知赵子龙的英雄事迹。他们传颂着他，一代又一代，一直到今天，我仍然要在这里写下对他的歌颂。

刘备自荆州出发攻伐蜀中，赵云与关羽留在荆州。赵云接受的使命，是监督刘备夫人孙氏的男女卫队。孙权派人来迎回他的妹妹，暗中令她把刘备的独子阿斗一并抱走。赵云与张飞横枪于长江之上，截获东吴船队，赵云从吴营夺回刘阿斗。

公元 213 年，赵云与诸葛亮、张飞从荆州出发，兵分三路，各率军队攻入巴蜀，次年在成都与刘备会师，为夺取益州立下战功。

公元 219 年，刘备攻汉中。赵云率几十骑救助老将黄忠，再度赢得传奇性的战绩。数十骑突遇曹操先锋大军，赵云于是发起一次又一次进攻，一次又一次击退敌人大军。他且战且退，回到蜀营，见蜀将张著受伤被围，再度拍马挥枪冲入阵中，救出张著。回营后大开营门，偃旗息鼓，曹操大军杀到，犹豫着不敢进攻，此时鼓声突起、鼓声震天，蜀营的弓弩有如飞蝗一般铺天盖地射出，曹军大败，死伤惨重。此一战，蜀人惊叹，军中呼赵云为虎威将军。

赵云早年在公孙瓒麾下，便与关羽结识。在荆州，又与关羽同仇敌忾，一起相处了两年多。同属勇将，二人可曾在一起交流枪法、刀法？关羽可曾向赵云谈到读《春秋》的心得？

他们大概就是在这个时候，定下了儿女亲家。关羽长子关平，娶了赵云的女儿。婚事大概就是在荆州首府江陵举办的。婚礼上，赵云的脸一定喝得像关羽的脸一样红。

公元 219 年刘备称汉中王，大封群臣。关羽借黄忠发怒了，致信给诸葛亮说他怎么能与黄忠一个老兵为伍？关羽哪里是在嫌弃黄忠，他是在替多年的战友、现在的亲家赵云打抱不平。连黄忠都被拜为后将军，赵云却未见任何册封。

但赵云自己并无怨言，一如既往。他明白刘备需要照顾各种势力的平衡，他作为一个老臣知道应该如何去做。或许刘备也明白，赵云不会有怨言。

公元 213 年赵云入蜀，那一年，他最后一次见到关羽。六年之后的公元 219 年底，关羽殁。消息传来，蜀国震动。那一刻想到自己六年未见的亲家、戎马几十载一起出生入死的战友关羽，赵云可曾涕泪纵横？他想到自己尚留在已经陷落的江陵城的女儿、尚在襁褓中的外孙关樾，可曾心如刀绞？

但是他心智仍然清醒，像他平生任何危难的时候一样不失冷静。

公元 222 年，刘备震怒之余倾蜀国之力，起兵伐吴。赵云谏止。

刘备不听。次年刘备兵败。公元 223 年，刘备病逝。

公元219年，关羽殁。公元220年，黄忠殁。公元221年，张飞殁。公元222年，马超殁。昔时同袍，仅剩赵云一人。他以孤身一人血战曹操大军的勇气，又与时间征战了很多年。一直到公元229年，他无疾而终。一生极少有败绩的赵云，造就了自己完美的一生。

兄弟三人，各辅一国——诸葛亮

关羽一世，对大族有敌对心理，"骄于士大夫"。然而他所镇守的荆州，恰恰是豪族林立的地方。

诸葛亮，就是荆州大士族的代表之一。

当时荆州大族有蔡家、蒯家、庞家、黄家、马家、习家等。蜀国所得豪族的人才有：庞家的庞统，马家的马良、马谡兄弟，习家的习祯等。魏国所得的有蔡家的蔡瑁、蒯家的蒯越等。

诸葛亮与几大家族之间，尤其是和豪族势力的上层人物，有着错综复杂的关系。

黄家：通过与黄家联姻的办法，诸葛亮娶了黄承彦的丑女黄硕。黄承彦的妻子与当时荆州太守刘表之妻是同胞姐妹。黄硕有多丑？人如其名，黄硕身体壮硕是肥女，头发泛黄是黄毛丫头，皮肤黝黑是黄毛肥黑丫头，脸上还有雀斑疙瘩，属于名副其实的"恐龙"一族。黄硕到二十四五岁了依然无人问津，而在战乱的汉末，二十四五都已经到了教子女识字背诵的年龄了。大帅哥诸葛亮娶了"恐龙"级丑女黄硕，当时人们把这事当笑话取乐，甚至编了句谚语相互告诫："莫作孔明择妇，正得阿承丑女。"

蒯家、庞家：诸葛亮的两个姐姐分别嫁给庞家和蒯家。

诸葛亮有这么多由姻亲而来的社会关系，再加上他父亲诸葛珪、叔父诸葛玄，都是地方要员，人脉极为深广。

再来看诸葛亮的朋友群。诸葛亮交游的，都不是一般的书生或普通地主。在荆州，他与崔州平、石广元、徐元直、孟公威交好。崔州平，博陵（今河北蠡县）人。其父亲崔烈是汉朝末期的司徒与太尉，名士；其长兄崔均参与了关东诸侯征讨董卓运动。崔烈因此被董卓关押在长安，死于董卓死后的诸将纷争。崔州平当时算是在荆州避风头。石广元，名韬，颍川（今河南省禹州市）人，后任太守、典农校尉。这官职相当于担任了一个地区行政司法长官后，兼任了本地区的后勤司令，佩少将军衔。徐元直就是《三国演义》中大名鼎鼎的徐庶，也是颍川人，后来在魏国做到了右中郎将、御史中丞。徐庶的官职很大，相当于中将军衔，兼最高检察院副检察长。汝南（今河南汝南县，三国时为汝南郡治所，属豫州）孟公威，名建，也跑到后来的魏国担任了凉州刺史、镇东将军的官职，相当于甘肃、宁夏及陕西、青海一部分的最高长官，上将军衔。总之，诸葛亮的朋友个个都非凡人。

公元 207 年，四十多岁的刘关张三人三顾茅庐，拜访年仅二十六岁的诸葛亮。诸葛亮有管仲之志、经天纬地之学是一方面，同时他有着巨大的人际口碑和社会资源，得到了他，也就得到了荆州各大豪族集团的支持。后一个原因，才是刘备最现实、最切近的目的。

公元 211 年，刘备应益州刘璋之请带兵入蜀，诸葛亮、张飞、关羽、赵云同守荆州。次年刘备与刘璋决裂，带兵伐蜀，军师庞统中箭身亡。公元 214 年 12 月，关羽独镇荆州，诸葛亮与张飞、赵云带大军入蜀助攻。

可以说，诸葛亮和关羽在荆州有三四年的同事关系。而考察三国正史，刘备是明确把荆州交给关羽负责的，这说明诸葛亮、张飞、赵云，皆受关羽节制。那么关羽和诸葛亮，分别作为荆州的第一把手和第二把手，他们两人的个人关系如何，史无记载。

诸葛亮兄弟三人。兄诸葛瑾，仕于孙权；同族弟诸葛诞，仕于魏，后因反魏投吴被夷三族。时人评论说，诸葛氏三兄弟，蜀得其龙，吴得其虎。

魏国人认为他们得到的，是一条咬主人的恶狗。

诸葛瑾大诸葛亮八岁，曾任左将军、大将军，孙权很信任他。公元 219 年，东吴阴谋袭击荆州，诸葛瑾也是参与者之一，并因功封侯。

诸葛亮早年无子嗣，过继了兄长诸葛瑾的儿子诸葛乔。到公元 227 年，四十六岁的诸葛亮有了儿子诸葛瞻。诸葛乔想再返回吴国去，毕竟生父在吴国。但他第二年就死了，死前的官职是驸马都尉。史书中没有说明诸葛乔死亡的原因。

诸葛亮的原配黄夫人，一直不曾生育。诸葛亮另有小妾，世人推测，黄夫人近三十年不生育，四十余岁再生育比较罕见，因此诸葛瞻可能是诸葛亮小妾所生。

诸葛瞻后来娶刘禅之女为妻，公元 263 年，与儿子诸葛尚一同战死。

诸葛亮还有两个儿子，分别为诸葛怀、诸葛京。诸葛京在蜀亡前一年，举家迁往河东郡——不知是否去了关羽的老家解州。

有相关资料称诸葛亮祖先姓葛，因为经常住在琅琊（今属山东）诸县，所以复姓诸葛。诸葛家的具体籍贯是山东琅琊阳都县。诸葛亮身高折合当今一米八四。这绝对是一个风流倜傥的人，善书法，北宋末年皇宫里还藏有他的字迹。他还精通音律，能吟唱，会操琴，甚至能制作石琴与七弦琴，并作有音乐理论专著《琴经》。

诸葛亮还对武器有革新，如造过木牛流马和诸葛连弩，因此也可以说他还是个发明家，史书中则说他"长于巧思"。我们知道，东汉末年人们有很多发明创造。比如曹操在与袁绍对阵时造霹雳车，东吴造有可容纳三千人的战船。许多发明家横空出世，三国之前的东汉年间，更有蔡伦改进造纸术、张衡发明地动仪。地动仪是预测地震的仪器，可惜地动仪的制法已经失传。

张衡是南阳人，死于公元 139 年，比诸葛亮早半个多世纪。史书说张衡长于天文、阴阳、历算，那么他在南阳家乡是否有传人？诸葛亮曾隐居南阳。世传诸葛亮对天文阴阳之道，通之如神。那么诸葛亮与张衡之间，是否有承继关系呢？

诸葛亮无疑有着杰出的政治、军事才能。他曾六次带大军北伐曹魏，但刘备在世的时候，诸葛亮没有一次独立统兵作战的经验。近年随着史家们研究的深入，对诸葛亮有了一些新的看法。比如诸葛亮用人求全责备，事必躬亲不肯放权，致使蜀国漏失了大量人才。最典型的例子是文臣廖立被废为庶民，武将魏延被杨仪斩杀，与诸葛亮同为顾命大臣的李严遭贬并被流放，猛将刘封被逼自杀，孟达被逼反。诸葛亮为政过于严苛，百姓有怨望。诸葛亮在军事上穷兵黩武，蜀建国之初到蜀亡四十五年间，益州刺史部的人口从三百万人锐减至九十万人。

诸葛亮在战略和具体的战役中也有失当。比如第一次北伐时街亭失守、斩马谡，毛泽东认为"初战亮宜自临阵"，就是说，当时诸葛亮应亲率大军临阵调度，不应分散兵力，委责于人。

妻子被夺走送人，全家遭灭门——马超

马超，字孟起，三国时代以骁勇著称，少年成名的五大帅哥之一。五大帅哥指：吕布、马超、孙策、周瑜、太史慈。赵云不能算，他成名晚，而且年岁也大，与刘备岁数差不多。

马超少年即英雄，成名早，入蜀追随刘备时近四十岁，比关羽小十多岁。马超长期待在西部，与关羽从未见过面。但马超是听着关羽的英雄故事长大的，而关羽，也一定不时地听到马超如何如何了得的传闻。

西凉马超，是关羽在蜀中最为惺惺相惜的英雄，故而笔者要在这里，费笔墨特别说一说。史书中说关羽听说马超入蜀，去信给孔明想与马超比试武艺。世人一般认为，关羽不甘居人下，我却觉出一份英雄惜英雄的浩荡真情，并为之感动。可以肯定，关羽想见马超的心情是热切的、真实的。

马超是东汉名将马援之后，父亲马腾为镇西将军，因此马超可以算是世家子弟。马超的亲奶奶是羌人，父亲马腾"身体洪大，面鼻雄异"，大概有着西方人

特有的高鼻。那么马超的真实长相是否像他父亲，接近西方人呢？

马超自幼在西部地区长大，雄野、血性、苍凉，西部地区的生活影响渗入他的骨子里。父亲马腾带着弟弟马休、马铁，去了曹操把持的许都，被软禁，除马超小家庭之外的家族其他所有人员均被陆续迁到许都。曹操又不停地赐马超官职，从司隶校尉督军从事，到徐州刺史、谏议大夫，又封他为偏将军、都亭侯，引诱他来许都。马超都没有去。

马超率父亲旧部——骑兵部队，联络关中诸将十部，起兵反曹。公元 211 年 7 月，马超趁曹操大军渡河时发动突然袭击，曹军大败，曹操险些被活捉。曹操曾说："马超不死，我死无葬身之地啊。"当时传闻，一提马超的名字，曹操的头风病就开始发作。

马超中曹操反间计，麾下联盟部队相互猜疑，因而大败。曹操回到许都，将软禁在许都的马腾一族全部诛杀。

公元 214 年，马超的妻、子，又被曹操属下杨阜悉数杀死枭首。

可怜马超一世英雄，却无法保全家人性命。这大概是插在他心口的一把利刃，是他最终不寿的原因。马超后来投奔汉中的张鲁，马超一个小妾的弟弟，名字叫"种"，追随着他。三国时候的人们也要过年的。正月，种来给马超祝寿。马超悲从中来，一张嘴一口血就喷出来。他说："全家二百余口人，一天内被杀光了。今天就你我二人，有什么好祝贺的？"

马超多次向张鲁借兵，想去攻打凉州，张鲁勉强答应，但只给了一点兵力。张鲁属下的官员也嫉恨马超。马超最后逃离，于公元 215 年投奔刘备。

刘备当时正在攻成都。听说马超来归，高兴地说："我们得到成都了！"

马超勇武的威名，当时震动三国。他有羌人血统，尤其在羌、氐等少数民族部落中，有着精神领袖一样的威望。

刘备派人迎接马超，马超带兵直抵成都城下，驻军于城北。刘璋一听说马超来了，六神无主，不战而降。

从马超到成都到刘璋投降，兵不血刃，前后不过十天，这就是马超的威力。

《三国演义》中马超与张飞曾经在阵前昼夜恶斗，但正史中是没有这回事的。与此相反，马超曾与张飞搭档，对战曹营大将曹洪和曹休。

刘备封马超为镇西将军、前都亭侯，后又拜马超为左将军，后又封为骠骑将军，领凉州牧，进封斄乡侯。

但是很快，汉中的张鲁降魏，马超的悲剧又开始继续：马超的次妻董氏及儿子马秋还在汉中。恨透马超的曹操，把马超的妻子赐给一个叫阎辅的官员，又让张鲁亲手杀死马秋。

马超部下猛将庞德，这时也在汉中，随张鲁归降了曹操，同时投曹的，还有马超的部将程银和侯选。当马超妻子被曹操转送他人、马超儿子惨死之际，以忠勇著称的猛将庞德在不在场，又会作何反应？

这是历史最黑暗的地方，有着读史的人们的眼睛望不到底的黑暗；这是人性最黑暗的地方，黑到让人不寒而栗。

马超有个女儿，嫁给了刘备的第三子；有个叫马岱的族弟，后来做了平北将军。

公元 222 年，马超死，年仅四十六岁。死前给刘备的遗言说：我一家二百余口被曹操屠尽，只剩下族弟马岱。就把他当成我宗族血食的后人吧。我把他托付给陛下，其他再没什么了。

诸葛亮死后，马岱遵杨仪的命令，杀死魏延。

《南方文学》2017 年第 2 期

一生情结，一身清风

——梅贻琦与清华

王雪瑛

　　万物生长的四月，我走在水木清华的校园里，阳光洒向屹立了近百年的建筑，洒向一路芬芳的花朵，洒向郁郁葱葱的新绿。我走过端庄古朴的科学馆，走向气度不凡的大礼堂，温润的春风一阵阵地吹拂着我的衣襟，一遍遍地提醒我，听，春天的交响曲来了……而我分明听到了他的声音，在我的心里分外清晰，"真正的清华大学，仍在北平清华园"。字字铿锵，表明心迹，他一生坚持，只有一个清华，清华是他一生的情结，他是清华终身的校长。

　　在无数人的心里，他就是清华，清华就是他。他执掌清华十七年，一手将清华大学带入世界一流学府行列，他刚毅坚卓、清俊英锐，他磊落大气、谦逊仁厚，他以身垂范、行胜于言，打造出清华百年不朽的风骨与校格，他就是梅贻琦，谨言慎行的端方君子，坚守学术的教育大家。

所谓大学者，有大师之谓也

　　清华四大建筑之一的大礼堂，赫然在我的眼前。这是一座罗马式和希腊式混合的古典柱廊式建筑，古城堡风格的大圆顶突显着古罗马拜占庭风格，门前四根汉白玉爱奥尼柱透出典雅的气息。厚重的大门紧闭着，我停下脚步，想象着梅贻琦校长八十五年前的就职演说。

　　1931 年 10 月 14 日，故都的秋天，湛蓝的天空下，清华大学的学生们走进了大礼堂，端坐在悬挂着"人文日新"匾额的大厅里，等待着新任校长梅贻琦的就职演说。"我希望清华在学术方面可以向高深专精的方面去做。办学校，特别是办大学，应有两种目的：一是研究学术，二是造就人才。我们要向高深研究的方向去做，必须有两个必备的条件，其一是设备，其二是教授。""相对而言设备不难，教授可就难了。""一个大学之所以为大学，全在于有没有好教授。孟子说：'所谓故国者，非谓有乔木之谓也，有世臣之谓也。'我现在可以仿照说："所谓大学者，非谓有大楼之谓也，有大师之谓也。'"这就是他有关大学与大师的名言的由来。"我们现在，只要谨记国家这种危急的情势，刻刻不忘救国的重责，我们做教师做学生的，最好最切实的救国方法，就是致力学术，造成有用人才，将来为国家服务。"

梅贻琦一千八百字的演讲内容，原载于1931年12月4日《国立清华大学校刊》第341号，从清华的宗旨、办学的方法，到学校的风气、师生的职责、校长的义务，可谓提纲挈领、求真务实、字字精要、句句在理，历经八十多年的风雨冲刷，依然让我感觉到最初的温度和力度，那是一腔热血的温度，那是思想清明的力度。

梅贻琦是著名教育家张伯苓先生的高足。1909年，他考上庚子赔款第一期赴美留学生，在参加考试的六百三十多名考生中，梅贻琦名列第六。他选取了当时在中国并不知名的伍斯特理工学院学习电机工程专业。他在伍斯特学习勤奋刻苦，他还曾做过很多社团部门的秘书长，代表伍斯特理工学院在众多场合发言，在校报 Tech News 上发表多篇文章，是一个全面发展的高才生。

他在获得学士学位后，因为家庭经济条件所限，放弃了继续攻读研究生的机会，于1915年回到中国后，二十六岁的他进入清华担任物理系主任，教授物理和数学。

20世纪20至30年代的中国，山河破碎，时局动荡，政治驯化和学术自由的博弈、不同政治势力的较量影响着高校的稳定与发展。从1910年至1931年，清华大学在二十年间更换了十三位校长。1928年清华成为国立大学，罗家伦被国民政府任命为清华校长。但罗家伦依然无力驾驭好清华这艘教育的大船，他提出辞呈离开清华时，竟然没有学生挽留。清华出现了连续十一个月都没有校长的空窗期。一个大学不能没有校长，而清华的校长难求！清华的师生们在疑虑与期待中等待新校长的到来。梅贻琦临危受命。

清华大学的前身是一所留美预备学校，颇有名气但无学术地位。那时报考清华的人数不算太多。梅贻琦的就职演说，是他直抒胸臆地向清华师生的坦诚告白，也成为他日后管理学校的基本准则和举措。

仁厚儒雅与斯文之气

梅贻琦执掌清华后，开始一生专心致志地做一件事，成功构建了清华发展的坚实路径，形成清华延续的刚健校格。这集中体现在两个方面：一是师资人才的严格遴选和延聘，这是"所谓大学者，非谓有大楼之谓也，有大师之谓也"的具体表现；二是推行一种集体领导的民主制度，成功地建立了由教授会、评议会和校务会组成的行政体制。由此他在清华建立起"教授治校"的民主制度。他既讲民主，又法度严明，清华校务开始井然有序起来。

梅贻琦提倡节俭使用经费，希望学生保持俭朴学风。他以身作则，掌管着丰厚的庚子赔款，但分文不取。他辞去司机，自己开车，辞去厨师，让夫人下厨，甚至连学校供应的煤也不要。梅先生妥善管理清华基金，力求基金保值和增值，以充足的资金为学校添置设备和聘请教授。当然邀请到好教授需要的不仅仅是经费，还需真正有眼光和识见，能理解和尊重对方。

梅贻琦主张"师资为大学第一要素"，在他管理清华的十七年里，清华延聘了国内外著名学者来校执教，全校设有文、理、工、法、农等五个学院二十六个系。他一方面广揽博学名师，一方面以"不唯学历，不唯资历，只凭真才实学"的原则来用人。他破格提拔聘请资历浅、学历不高的钱锺书、华罗庚、吴晗等为教授。

华罗庚原先只有初中学历，他先做小学教员，后为店员。他因为出类拔萃的数学才华，被清华大学破格录取，加以培养；他又从一位系资料员被破格转升为助教；他在清华修习大学课程，又被送到英国剑桥大学去"访问研究"，最后又破格未经讲师、副教授而直接被聘为教授。华罗庚这些不同寻常的发展之路是在梅贻琦的亲自引领下走通的。而梅校长却谦虚地说，他的工作只是帮教授搬搬凳子、端端茶水而已。

梅贻琦认为"学子自身之修养为中国教育思想中最基本之部分"，而修养抵达的境界的外在表现便是一个人的文雅与斯文之气。在他的"厚德载物""止于至善""刚毅坚卓"的理念中，就蕴含着斯文的内在精神，彰显着一种中国文化的仁厚和儒雅。

清华众多优秀教师的言传身教和人格魅力，让学生们终身受益。梅校长开阔的胸襟、高洁的品格、博雅的学识、务实的作风也给学生留下了深刻印象："梅校长手上有技巧，写字秀气，画图干净；衣着床衾和书报用具，都整齐有序，生活在简朴中有艺术。饮食茶酒，既节省又懂得考究。听音乐，看评剧，鉴别书画，欣赏诗词，都有极高的修养。"

由于梅贻琦的办学理念和治校有方，校园内汇聚着各家各派的学术思想。20世纪30年代有近百位知名教授学者就聘于清华，而外籍学者的到来，更是促进了中外学术和文化的交流和沟通。出身清华的林从敏表示："梅师一生尊重学术自由，不干涉教授与同学个人的政治思想。"冯友兰称赞，此时"清华的进步真是一日千里，在融合中西新旧方面，也特别成功。这就成了清华的学术传统"。

梅贻琦倡导"学术自由、教授治校、中西融汇、古今贯通、文理渗透、名师荟萃、鸿儒辉映"等理念，奠定了清华大学发展的基本路径，使得清华摆脱了涣散困局而迅速崛起。

以刚毅坚卓对惊涛骇浪

正当清华犹如青青乔木郁郁葱葱生长的时候，中国陷入了"平津告急！华北告急！中华民族告急！"的险峻时刻，日本侵华的战火蔓延在华夏大地上。

1937 年 7 月 9 日起，蒋介石分别邀请各界知名人士在庐山举行关于国是问题的谈话会。清华大学校长梅贻琦与北京大学校长蒋梦麟、南开大学校长张伯苓等应邀参加。就在会议召开前夕，爆发了"七七"卢沟桥事变。

8 月 14 日，教育部决定清华、北大、南开三校迁至长沙组建临时大学。会后梅贻琦立即下庐山，迅速北返。但他行至南京后，由于平津交通中断，无法北上。他积极向南京各方探听消息，依靠函电与学校保持联系。8 月底，梅贻琦奔赴长沙，参加筹备临时大学工作。1937 年 10 月 25 日国立长沙临时大学开学。

1937 年底，南京沦陷，武汉危急，战火逼近长沙，长沙临时大学被迫再度迁校至昆明。1938 年 2 月，长沙临时大学第一学期结束后，师生准备启程奔赴云南昆明。2 月的黑夜战火不熄，2 月的北风凛冽刺骨，2 月的天空阴云密布，师生们的心头沉重压抑，"万里长征，辞却了五朝宫阙。暂驻足衡山湘水，又成离别"。这些歌词和旋律犹如湘江的浪潮在师生们的心中起伏奔流。

出发前一天，梅贻琦面对临行的师生们说出了自己的肺腑之言："在这风雨飘摇之秋，清华正好像一条船，漂流在惊涛骇浪之中，有人正赶上担负驾驶它的责任。此人必不应退却，必不应畏缩，只有鼓起勇气，坚忍前进。虽然此时使人有长夜漫漫之感，但我们相信，不久就要天明风定。到那时我们把这条船好好开回清华园，到那时他才敢向清华的同仁校友说一句'幸告无罪'。"

艰难困苦，玉汝于成。信心，信心，越是战火纷飞危急艰难的时刻，信心越是重要，越是迁移工作千头万绪的重要时刻，沉着热切地鼓励大家的信心，凝聚大家的力量，尤为重要。梅贻琦以身作则，他向师生们展示了他作为清华的校长、中国知识分子在危急关头不辱使命的责任担当。他的讲话不是在风和日丽的和平岁月的演说，而是在血染中华的战争年代中的誓言，让战火中的师生们，看见他无所畏惧的勇气、刚毅坚卓的精神、坚忍不拔的信心、恪尽职守的使命意识。

　　1938 年 4 月 2 日，国立长沙临时大学更名为"国立西南联合大学"（以下简称西南联大）。建校初期，有三人共同主持校务，但蒋梦麟和张伯苓多在重庆参与政府要事，另有公务，管理西南联大的重担就落到了梅贻琦的肩上。梅贻琦兼任西南联大常委，在艰苦卓绝的环境中主持校务，为抗战时期的中国高等教育史留下了浓墨重彩的一笔。

　　清华严谨，北大自由，南开活泼，三所学校风格各异。其中清华大学的人数比另外两所大学的总和还要多，且拥有庚子赔款来支援联大的日常支出，似乎有某种优越感。梅贻琦温文尔雅、公正无私的办事风格则获得了全联大的尊重和信服，因此三所高校虽有竞争，但做到了有机融合。在西南联大主持工作的梅贻琦没有辜负大家的信任，把学校管理得井然有序。

　　那是一段在警报和烽火中，在饥饿和寒冷中，探寻真理、研究学问、学习知识、关心时政、报效祖国的日子。校长夫人、梅贻琦的妻子韩咏华也要到大街上售卖自己做的"定胜糕"，帮着渡过难关。梅贻琦在校办公，经常和师生们一起跑警报。但梅校长在警报声中还是那样绅士，那样从容不迫。在他的心里，西南联大是抗战的第二战场，教授和学生都是战场上的战士，他们有使命感和责任感，他们在奋力保存、传播和发扬着中国文化和学术的命脉。他们坚信，只要这一命脉不断，中华民族就不会消亡。

　　1940 年，西南联大三校之中的清华，特意为梅贻琦任教二十五周年举行庆祝活动。梅贻琦在美国的母校伍斯特理工学院也把名誉博士学位送给了这位杰出校友。各方名流政要、专家学者纷纷莅会，无数校友、学生的问候也纷纷飞到昆明。在庆祝会上，曾任教育部部长的李书华高调地宣称：清华有今日的成绩和地位，与梅校长的努力分不开。当初推选梅先生做清华校长，"是我在任内最满意的一件事"。面对如此的殊荣，梅贻琦谦逊而幽默地把自己比作京戏中的"王帽"，他说："他每出场总是王冠齐整，仪仗森严，文武将官，前呼后拥，'像煞有介事'。其实会看戏的绝不注意这正中端坐的'王帽'，他因为运气好，搭在一个好班子里，那么人家对这台戏叫好时，他亦觉得'与有荣焉'而已。"

　　这当然是梅校长的自谦之词，其实在日军的炮火下，艰苦的环境中，是他带领着西南联大的师生，共同铸就了中国高等教育雄浑瑰丽的篇章。他的"大师论""通才教育论""全人教育论""体育论"等，构成了延绵不断的清华财富。他不愧是西南联大的"船长"。

　　针对当时教育部所提倡的"只重专才，不重通才；重实科不重文理"的教育方针，梅贻琦明确表示了不同意见。1941 年梅贻琦在《清华学报》上，发表了蕴含他教育理念的重要文章《大学一解》，文中指出，"大学期内，通专虽应兼顾，而重心所寄，应在通而不在专"，"大学虽重要，究不为教育之全部，造就通才虽为大学应有之任务，而造就专才则固别有机构在"。他阐述大学教育的精要，"格物，致知，诚意，正心，修身，属明明德"，他明确提出大学教育要培养"一人整个之人格，而不是人格之片断。而整个之人格，则至少应有知、情、志三个方面"。他尤为强调学子的全面修养，还以足够的篇幅论述教师在高等教育中的作用。他认为，教师不但要能"以己之专长之特科知识为明晰讲授"，而且要为学生的"自谋修养、意志锻炼和情绪裁节树立楷模"。其中的一段话至今被广为引用："学校犹水也，师生犹鱼也，其行动犹游泳也。大鱼前导，小鱼尾随，是从游也。从游既久，其濡染观摩之效，自不求而至，不为而成。"梅校长认为，大学教育归根结底是儒家经典著作《大学》里所说的"在明明德，在新民，在止于至善"。

1941年清华大学建校三十周年校庆时，有欧美著名大学的校长称赞清华"西土一千年，中邦三十载"，足见清华大学在国际上的声誉和地位。面对侵略炮火的威胁，面对国土沦陷的危机，面对学校自治受到的干预，面对办学经费的不足，面对动荡时局的人心，就在这样复杂艰苦的条件下，他依然严谨地经营清华基金、理性地处理学潮、真心地保护教授和学生等，这些都展现出求真务实的原则和灵活应变的治校策略，让西南联大，让清华大学在良性循环中壮大起来。在中国国势危难的风雨飘摇时刻，中国高等教育却昂然跻身世界先进水平，这堪称中外教育史上的奇迹，这是梅贻琦创造的奇迹。直到今天，梅校长的教育思想，依然是每一个谈清华大学、论高等教育的人都绕不开的话题。

梅贻琦关于自己是如何管理清华的，曾经有如此的总结："对于学校时局，则以为应追蔡孑民先生兼容并包之态度，以恪尽学术自由之使命。昔日之所谓新旧，今日之所谓左右，其在学校，应均予以自由探讨之机会，情况正同。此昔日北大之所以为北大，而将来清华之为清华，正应于此注意也。"

在梅贻琦主政清华的十几年里，清华为世界贡献了李政道、杨振宁、李远哲三名诺贝尔奖获得者，为新中国培养了十四位"两弹一星"功勋科学家（共二十三位，作者注），涌现出梁启超、王国维、陈寅恪、赵元任、吴有训、叶企孙、顾毓琇、陈岱孙、陈省身、钱锺书、华罗庚、钱学森、钱三强、钱伟长……这些学贯中西、文理兼通的学术大师。

梅贻琦敏于行而慎于言。他"嘴里不说，骨子里自有分寸"。他的座右铭之一是："为政不在多言，顾力行何如耳。"他主张：人活一世，若能留一句于世人有益的话，也就不虚此生了。他智慧通达，*幽默诙谐*，待人做事颇有情趣。他一生著述不多，但他阅读广博，涉及理科专业的书刊，他对物理学、工程学等研究发展的动态与成果了如指掌，他对人文科学的史学、文学、哲学等也有扎实的功底和学养的积累。

梅贻琦兴趣爱好广泛，爱听音乐，吟诵诗词，欣赏字画，收藏邮票。他的床头常年放着英文版的《读者文摘》与王国维的《观堂集林》，他讲起话来引经据典，见解独特；他对打球等活动也十分喜欢。由于他知识广博，兴趣多样，使他与不同学科、不同领域的学者教授都能相谈甚欢，相交融洽。学界巨擘陈寅恪对梅贻琦颇有好感，他说："假使一个政府的法令，可以和梅先生说话那样谨严，那样少，这个政府就是最理想的。"当然，那时的大环境非常不"理想"，然而，梅贻琦就是在这极其不理想的时代中，引领着清华大学师生在学术上突飞猛进。

直到1948年梅贻琦赴美，他前后担任了十七年清华校长。他是直到现在为止清华任期最长的校长。此前，没有哪位校长能在清华长治久安，唯有梅贻琦稳坐校长的位置。当被问到有何秘诀时，梅贻琦幽默地回答："大家倒这个，倒那个，就没有人愿意倒梅（霉）！"其实是他的领导和管理能力得到了全校师生的一致拥护。

勋昭作育与一身清风

1955年，他从美国前往台湾，在台湾筹办了"清华原子研究所"。这是台湾新竹"清华大学"的前身，诺贝尔奖获得者李远哲曾在这里就读。梅贻琦始终不同意把"研究所"升格成"大学"，他坚定不移地说："真正的清华大学，仍应该在北平清华园。"梅贻琦生前坚守中国只有一所清华大学，坚持台湾只能有清华的研究所，不能再建另一所清华大学。

1961年梅贻琦出任台湾地区教育主管部门负责人，兼"原子能委员会"主任，次年兼任台湾地区"长期发展委员会"主席。众多的事务和工作的劳累，让他积劳成疾。1961年2月，他奉准辞去教育主管部门负责人之职，仍兼"原子能委员会"主任委员。1962年2月当选台湾"中研院"院士。1962年5月担任台湾"中央大学"地球物理研究所筹备委员会主任委员。1962年5月19日，梅贻琦在台大医院辞世。台湾"行政院"院长于右任为他的墓园书名"梅园"。

梅贻琦辞世后，秘书把他的提包封存。不久，各方人士齐聚一堂追思梅贻琦。秘书将提包放在桌子上，要在众人面前打开。梅贻琦从北平到昆明，从昆明回北平，到南京，到广州，再到欧洲，到美国，最后到台湾……关山万里尘与土，卅年家国云和月，他始终不忘随身携带这皮包。这必定是他此生最珍视、最看重的物品。校长夫人与他风雨相守几十年，也不知道包里究竟装着什么。打开后一看，众人无不动容。

这皮包里，全是清华基金的账目，一笔笔，规规矩矩，分毫不差。

梅贻琦在晚年谈到1948年天地玄黄时，他为什么选择离开北平，离开北平的清华园，梅贻琦解释道："我一定走，我的走是为了保护清华的基金。"当最后一班飞机抵达南苑机场时，他才从容不迫地提着一架打字机，拿着两本书登机。梅贻琦之后辗转去了美国，掌控着清华在美的全部庚子赔款基金。

浊浪翻腾几曾歇，但他一身清风，纤尘未染，清清白白的账目让所有的人心灵震撼：梅贻琦数十年来独自掌握着巨额的清华基金，而他自己过着清寒的生活。他为清华的发展大计日夜操劳，东奔西走，却没有动用清华的任何钱，而是把自己的一生都奉献给了清华。为了把清华建成世界一流的大学，为了替祖国培养杰出的英才，梅贻琦不遗余力！

梅贻琦去世两年后，1964年，台湾恢复了"清华"的大学部，正式招收本科生。清华的研究所成了后来位于新竹的台湾"清华大学"的前身。每年的岁末年初，台湾"清华大学"的梅园内，两百多株梅花凌寒而开，迎春怒放。梅花坚韧的幽香和"清华大学"不绝的书香相伴着梅贻琦校长的长眠。

清华情结与精神故乡

我离开了清华的近春园，在晚霞的柔光里走向清华大学的图书馆。图书馆由美国著名建筑师墨菲设计，1916年4月始建，1919年3月完工，老馆东部是清华建校初期"四大建筑"中最先动工和建成的。

红砖青瓦古朴典雅的图书馆，背依着青黛的天空，感觉到近百年的时光之河在它的身边默默地流过，而它有着温润的厚重、质朴的高深、静谧的魅力，散发着百年清华的高贵气质。早期的清华学生将泡图书馆称为"开矿"，杨绛先生在《我爱清华的图书馆》中告诉读者："我在许多学校上过学，最爱的是清华大学；清华大学里，最爱图书馆。"

嫩绿的青藤爬满了红色的砖墙，橙色的灯光点亮了图书馆的内心，而梅贻琦就职演说中的话，在暮色中点亮了我的内心："本人能够回到清华，当然是极高兴、极快慰的事。可是想到责任之重大，诚恐不能胜任，所以一再请辞，无奈政府方面，不能邀准，而且本人与清华已有十余年的关系，又享受过清华留学的利益，则为清华服务，乃是应尽的义务，所以只得勉力去做，但求能够尽自己的心力，为清华谋相当的发展，将来可告无罪于清华足矣。"

他无愧于清华，他对清华功绩卓著。清华是他一生的情结，清华是他青春专列的始发，清华是他生命河流的归宿，清华是他的故国，是他的精神故乡。"生斯长斯，吾爱吾庐"，梅贻琦真情告白了他与清华的血缘之亲，他对清华一生的挚爱，他对清华一生的奉献。他在清华园中体悟到的人生境界，也恰如清华园工字殿内对联所书"槛外山光，历春夏秋冬、万千变幻，都非凡境；窗中云影，任东西南北、去来澹荡，洵是仙居"。

在历史上，清华大学培养的人才各具特色。清华既培养出博古通今、学贯中西的大师，也培养出处于行业一流水平的尖端人才。博通与专致两种精神都渗透在清华大学的理念与风骨中，清华的精神风骨历经百年大潮而愈发挺拔葳蕤，在时代的风云变幻中，在历史的荡涤演进中，清华始终屹立在时代的前沿，保持着自强不息与厚德载物的本色。

梅贻琦之于清华，犹如蔡元培之于北大，他为清华，他为北大，他们开拓创新、殚精竭虑；他的身上凝聚着水木清华的刚健和卓越，他的身上散发着北大的自由和宽容，他们心忧天下，他们继往开来，他们都为中华民族的高等教育孜孜不倦、锲而不舍；他因北大而流芳百世，他因清华而名垂青史。

《上海文学》2017 年第 3 期

理性神庙里的女祭司

张祚臣

> 我会愿意放弃世界上最壮观的日落场景，只为目睹一眼纽约市的摩天大厦建筑群。大厦蔓延直至纽约的天际，人类的意志力是如此明显。我们还需要什么信仰吗？我感觉到如果这里面临威胁，我会将我自己抛身天际，以我的肉身保护这一切。

> ——安·兰德

一

2014年夏末，我漫步于纽约曼哈顿第五大道那鳞次栉比的摩天大楼中间，落日的余晖正从两座大厦的间隙中照射过来，灿烂而辉煌，仿佛宣示着过去几个世纪资本主义那如日中天的骄傲和荣耀。洛克菲勒中心门前的阿特拉斯神像正用双肩擎起整个星空。这个希腊神话中的英雄人物，代表着反叛、力量和忍耐，它正是美国进步时代商业英雄的象征——用智慧、财富和生命承担起使命与责任。

离开纽约几个月后，《纽约时报》登载了一则消息："安·兰德的合作者、情人布兰登去世。"时过境迁，这则消息在今天也许不会引起多少人的注意。然而在激情燃烧的20世纪五六十年代，安·兰德和她的情人布兰登缔造的客观主义哲学运动却在美国盛极一时。安·兰德，这位好莱坞编剧出身的作家兼哲学家，其人其作品"锥处囊中，其末立现"，总是表现出极端的品质，一直到今天，她的思想仍然像宇宙洪荒时代那巨大的引力波效应，时时会扰动起剧烈的"时空涟漪"。

真是誉满天下，谤满天下。

赞赏者有之。称之为"自由放任资本主义的辩护人""美国的圣女贞德""美国精神的真正代表""理性神庙中的女祭司"。其在1943年出版的小说《源泉》，至今仍以每年十万册的发行量在增长,1957年出版的代表作品《阿特拉斯耸耸肩》据说累计发行量已经超过八千万册。这真是个匪夷所思的数字。

1991年,美国国会图书馆和全美最大图书俱乐部做了一次读者调查,在被问到"最影响你一生想法"的书时,安·兰德的《阿特拉斯耸耸肩》仅次于《圣经》,排在第二位。不要忘了,美国是个以基督教立国的国家。

这种情况是极其罕见的。正如安·兰德鼓励个人奋斗、超常的智慧和无畏的品质一样,安·兰德本人就是一个超级大英雄,她自己就是她的客观主义哲学和个人主义伦理的最好注解。

从哲学谱系上来说,安·兰德的哲学属于古典主义的范畴,在认识论上上承17、18世纪欧洲理性主义传统,在伦理上是属于个人主义的。但是在表现形式上却是激进的、反叛的,刘仲敬先生说安·兰德的客观主义哲学乃是一种"逆向激进主义"。

批评者则严词谴责其无神论和尼采主义倾向,批评其戏剧性的商业英雄是尼采式的超人,靡滥的左派就是尼采所谓的"末人",而这两种人都被扭曲得不成样子,即使挑剔的隐者也会觉得恶心。1957年的《国民评论》以乔治·奥威尔的口吻嘲讽道:"老大姐在看着你。"

1991年《经济学人》在介绍安·兰德的文章时说:"作者的理念,混合了自由市场、冷酷的理性和无辜的尼采的自尊。"这句话可谓一语中的,安·兰德崇拜尼采式的超人,《查拉图斯特拉如是说》是她早年研习的"圣经"。安·兰德的小说主人公总是由两类人组成:创造者和寄生虫。要么是创造者,要么就是"二手货"。

20世纪50年代,安·兰德在纽约三十四街一百二十号建立了一个客观主义哲学团体,并自讽为"安·兰德集团",她是当仁不让的教主。随着粉丝和门徒的增多,安·兰德建立了一个等级森然的"组织",每个门徒都必须宣誓效忠她本人,兰德主义的信条不容置疑,质疑者将被驱逐,甚至阅读"敌人"的书都是不允许的——他们甚至还有一个允许阅读的书单。就这样,他们"理性"地团结在安·兰德的周围,并不认为对兰德的信仰和对其他思想的排斥是颇值得用理性来推敲一下的。这个狂热的自由主义团体,却有着独裁专制的气质。

作为在另一个世界里有过"组织"生活的人,我常常好奇其"组织"的运转机制,为什么那么多门徒与粉丝甘愿臣服于安·兰德的"淫威"之下?也许兰德主义的门徒之一、布兰登的妻子芭芭拉的话可以作为这种现象的注解,她说:"你一旦接受了她的前提,就无法逃避随后的逻辑链。"

是的,阅读安·兰德的作品,常常惊叹于其无与伦比的逻辑力量,许多人自以为可以驳倒她，但是一旦亲历接触，便立刻心悦诚服，五体投地，臣服于她女王般的魔力之下。

尽管安·兰德瞧不起"二手货"，但是教主也是需要"二手货"的，需要粉丝和门徒的。我们来看看安·兰德的这些"二手货"都是什么人物。

除了后来成为她情人的首席粉丝布兰登以外，前联邦储备局局长阿伦·格林斯潘也是兰德粉丝团的成员。这位被媒体界称为"经济学家中的经济学家"的政客毫不隐晦安·兰德哲学对他的影响。格林斯潘相信，兰德为资本主义奠定了道德基础。20世纪70年代，格林斯潘加入了福特总统的经济委员会。制度经济学家加尔布雷斯说，或许只有布尔什维克和兰德主义才能治愈通货膨胀，格林斯潘应声答道：至少我就是。

不过，在一切门徒和粉丝中，布兰登显然具有无可置疑的首席地位。正如后来芭芭拉所言，如果有人把兰德当成上帝，那么，布兰登就是耶稣。

二

1950年3月2日，当纳撒尼尔·布兰登第一次敲开安·兰德位于加利福尼亚费尔南多谷地农场的大门时，布兰登尚不满二十岁。在这之前，布兰登已经给自己的偶像写了两封信，第一封没有得到回音，第二封安·兰德回了一封短信。布兰登欣喜若狂，在这之前，他已经把《源泉》读了四十遍，精彩部分甚至读过上百遍。

那个时候纳撒尼尔·布兰登还不叫纳撒尼尔·布兰登，那时他还叫纳撒·布卢门撒尔，住在加拿大马尼托巴省，在叔叔的珠宝店打工。1949年，纳撒·布卢门撒尔已经考上加利福尼亚的大学，离他崇拜的偶像只有咫尺之遥。

在安·兰德回复的信中，她不厌其烦地解释了纳撒·布卢门撒尔提出的问题，并且说，她正在撰写一部长篇巨著《阿特拉斯耸耸肩》，虽然时间有限，几乎处于封闭状态，但是她还是在信中要了纳撒·布卢门撒尔的电话，随后打电话邀请他去农场做客。

给纳撒·布卢门撒尔开门的是安·兰德的先生弗兰克·奥康纳。这位英俊的好莱坞二流演员当然还想不到日后他们复杂的情色关系。第一次登门的纳撒·布卢门撒尔肯定也想不到，他当时必定抱着朝圣的心态，一睹先知的面容，可以想象见面的场面，纳撒·布卢门撒尔诚惶诚恐，如对神明。

安·兰德目光如炬，一眼便看出这位英俊的青年是未来自己合适的接班人，他既聪明又服从，这正是一个好门徒必备的素质。当然，布兰登只有在安·兰德的羽翼之下才可能扬名立万。这是后话。

纳撒·布卢门撒尔注意到，他的偶像比书上的照片更矮更胖，一头深棕色短发，身穿朴素的方格衬衣和裙子，烟不离手，浓浓的俄国腔显出极不协调的怪异。

她说，她的小说始终贯穿两个主题：一为个人主义与集体主义势不两立的斗争，二是理性主义和神秘主义的斗争。所谓神秘主义，就是非理性地屈从于一个神、一个暴君或是一个集团。只有资本主义是完全建立在理性的基础上的，只有资本主义才能维护自由和创新精神。理性是唯一的神。

他们的谈话持续了九个小时，纳撒·布卢门撒尔驱车离开农场的时候，东方欲晓，如剑的霞光正刺破浓云，掠过农场的庄稼地。天空由混沌渐至分明，仿佛开天辟地的那一瞬，天地之间酣畅淋漓。

此后，纳撒·布卢门撒尔改名为"纳撒尼尔·布兰登"，在希伯来语中的意思正是"安·兰德的儿子"。

第二年夏天，布兰登的女友芭芭拉也加入了安·兰德的周末粉丝团。那个时候，布兰登与安·兰德整夜整夜地通电话，一聊就是几个小时。安·兰德看出了布兰登身上与己相似的品质，那就是聪明、理性，犹如暂时沉寂的烟火，总有一天必定大放异彩。

她说，她能辨别一个人有没有思考能力，她把布兰登和芭芭拉称作《源泉》的孩子，把《阿特拉斯耸耸肩》的章节大段大段地念给他们听。想必此刻，安·兰德也在经历着孤独者的痛苦吧，她的智力明显高于她的丈夫和朋友，周围并无合适的谈伴。布兰登的到来就如鲁滨孙在荒岛上迎来了"星期五"，他不但顺从她，而且能理解她。

1951年6月，芭芭拉考上了纽约的研究生，布兰登也打算到纽约大学攻读心理学。那段时间，热烈的讨论不见了，农场里显得空旷而又寂寥。不管承认不承认，安·兰德突然发现她已离不开《源泉》的"孩子们"了，其实丈夫奥康纳早已经发现，妻子对于布兰登的热情近乎打情骂俏，但他生性温和被动，况且布兰登只是个孩子，因此也没有多想。

然而这一次安·兰德决计要搬到纽约去，她越来越怀念纽约的智性生活。与知识分子扎堆的纽约相比，加利福尼亚就是个大乡村，而她自己就住在乡村中的乡村。她说，她再也受不了加利福尼亚。现在布兰登走了，她已经住无可恋。而且她的"孩子们"都在纽约。

她说服了奥康纳于1951年10月24日搬进了纽约三十六大街的新公寓。当天晚上，布兰登和芭芭拉便登门拜访。兰德的家里又有了新气象。他们如饥似渴地讨论《阿特拉斯耸耸肩》的新章节，常常争论得面红耳赤。

更多的粉丝加了进来，而这一切布兰登功不可没。布兰登介绍了十几位亲戚朋友，他们都有个共同的特点，年轻、聪明，而且大部分是犹太人。布兰登像耶稣一样到处布道，他的传道对象就包括阿伦·格林斯潘。

安·兰德一开始并不喜欢格林斯潘，称他为"殡仪馆业务员"，因为在大多数粉丝团成员的印象中，格林斯潘太过沉默，郁郁寡欢。但是格林斯潘很快赢得了安·兰德的青睐，他丰富的经济学知识是安·兰德所缺乏的，而当时她正在撰写《阿特拉斯耸耸肩》，格林斯潘的经济学素养是可以帮上忙的。

格林斯潘身上具有安·兰德喜欢的因素，他总能把问题问到点子上去。安·兰德意识到，这位年轻人日后一定有出息，遂把他的外号改为"沉默的巨人"。

不过安·兰德对于米塞斯，这位奥地利学派祖师级人物却一开始就意见不合，并且终生未愈。米塞斯当然不是兰德粉丝团的一员，从辈分上说，米塞斯是安·兰德的长辈。安·兰德指责奥地利学派只在乎资本主义的现实依据，不在乎道德依据。在她看来，理性利己主义不但是一种现实选择，而且它还具有崇高的目的。

这一次，两个人又当着布兰登的面吵起来了，米塞斯只反对经济方面的管制，仍然支持"守夜人政府"的权力，包括征兵。而安·兰德认为生命权是一切权力的基础，坚决反对征兵。据说，米塞斯骂她是个犹太傻女孩，安·兰德哭了，这是一个小插曲。不过，这件事遭到安·兰德的否认，安·兰德粉丝团到处辟谣，他们的教主不可能是个哭鼻子的女孩。米塞斯同意辟谣，但是接待米塞斯和安·兰德的东道主多次私下承认，确有其事。

布兰登后来回忆说，他们不是生活在纽约或加州，而是生活在《阿特拉斯耸耸肩》中。安·兰德把粉丝团称为"彗星"，把布兰登称为"彗核"，她自己可能就是巨大的星系了。现在星系向"彗核"发出了邀约。布兰登越来越感到了教主的炽热和暧昧。表面上看，安·兰德是布兰登的长辈，她比他大二十五岁，就像布兰登的名字一样，他是她的"儿子"。安·兰德甚至深入布兰登和芭芭拉私人的隐秘世界，当他们感情出现波澜时，安·兰德起到了调解和缓冲的作用。布兰登对安·兰德敬爱有加，而芭芭拉逐渐感到了威胁。

1953年1月，布兰登和芭芭拉的婚礼在纽约郊外的白色平原举行，奥康纳和安·兰德充当他们的伴郎和伴娘。似乎嫌微妙的四人关系还不够，布兰登的母亲蒂娜·布卢门撒尔也掺和进来，蒂娜·布卢门撒尔发现儿子"喜欢安·兰德超过喜欢自己"，为此非常不满。

1954年9月，奥康纳夫妇和布兰登夫妇结伴去加拿大旅行。这次旅行可能加速了布兰登和安·兰德的"不伦"关系。在回来的路上，安·兰德和布兰登打情骂俏。同行的芭芭拉说，他们彼此凝视，"仿佛深入对方，再也拔不出来"。

布兰登向醋意大发的妻子保证，他不会爱上比自己大二十五岁的安·兰德，可惜这个承诺只保持了两天时间。

回到纽约不久，安·兰德把奥康纳、布兰登和芭芭拉召进自己的卧室。她平静地宣布：她和布兰登相爱了！"我们不是柏拉图主义者……我们如果想要奉行自己公开宣扬的价值观，为什么不能相爱呢？"

理论家总会为自己的行为寻找"理论"依据。安·兰德是何许人也？人类至高理性神庙里的女祭司，一切经验在她身上都将失去意义，在她的世界里，唯一可靠的是理性，理性是最高的神。而你一旦接受了她的前提，就会无可救药地掉入她的逻辑黑洞，再也逃不出来。

奥康纳和芭芭拉居然同意了。两个多月后，安·兰德与布兰登变成了情人。奥康纳和芭芭拉同意他们一周见面两次。安·兰德再次安慰他们，这种情况至多持续一两年。她一向洁身自好，临老前理应痛快一下。"如果我们境界不够高，这种情况就不会发生。"

她的意思是，周围的人境界都不高，因为她是"超人"，自然适应于另一种价值观。

三

美国精神的辩护人却出生于俄罗斯帝国时期的圣彼得堡，原名阿丽萨·济诺维耶芙娜·罗森鲍姆。父亲是药剂师，母亲是牙医，这正是犹太人家庭最喜欢的职业。生逢乱世，未雨绸缪，犹太人相信一份稳定的职业或手艺可保生活无虞，但是在1917年的布尔什维克革命中，父亲的药房还是被没收充公。

不管怎样，当1905年2月2日作为四个女儿之中的长女安·兰德出生的时候，父亲和母亲的职业足够养活她。并且在她年幼时把她送进了斯托尤宁私立学校。这是一所昂贵的贵族学校，水平高，收费贵，但是思想自由，是俄罗斯自由派思想的大本营。学校的创办人斯托尤宁夫妇是大文豪陀思妥耶夫斯基的朋友。教员中还包括诗人吉皮乌斯和哲学家罗斯基，两人都是俄罗斯"白银时代"的名士。

安·兰德在后来的一篇自传中说："地球上有那么多的国家，我却出生在最不适合一个狂热自由主义者生存的国家，这个国家就是俄罗斯。"

安·兰德后来在具有深厚的经验主义传统的美国扬名立万，其精神实质却是俄罗斯的方式。或许缺乏自由的地方更加珍视自由，这就可以理解为什么安·兰德说自己是一个狂热自由主义者。

在经验主义的美国，大概所谓的英雄一般都是社区模范，他们乐于助人、热心公益，其内在的品质更加看重的是正直、诚实、敏于行而讷于言。而这些，从来都不是"优等生"安·兰德的强项。"优等生"的特点在于智力和知识的超越性。他们更加信服的是逻辑的力量和理论的彻底性。

这也可以解释，为什么一些从专制贫弱状态转型过来的国家，更容易接受极端和彻底性的理论，彻底而正确的理论总是受到英雄或者先知般的崇拜。因为那理论从未付诸实践，不可能通过"经验"判断其优劣，相信它的人更看重的是理论的抽象性和逻辑的自洽性。

后来成为经济学家的杨小凯曾言，英国经验主义的代表人物洛克对他影响巨大，在洛克眼里，理性是有限的。思想家顾准经过苦苦求索，也沉痛地宣布，他要从革命的理想主义走向不那么完美的经验主义。

然而安·兰德却声言：理性是唯一的神。

小安·兰德十岁时就显露出了过人的文学天赋。她的早期小说的主人公总是来自英国——这个她常常嘲笑的盎格鲁经验主义传统浓厚的国度。作品中丝毫看不出俄罗斯或犹太人与生俱来的忧郁的气质，正像她后来的作品一样，总是概念先行。刘仲敬先生说，她总是一个异乡人，她的家园永远不在她生活的地方。观念的投影多，经验的血肉少。他们总是用理想矫正经验，而不是用经验修正理想。

1915年，安·兰德遇到了一生中第一个心灵朋友——奥尔加·纳博科夫小姐。没错，就是纳博科夫家族，那个写出了震惊世界文坛的小说《洛丽塔》的弗拉基米尔·纳博科夫是奥尔加的哥哥。其实纳博科夫家族在俄罗斯早就是一个显赫的家族，奥尔加的祖父是沙皇改革者亚历山大二世的司法大臣。亚历山大二世时代大约相当于中国的戊戌变法或日本的明治维新时期。作为司法大臣，老纳博科夫从英国引进了陪审制，这一制度对俄罗斯的改革进程产生了持续的影响，一直持续到十月革命以后。

那时，从本地居民中抽选的陪审团经常根据舆论、正义与良知，而非成文法，判处政治犯无罪释放。他们很少判政治犯死刑，即使那些遭到流放的政治犯也会得到仁慈的对待，当他们凯旋时，人们像拥抱明星一样用鲜花铺就欢迎的地毯。

陪审团制度是英国经验主义的产物，纳博科夫家族是英国绅士经验的拥趸者。奥尔加小姐热衷于向安·兰德证明君主立宪制的优越性，而安·兰德却拥护共和制，因为这种制度在理论上更为自洽，君主立宪制混合了人类理想和现实的妥协性，符合经验理性，却不符合唯理主义。

据奥尔加小姐回忆，那时候的安·兰德常常言语激烈，带有挑衅的意味。好在奥尔加并不在意，她们沉浸在思辨的思维快乐之中。这也证明了经验主义常常更宽容，因为妥协是它理性的一部分，而唯理主义却不能容忍理论的不彻底性，安·兰德对辩论的胜利看得极重。

1917 年布尔什维克革命爆发时，安·兰德只有十二岁。1918 年夏末，安·兰德一家登上驶向克里米亚的列车，纳博科夫一家也向同一个目的地前进。不久，奥尔加的父亲在克里米亚政府中再度入阁。

当克里米亚于 1921 年也被布尔什维克攻陷时，安·兰德烧毁了她的日记，以免日记中强烈的反苏言论被发现。安·兰德接着返回圣彼得堡就读大学，主修历史，副修哲学。

在一次聚会中，安·兰德结识了自己的初恋对象列夫·贝克尔曼。列夫也是犹太人，比兰德大四岁，当时在圣彼得堡技术学院工程系读书。后来安·兰德回忆说："我记得，我第一次见到他时，被他的英俊吓了一跳。我非常喜欢他的长相。"

安·兰德心目中的美男形象在其后来的小说《源泉》中可以找到线索，她的丈夫弗兰克·奥康纳也是这样的形象。

安·兰德惊喜地发现，列夫和她的政治观点非常接近，甚至列夫身上的傲慢气息也是安·兰德喜欢的，就像她众多小说里面的主人公一样，先知和英雄当然是傲慢的。

那时候，安·兰德与列夫经常出入米哈伊罗夫斯基剧院听轻歌剧，她后来将这段经历写进了小说《我们活着的人》，称她的初恋是"疯狂的、不顾一切的"。

安·兰德的自信使她习惯于主动，在感情生活中也是如此，她毕生主动，似乎觉得理应如此。但是她没有想到，列夫并不喜欢倒追的女生。因为列夫受不了这样的主动、这样强势的女生。几个星期后，他就不再跟安·兰德约会了，甚至在派对中，列夫也对安·兰德不理不睬，于是安·兰德的初恋就这样夭折了。

安·兰德在晚年的回忆中说，如果她第一个爱人愿意投桃报李，她大概就会留在俄罗斯了，不会到美国来。

列夫在 20 世纪 30 年代的大清洗中因为"阴谋破坏列宁格勒坦克工厂"罪名而送命。20 世纪 60 年代，安·兰德仍然无限唏嘘地写道："（列夫的）整个问题……在我头脑中依然是一个未完成的故事。我唯一的解释……将会是我在《我们活着的人》中写利奥的那些文字。那是蓄意的自我毁灭，是故意将他自己交给平庸……（在那种环境下，无论他拥有）多高的价值，都不会有出路。"

形势越来越严峻，1922 年，她的母校斯托尤宁遭到关闭。不过安·兰德还是在 1924 年拿到了毕业证书。其后她在国立银幕艺术中等技术学校找到了一份工作，此时，她已经下决心移民美国。

1925 年夏天，安·兰德申领了一个苏联护照。她在申请签证的时候向移民官保证：她的未婚夫列夫还留在苏联，她不会久留美国。在西方人看来，当然这是不诚实的表现，但是安·兰德私下里说到，当他人的不义使诚实危及自身时，诚实的义务自动终止。

1926年1月17日，安·兰德怀揣母亲安娜筹措的三百美元，把寥寥几件旧衣服和打字机装进外婆的箱子，穿上母亲的旧夹克，登上了前往里加的火车，她将在那里转船驶向她梦想的美国。

送行的队伍中出现了列夫的身影，他第一次也是最后一次吻了她的手。

四

可以相信，和我2014年在曼哈顿的感受一样，安·兰德第一次踏进纽约灯红酒绿的繁华街区，就有一种恍如隔世之感，一边是物质匮乏的苏联的新经济政策，一边是流光溢彩的柯立芝（美国总统）繁荣。尽管当时只剩下几十美元，只会说十几个英语单词，而且全都"发音不正"，安·兰德还是陶醉其中，她大声说道："我永远不会忘记这里。难以置信的欢乐与不羁。跟苏联真是大相径庭！"

在纽约短暂停留后，安·兰德投奔芝加哥的表妹。正是在开往芝加哥的火车上，她为自己设计了"安·兰德（Ayn Rand）"这个响亮的名字。这个日后闯进美国思想界马群的"异类"已开始扬鞭奋蹄。

至于为什么选择"安·兰德"这个名字，甚至在作者自己的解释中也语焉不详。有说是借用一位芬兰男作家的名字，有说借用"雷明顿兰德（Remington Rand）"牌打字机的名字，又有说是俄国原名的缩写或变形，还说是希伯来语昵称的变形。

其中隐秘的原因很可能是想避开她的犹太人身份。芝加哥的表妹曾经私下说过，安·兰德认为她不能用犹太人的名字出书，因为人们不会听犹太人的话。

总之，此时的安·兰德踌躇满志。在芝加哥停留了半年以后，便决定奔赴加利福尼亚，她要在好莱坞闯出一片天地来。

在芝加哥即使窝在表妹的阁楼上，安·兰德仍然念念不忘初恋男友列夫·贝克尔曼。她给他写信说，希望他到美国来。她承诺，即使等到1947年，即使那时她已经成了好莱坞大明星，她也会亲自到车站接他。列夫是否收到这些信件，已经无从考证，但是此后苏联改变了移民政策，很难再有人能够离开苏联。安·兰德赶上了末班车。

初闯好莱坞，安·兰德便在著名导演德米尔的斑鸠电影城里找了份工作，不久升任审稿编辑。其实跟她的才华毕现相比，她在斑鸠电影城最大的收获是认识了后来的丈夫弗兰克·奥康纳。奥康纳出生于爱尔兰天主教家庭，却主动脱离了家庭的信仰与阶级。安·兰德遇到他的时候，他正在德米尔的一部电影里饰演一个角色。安·兰德第一次看到穿着罗马士兵服装的奥康纳，就决定倒追他。

强势女生又一次出手，不过这次，弗兰克·奥康纳不同于列夫·贝克尔曼，奥康纳是个英俊温和的暖男，很快他们就出双入对，利用一切晚上和周末的时间约会，此外两人都是无神论者，很快便找到了共同话题。

1929 年 4 月 15 日，安·兰德和奥康纳结婚。1929 年 6 月，她作为美国公民的妻子获得永久居留证。

安·兰德在好莱坞的事业顺风顺水。不久，《我们活着的人》被写了出来，这部以苏联革命为背景的小说描写了一个女人和两个男人的恋爱的故事，仿佛其后奥康纳夫妇与布兰登故事的隐喻。

奥康纳的演艺生涯也渐有起色，两人装修了新的公寓，还买了汽车，那是一辆二手的纳什牌汽车，但是似乎安·兰德始终没有学会开车。

不过，安·兰德写的舞台剧《一月十六日夜》赢得了更大的成功。苏格拉底的对话录更像是用哲学写文学，安·兰德则是用文学写哲学。在这部舞台剧中，安·兰德设计了一个开放式的结局，瑞典金融家福克纳从豪宅阳台上坠楼身亡，人们最初以为是自杀，然而陪审团发现了许多相互矛盾的证据。福克纳刚刚结婚，却与秘书私通，秘书有谋杀的机会与动机，然而，福克纳的岳父同样有充分的谋杀动机和机会。

舞台剧最终从观众当中选出陪审团。如果陪审团相信福克纳秘书充满激情的自白，那么观众就是浪漫主义者；如果相信秘书是淫妇，福克纳的岳父是无罪的，那么观众就是现实主义者。如果观众选择后者，他们的"自由意志"就是怯懦的。

《一月十六日夜》的影响逐渐超出了西海岸，纽约的戏剧大佬在向安·兰德招手，他们希望这部舞台剧在百老汇上演。这对安·兰德来说是千载难逢的机会。在纽约，更能找到知识分子的 VIP 感觉。可是搬到纽约去，对于刚刚在好莱坞稍有起色的奥康纳来说却意味着演艺生涯的结束。安·兰德运用她超强的"自由意志"说服了奥康纳。在婚姻当中，常常面临这样的窘境，婚姻中的一方要为了另一方的发展牺牲自己的事业，成全更加优秀的一方，看来古今中外概莫能外。

这一次，奥康纳成了牺牲的一方。若干年后，奥康纳自嘲地说，他是"安·兰德先生"。奥康纳的外甥女咪咪·萨顿说，他们一度也为此争吵过，但是奥康纳生性温顺，没有独当一面的魄力，很快便认清了形势，满足于长期料理家政，也就只好当"安·兰德先生"了。

《一月十六日夜》取得了异乎寻常的成功。而《我们活着的人》为安·兰德赢得了政治上的地位。她经常被邀请举办演讲，安·兰德的演讲在左派气氛弥漫的美国 30 年代可谓振聋发聩。此时，安·兰德一定在心里已经界定了自己的终身大敌，那就是集体主义。

安·兰德最重要的小说之一《源泉》开始构思。尼采式的个人主义英雄霍华德·洛克粉墨登场。洛克是一位特立独行的建筑设计师，他设计的摩天大楼象征着资本主义的理想和原则，而因循守旧的庸人总想破坏这一切，但是"高贵的灵魂"无视威胁利诱，最终实现了自己的理想。

只有庸人才会需要一个全能全知的神，需要利他主义的事业和目标确定的独裁者，而真正的个人主义必须依靠自己的原则、自己的思想而生活。

个人权利是一种天赋的权利，这种权利是与生俱来的，不是社会赋予的，他人和任何集体都无权剥夺。基于个人主义建立的国家权力是有限的，因为它受不可剥夺的个人权利之限制。

自由主义者认为："我不想控制任何人的生活，也不想让任何人控制我的生活。我不想统治，也不想被统治。我不想做主人，也不想做奴隶。我不愿为任何人牺牲自己，也不愿任何人为我牺牲。"

安·兰德认为，不要被集体主义的老把戏迷惑，他们说：世界上不存在绝对的自由，因为你不能随意杀人，社会不允许你杀人的时候已经约束了你的自由，社会拥有以任何它认为合适的方式约束你自由的权利，所以，丢掉自由的幻想吧——自由取决于社会的决定。

错了，阻止你杀人的不是社会，也不是某种社会权利，而是其他人不可剥夺的生命权。这不是双方权利之间的"妥协"，这是确保双方权利不受侵犯的分界线，这条分界线不是来自社会的法令，而是来自每个人不可褫夺的权利。

在你的权利范围内，你的自由就是绝对的。

安·兰德对自由的理解更接近于以赛亚·伯林的"消极自由"，但是与伯林、米塞斯、哈耶克这些自由主义大师不同的地方在于，她把个人自由纳入了道德的范畴，个人主义不光是权利，更是道德。

1943 年，《个人主义的道德基础》为安·兰德奠定了哲学家的称号，本书堪称笛卡尔式理性主义公设的逻辑总结。不过，此时大卖的作品还是《源泉》，《源泉》为她赢得了畅销书作家的声誉。

《源泉》的销路扶摇直上。华纳公司接受了安·兰德五万美元的改编要价，他们还愿意替奥康纳夫妇出旅费，聘用安·兰德改编剧本，如果改编时间超过一个月，公司每周额外支付 500 美元。

1943 年 10 月，奥康纳夫妇重返好莱坞。他们在加利福尼亚费尔南多谷地买下了一座农场。

五

费尔南多谷地农场会见时，《阿特拉斯耸耸肩》的逻辑大厦已经开始构建。现在这座大厦即将矗立于人类思想的高地之上，安·兰德专心撰写约翰·高尔特最后的演讲，那将是她整个哲学的拱卫基石。

从 1953 年至 1955 年，为撰写这篇演讲，安·兰德殚精竭虑，她暗下决心，这篇演讲必定无懈可击。她一度三十天足不出户。布兰登身兼情人和秘书，始终相随左右。很难想象，如果没有精神伴侣布兰登的支持，她不会安然度过那段沉重灰暗的日子。

1957 年 3 月 20 日，《阿特拉斯耸耸肩》终于完稿。她一定想起了奥维德在《变形记》中的呐喊：吾诗已成。无论大神的震怒，还是山崩地裂，都不能把它化为无形！出版商建议将书中冗长的演讲删去一些，因为读者只喜欢读故事。安·兰德反问道："你会删节《圣经》吗？"

在兰登书屋的营销会上，有个推销员要求安·兰德概括本书的精要，安·兰德说："哲学是客观主义，认识论是理性主义，伦理学是个人主义，政治学是资本主义。"全场掌声雷动。安·兰德俨然万民崇拜的先知。

安·兰德功成名就，理应享受粉丝们的欢呼与崇拜。她走到哪里都像好莱坞明星一样广受瞩目，狗仔队如影随形。布兰登夫妇充当了她的经纪人角色，为她安排演讲和采访。布兰登还安排安·兰德到大学里做讲座，我们的女祭司辩才一流，成功说服许多学生放弃了原有的价值观，每年都有成千上万的"皈依者"加入进来，许多大学里成立了兰德主义社团。

布兰登仿照学院的课程把客观主义整理成二十个系列教程，他们在《纽约时报》上刊登广告，报名听课的学生越来越多。格林斯潘、布兰登夫妇也各自开设了自己的课程，兰德团队仿佛一间民间大学。

布兰登曾自豪地说，是他把兰德从一个受压制的小说家中拯救出来，变成了广受欢迎的公共哲学家。

随着门徒的增多，兰德团队提高了准入的门槛，扩大了等级差异。只有安·兰德本人和布兰登夫妇有权自称"客观主义者"，其他门徒只能称为"客观主义学员"，所有学员须研读《阿特拉斯耸耸肩》，必须缴纳学费，而且不能自由提问。安·兰德的脾气越来越大，似乎有一种无形的规律使她越来越滑向她原来憎恶的敌人——冷酷的独裁者。

随着名气的上升，安·兰德的心情却越来越坏，常年依靠咖啡、香烟和安非他命振作精神。也许她预感到她的创造力即将枯竭，完成《阿特拉斯耸耸肩》以后，安·兰德再也没有写出像样的作品。她与布兰登的关系也遇到了危机。她不再打扮自己，持续的愤怒使她显得愈加年老，她决然地宣布结束与布兰登的身体接触。

布兰登并非不感到欣慰，他表示放下个人感情的负担，全身心地投入方兴未艾的兰德主义大业中。

然而，当布兰登真正偏离兰德感情的轨道时，一场大地震还是会如期而至。

1963 年，布兰登觉得自己爱上了二十三岁的时装模特帕特丽西亚·格里森。特帕特丽西亚和她的丈夫是兰德公开课的资深学员，他们的婚姻出现了问题，于是找到了团体首席心理学家布兰登。布兰登非常享受特帕特丽西亚的狂热崇拜，这是他跟安·兰德在一起时享受不到的。他和安·兰德在一起时，位置是颠倒过来的，他给她提供女王的快感，现在轮到他享受这种快感了。

事后，布兰登在床上告诫特帕特丽西亚，不可在安·兰德面前露出马脚。特帕特丽西亚天真地问："你为什么不对安实话实说呢？她那么理性，那么现实。"布兰登苦笑道："那你就会领教无法想象的大地震了。"

1964 年初，芭芭拉也爱上了兰德公开课的同事，她没有对布兰登隐瞒，布兰登也勉强同意了他们的关系。不过，此时布兰登正跟特帕特丽西亚打得火热，直到三年后，布兰登才向芭芭拉坦白了他跟特帕特丽西亚的恋情，并且要求妻子帮他瞒住安·兰德，芭芭拉也勉强同意了。

布兰登骗过了安·兰德，却无法骗过公开课的同事们，他们多次碰见布兰登和特帕特丽西亚一起参加舞会，驾车兜风，谣言开始生成，芭芭拉忍受不了，两人低调分居。安·兰德又一次试图侵入他们的隐私，乘机建议与布兰登恢复身体接触。布兰登不敢说实话，只好以精神不好为由拒绝，安·兰德怀疑他嫌自己老了，布兰登矢口否认。

1965 年 12 月，特帕特丽西亚与丈夫离婚，几周后，布兰登夫妇也宣布离婚。1966 年初，布兰登公开与特帕特丽西亚同居，一切缓冲余地消失殆尽。

1968 年 7 月 3 日，布兰登给安·兰德写了一封长信，他在信中对安·兰德表示了感激和歉意，希望这段感情不会影响他们的友谊和在事业上的合作。当天晚餐时，布兰登将这封长信交给安·兰德。"无法想象的大地震"立刻爆发了。

安·兰德稍稍浏览了几页，立刻尖叫起来："你这个浑蛋！浑蛋！浑蛋！垃圾！骗子！猪猡！"安·兰德当即给芭芭拉打电话："你瞧瞧，这个魔鬼都干了什么！"芭芭拉进门时，安·兰德仍在辱骂，她指控布兰登一直在欺骗她，剽窃她的思想，发誓要跟他一刀两断。

8月23日，安·兰德在门厅接见布兰登和芭芭拉，做最后的裁决，她历数布兰登的罪状，打他的耳光，并且诅咒他阳痿二十年。

8月28日，布兰登正式退出社团和《客观主义》杂志，9月2日，安·兰德公开课关门大吉。安·兰德主义是兰德创造的，兰德主义运动却是布兰登经营的，没有布兰登，兰德主义运动也就逐渐式微。

布兰登和特帕特丽西亚正式结婚，迁往洛杉矶。格林斯潘忠于社团，跟布兰登绝交。没有布兰登的兰德社团事实上已经瓦解。

安·兰德的健康状态也不容乐观，1974年，安·兰德发现呼吸困难，经胸部X光检查，在肺部上发现了肿瘤，不得不切除半边肺叶。但是她仍然吸烟，并且越来越猜忌、多疑，在团体内部不断清洗，就像独裁者一样，日益陷入孤立之中。

1979年11月7日，弗兰克·奥康纳去世，这个如影子一般的男人，仍然是安·兰德唯一的安慰。在他的弥留之际，她握着他的手，暗自垂泪。两年多以后，1982年3月6日，安·兰德死于充血性心力衰竭。

生前她最后一次演讲曲终奏雅："你要捍卫自己的人格，捍卫自尊的美德，捍卫人的本质：至高无上的理性头脑。你应该无比坚定，完全相信你的道德就是生命的道德，为地球曾经存在的一切成就、价值、伟大、善良和幸福而斗争！"

《书屋》2017年3月

1977 年的回忆

——高考恢复四十年

李大兴

一

1977 年在中国发生的事情，最重要的莫过于 12 月，全国高考在中断十二年后恢复举行。当年参加高考的考生，年长者如"老三届"的老高三，如今已经是古稀之年；最年轻的南方应届高中毕业生，如今也已奔六。我虽然要到 1980 年才上大学，却也是因为恢复高考而改变了人生轨迹。

那一年 7 月，中共十届三中全会决定恢复邓小平中共中央副主席、中央军委副主席、国务院副总理、中国人民解放军总参谋长等职务。8 月初，邓小平主持召开科学和教育工作座谈会，与会者纷纷主张立即恢复高考，建议如果时间来不及，就推迟当年的招生时间，这一建议得到邓小平的明确支持。从 8 月中旬开到 9 月中旬的高等学校招生工作会议，最终达成共识，改变"文化大革命"时期"推荐上大学"的招生方法，恢复高考。10 月，国务院批转教育部《关于 1977 年高等学校招生工作的意见》，正式恢复高等学校招生统一考试的制度。

恢复高考是邓小平第三次复出后做的第一件大事，不过就和他的复出一样，是当时人们期待与意料之中的事。事实上，前一年 10 月逮捕"四人帮"之后，在北京关注时局的人群里，很快就开始半公开议论邓小平何时复出；恢复高考的议论不那么多，但是一说起来，也好像是大势所趋，只是不知道什么时候发生而已。

大约是 1977 年初的一个晚上，父亲去曾是抗战时的同事、时任教育部副部长的李琦家，回来后有些兴奋地说，估计高考不久就会恢复了。后来事态的发展并不像他想象的那样顺利与乐观，反对的声音颇多，教育部最初的报告并没有打算马上恢复高考。然而小道消息开始在民间流传，从春天起，各种中学课本，尤其是"文化大革命"前的中学教科书突然紧俏起来。先是我家里不多的几本数理化被别人借走，其中好像有些再也没有还回来；后是想要找两册原来没有的，却哪儿都借不到了。

和出生在 20 世纪 80 年代末的年轻朋友聊天，她诉说的悲惨经历，就是怎样从小学一年级参加各种考试，一直考到博士毕业。我告诉她，曾经有四年大学完全停办，十年全国没有高考；中小学虽然从 1967 年 10 月的"复课闹革命"恢复运行，也基本不读书，考试就算有，不过是聊胜于无。她说："你们那时候多幸运啊！"我说："你父母恐怕没有觉得那时候幸运吧？"她说："我觉得他们比我幸运啊！"话说到谁比谁幸运，就没法往下说了。我告诉她，"文化大革命"时的教科书一本比一本薄，不仅内容少，而且几乎没有习题。为了向工农兵学习，取消物理、化学和生物课，以所谓"工业基础知识""农业基础知识"替代，内容可想而知，更没有她熟悉的一本本厚厚的考试辅导材料、复习题集。我还告诉她，由于"文化大革命"，我从小学一年级到 1977 年，八年多一直辍学在家。她瞪大了眼睛："叔叔，您太幸福了！"

那时我幸福吗？在知天命后回忆，少年是很美好的，时间会给往事涂上一层发黄老照片的柔和。虽然很多已经找不到，但我还保存着一部分少年时的日记，如今看来，写得有些强词说愁、莫知所云，倒也折射出当时内心的纠结与困惑。我感觉前途渺茫：我自觉已经长大，却不知道能做什么、要做什么。想要逃避像兄长那样去农村的命运，似乎只有唱歌以考文工团。

恢复高考的希望在遥远的天边升起时，许多人一夜之间都成了高玉宝。"我要上学"的念头是如此普遍、如此强烈，我也受了影响，在我的日记里记载如下：

二月十一日，星期五，多云

今天下午正在写字，忽提起上学，于是有些动念。去一个新环境，过过集体生活，尝尝学生时代的滋味，还是我所愿意的。

晚上，我去找 Z 老师，托他办办此事，他和我详细讨论了一番，我十点钟走，他送我上车。

有时，一个很突然而来的念头就会变成事实，不知道这一回是否会如此。我对自己是有点估计的，我以为我是有必要去适应社会，受一点社会的限制，这或许对以后有好处。

一清醒地认识了一些自己，也就能大致地衡量自己的斤两了。哈！我就是这样，我时常攻击的往往就是我自己所具有的。

十六岁时的日记，一看便是民国文学和翻译小说读多了的文字。在文化沙漠的时期，写一笔繁体字，大概也算奇葩，难怪后来我在学校里经常被视为"五四"青年。从这段日记可知，当时我已经有独立办事的能力，也有突然起一个念头就去做的习惯。此后的四十年里，基本上一直如此。个人生涯某种意义上与历史是有相似与呼应的，往往在一念之间发生改变。

我去找的是家兄的一位同学，他去农村插队病退回来以后，在中学当老师。那时他是偶尔教我一点数学的老师，也是经常和我聊天的大朋友。1977 年 2 月 11 日晚上，他在学校值班，我去学校找他。那天晚上聊得非常开心，还打了一会儿乒乓球。从学校出来往家走，月光很明亮，我感觉似乎看见了未来。

二

中国科学院哲学社会科学部简称学部，即后来的社科院，是大大小小的知识分子密集之处。学部子弟自然是典型的知识分子家庭孩子，打架大都不灵，倒是还有不少爱读书的。他们由于出身问题，多数境遇不佳，很多还在农村插队未归，能够在大型国企里当工人就算是不错的了。在 1977 年夏天，很多人忽然像打了鸡血一样开始复习数理化。不过除了老高中生以外，没有谁心里有底，所以大多数都是不声不响，各自备战。

"文化大革命"虽已经结束，但真正的改革开放还在孕育过程中。那一年元旦社论的题目是《学好文件抓好纲》，那一年报纸上的关键词是"英明领袖""抓纲治国"，这个纲仍然是"以阶级斗争为纲"。在词语之下，对于变化的渴望以及变化本身暗暗积累、流动。私下里，人们对于高考恢复的期待值与日俱增，不仅仅是因为"万般皆下品，唯有读书高"的观念在潜意识里从来不曾消灭，还因为上大学被普遍认为是改变命运的唯一途径。

从十五岁到三十一岁，积压了十几年的青年至少有几千万人，他们中间的多数，强烈希望改变自己的处境。考大学最直接最迅速地点燃许多人心中的火把，也因此注定高考是一条严酷的羊肠小径。大多数没怎么读书、没有希望或信心的人，早早就放弃了。据目前官方数字，1977 年有五百七十万人参加高考，二十七万人被录取。从有资格参加高考的人数看，百里挑一都不止，从实际参加高考的人数看，录取率也只有约百分之四点八。

我后来读历史，才明白从宋朝以后，科举考试不仅是文官制度的根本，而且是民族心理记忆的一部分。这一记忆在"文化大革命"的十年后复苏，又因为恢复统一考试后的第一次高考之难而格外凸显。我至今记得高考发榜后，学部大院几家欢乐几家愁：八号楼查建英考上北大中文系，吕叔湘先生的外孙考上北大西语系英语专业，家兄也从插队所在地考上清华。

不管时代怎样变化，清华北大始终是人们心中的梦想。家兄一高中同学，平素沉稳内敛，那年悄没声地上了北大，来我家报喜时两眼放光、双腮涨红，声音都变了。三十年后，我去附近的中国超市买菜，那里免费送顾客一份《世界日报》，回到家坐在沙发上翻报纸，看到纽约州布法罗附近飞机失事的消息，死难者里有一个华人，看到他的名字，我的手一抖，咖啡溢了出来……

不久后，我在阿拉巴马出差，小城里一住就是十天。住久了，不免想吃一顿中餐。美国南方是华人最少的地方，中餐馆也少，网上搜索了半天，才在十多里外发现一家似乎还有点规模的中餐馆。去了一次，感觉味道还好，隔了一天下班后又去了。这一次碰上老板，他看了我一眼，用很正宗的京腔说："我瞅您是中国大陆的吧？"当他听到我已经不那么纯正的北京话时，竟是相当欣喜，一定要请我喝一杯。有了第一杯，就会有第二杯，三杯下肚诉平生，是北京人常见的风景之一。阎老板在北京的地段离我儿时故居只隔了几条胡同，我问："您住哪条胡同？"阎老板说："我住在北剪子巷，挨着大兴胡同，您那块儿熟吗？"我听说过这条和我同名的胡同，却不清楚它原来就在铁狮子胡同北边隔了几条街远的地方。如此说起来，不由得更多了一分亲近感。

阎老板微胖无髭，面白皮细，典型胡同里和气生财的老北京相貌。这样的人，我童年记忆里很多，如今却很少见到了。早年的戾气、中年的焦虑，足以改变曾经遛鸟人的容颜；钢筋水泥的都市化、人群的膨胀，给古都带来现代化与活力，但也抹去了往昔的安详。

阎老板告诉我，他祖上几代都是在户部做事的，到了爷爷这辈，大清改成了民国，他爷爷就改当银行职员，然后把职位传给了他父亲。他家虽不是大富大贵，在北剪子巷这条狭小的胡同里的一个小院，倒也住得很踏实。

他没有仔细讲，我也就不多问，反正到了 1966 年，家道已经中落到只剩下两间北屋了。那年他上高三，就盼着能考上大学，然而大学不招生。和许多人一样，他去农村劳动了几年，然后费了很多力气回到北京，进一家街道工厂当工人，结了婚有了孩子。也和许多人一样，他在下了班、做完家务后，熬夜复习准备高考，可是就在高考前夕，由于劳累过度得了一场大病。在明白自己不可能参加高考的那一瞬间，他忍不住泪流满面。

他没有说具体是什么病，总之，大学梦就这样破灭了。改革开放以后，一个长辈亲戚从美国回来探亲，看到他的境况，帮他办了个自费留学。那时候来美国的人还很少，有亲戚的经济担保书，再有一份社区学院的录取通知书，就可以拿到签证了。到了美国，亲戚自然不会真的在经济上资助，要靠自己勤工俭学。但是他在国内没有上过大学，不像那些有文凭的人，打一段时间工就能够联系读博、拿到奖学金。再说他已经快四十岁，语言又不通，向学之心很快就显得不切实际。于是勤工继续，俭学就夭折了。

萍水相逢是人生乐事之一，我和阎老板一直聊到打烊。中间还见到他的儿子，已经当了医生，表情和手势都很美国化。他不会讲中文，英语里带一点南方口音。阎老板看着儿子的目光很慈祥，儿子和我们说了几句话就匆匆离去。

我和阎老板在停车场道别，我注意到他的背已经有点驼了，缓缓钻进一辆黑色老奔驰轿车里。

阎老板的故事其实是多年来常听说或读到的故事之一，那天晚上回到酒店，我还是感叹不已。失落的一幕往往更令人难忘，在寒冷冬日里，我印象最深的，是一位年长我几岁的朋友落榜后失声痛哭的情景。也许我们心中或多或少都有势利的一面吧，也许历史绝大多数时候都是记载成功者的吧，我们平常读到的，大多是七七级大学生这个群体中的励志故事，很少有人想到，那一年百分之九十五以上的考生落榜，还有很多人出于各种原因没能参加高考。前年回国，在朋友家小住，他家的保姆好像已经做祖母了，勤快能干、做一手好菜。朋友告诉我，她当年高考离录取线只差了三分，一生的命运也就因此转变。

三

当我们回望往事，叙述比价值判断更为重要。在追求现实利益的过程中，遗忘与遮蔽时有发生，更何况许多人心中价值混乱、人云亦云，何来判断可言？其实叙述本身是一件相当困难的事，自以为是的真实多半是可疑的，寻找历史和追求真理一样，需要常存虔敬戒惧、反躬自省之心，而不是指点评价、气壮山河的狂妄。

恢复高考对当时的社会、心理冲击，如今人们已很难想象与理解。

这一切，是当事件已经成为相对遥远的历史之后才能看清的。在 1977 年，人们依旧在不安与期待中懵懵懂懂地度日，和别的时候似乎并无不同，也许这才是岁月的真实状态。

我想从日记中寻找我的 1977 年，却发现日记里有写得很含糊或者根本没有提起的部分，记忆与日记并不完全相符。是的，时光越深，日记越有获得史料的意义，然而日记是有主观选择性的。尤其是在特殊的时代，日记写得有保留，几乎成为自我保护的本能。母亲的日记中，人名多用字母代替，许多年以后，她往往想不起是谁，别人也读不懂。我没有那么高的警惕性，却也习惯在日记里省略内心深处的某一只八音盒。1977 年初的日记里，有抒情、有议论、有几首旧体诗，却没有提到我在做梦、写小说，更没有提到我自己像小说中人一样，晚上走到一家中学的楼下，站在树影里，望着某一扇窗的白色灯光。我并不知道那个女孩此时此刻是否在教室里上晚自习，也并不想去见她，只是走一个小时到这里，安静地望一会儿，然后就回去了。

我在读《战争与和平》《第三帝国的兴亡》，虽然更让我心动的或许是屠格涅夫的《阿霞》《初恋》。我似乎更多沉浸在自己的世界里，并不真正关注正在发生或即将发生的巨变。不过我并不是一无感觉，在潜意识里我感到改变自己、步入社会的愿望与必要性。

回到学校最大的困难是，我虽然有户口，却没有学籍，在户口本上"职业"那一栏的记载是"无业"。想要改变，必须在区教育局办理手续。学籍从无到有，不是一件容易的事，幸亏当时有父亲一位老友的女儿在那里工作，可以帮助解决。我一直感念我的老师和她。

复学的事情办得出奇顺利，不到一个月，我就从无业游民转变为中学生的身份。四十年前的 3 月 7 日，我重返学校，这一天也标志着我进入社会的轨道。北京是春季开始新学年，按年龄我应该上高一，可是我除了会写繁体字、背诵诗词，别的什么都不会。在八九岁时，我花了一天工夫学会加减乘法，此后很多年没有长进。在十五岁时才被辅导学了从除法到一元二次方程，至于物理、化学，则是一点概念都没有。在这种情况下，虽然学校对功课要求不高，我还是很有自知之明地降级去了初三。

我的日记写到这一天戛然而止。由于上学，生活骤然忙碌起来，再也没有时间写长长的日记了。

三月七日，星期一

从今天起我成为 124 中三年级七班的一个学生，一种新的生活开始了。几天来，心情总不免有着兴奋的感觉，无疑，这就是那未知的新环境引起的刺激。

我应当说是高兴的，虽然即将来到的这一环境并无什么吸引人的地方，也不会有多少令人愉快的遭遇，但由于我确实需要换一换环境了，所以，新环境，这本身就使我受到刺激，产生了愉快的情绪。

早晨七点多，我到了学校，先看见了 Z 老师，然后见到了陈，她带我见了我的班主任，一个二十一二岁、身材不高、略胖的姑娘，交了学费，即赴教室，坐下后，聆听了强调纪律的一方讲话，又听王老师（即班主任）训话，至八点半正式上课。

从这一天起，我每日从永安里出发，穿过大雅宝胡同，步行五里地去学校。放学后，我经常出外交部街西口，南行到东单菜市场买菜，然后乘大 1 路回家。在这条路上我认识了许多人，后来又在别处不经意间相遇、告别，继续各自的旅程。

《经济观察报》2017 年 3 月 13 日

补天歌

乔忠延

引　言

补天一词跃现在眼前，不用说你，就是我，首先想到的也是女娲。

女娲补天尽人皆知。那个华人的老祖母，不仅造出了人，还要庇护她亲爱的孩子们。当头顶上的青天猛然崩裂，她飞身而上，炼五彩石以补苍穹。还给她的孩子们，也就是还给天下子民一个至今仍然乾坤朗朗的生存空间。

恕我荒诞，曾经和神话较真，天那么大，那么高，果真崩塌，女娲老祖母该从何处下手补起？我真替她老人家为难。为难来为难去，忽然领悟了，她老人家也就不必再为难。早先的早先，人们住在洞窟里，年久失修，突然顶部塌落一块，头上顿见青天。就从那个窟窿里，钻进来风，透进来雨，平静的日子不再平静。日子再平静下来，是因为有了补天的老祖母。老祖母不过是堵住了窟穴顶部的漏洞。就是这一堵，头上的那块青天不再看得见，这可能就是女娲补天。

那为何又有炼五彩石以补青天之说？那是人类进步了，讲究了，开始用白灰装饰自己的家宅。头上补住的那块也不能含糊，使用白灰涂抹一新。试想那白石灰生成的过程，青石入窑，点火焚烧，先橙，再黄，继而泛红，出窑后用清水一浇，瞬间爆开一地白绒绒的雪花。活脱脱的五彩石啊！将之涂抹在头顶，堵住露天的漏洞，这不就是炼五彩石以补青天吗？是这样。

神话打破了，却没有打破我对女娲的爱戴，是她用自己的勤劳和智慧装饰了子孙的住宅，改善了子孙的生活。至今，我仍然将她视为最伟大的老祖母。

不过，我这里要写到的补天者，不是女娲这老祖母，而是另一位先贤——顾炎武。

为什么要推出顾炎武来抢夺老祖母的专利？且听在下从实道来。

跨越时空的醒世恒言

顾炎武是随着一句名言进入我视野的，进而屹立在我的精神苍穹。或者说，我是先知道这句名言，进而才知道顾炎武的。从此，他便在我的心中有了固定的位置。无论别人的形象如何改变，如何摇摆，甚至坠落，他居然风雨如磐，屹立为一尊碑石。

那句名言像女娲补天的故事一样尽人皆知，这就是：天下兴亡，匹夫有责。

如同天安门前高耸的华表，这句格言不仅高耸在我的心中，而且高耸在国人的精神领域。因为，这已成为爱国的代名词。天下就是国家，匹夫就是凡人。国家的兴亡，一个凡俗的草民也应记挂在心，听从召唤，担当使命，那是何等令人向往的风尚！

天下兴亡，匹夫有责。格言，神圣的爱国格言。

我曾经很佩服将神圣和爱国捆绑在一起的那个人，他让爱国崇高到了极致。他真聪明。后来，我既定的认识有了改变，那个人的聪明沦为狡诈。那是因为神圣在我心目中的地位动摇了，而且株连到了爱国。古往今来，稳坐神圣这把龙椅的多是主宰天下的皇帝。皇帝爱民如子，也就至高无上。普天之下，莫非王土；四海之内，莫非王臣。还应该再加上一句：九州之中，莫非王民。这里的王，即皇帝。天下的大地是皇帝的，大臣是皇帝的，民众被称为子民，自然也是皇帝的。皇帝真的爱民吗？翻阅史书，还真找不到有几个爱民的，更谈不上爱民如子。倒是能找到一位，人称帝尧，说他仁爱，仁爱到见一个人吃不饱，就自责是他没有领导好；见一个人犯罪思过，就自责是他没有教化好。难道真是这样？那时没有文字记载，更没有录音传播，后人如何得知？凭我多年研究的经验推测，那不过是后人塑造的一个美好榜样，以此来开导、训教后世的帝王。从古今中外的例证看，一切需要宣传、推广、教导的东西，都是世上所没有的，退一步说即使有也很稀少。用帝尧爱民的事例来教化后世皇帝，想必也是这般逻辑。

最为可怕的还不是皇帝不爱民，而是打着爱国的旗号把子民推到血肉横飞的前线，把他们的肢体作为皇家的盾牌，去抵挡敌人的长矛利剑，乃至枪林弹雨。胜利了，皇帝不可一世，作威作福；失败了，派个替罪羊，签订一纸割地赔款的协议，作威作福。就这样，随着我告别幼稚的往昔，皇帝那神圣的面纱脱落了，脱落得无论谁再捡拾起来覆盖上去，我也不会将高明的魔术当真。此时我注意到，神圣的帝王鼓动人们奔向血肉横飞的前线，使用的就是顾炎武这神圣的爱国格言：天下兴亡，匹夫有责。

　　我只好走近顾炎武，明辨顾炎武。在我有限的知识里面，顾炎武占据着思想家的位置。一位思想家怎么会充当为虎作伥的帮凶？一查根本不是这么回事。顾炎武没有说过"天下兴亡，匹夫有责"，这句话是根据他《日知录·正始》的一段话演变来的，原句为："有亡国，有亡天下，亡国与亡天下奚辨？曰：易姓改号谓之亡国。仁义充塞，而至于率兽食人，人将相食，谓之亡天下。……是故知保天下，然后知保其国。保国者，其君其臣，肉食者谋之；保天下者，匹夫之贱与有责焉耳矣。"这里说得清楚明白，亡国和亡天下有着本质不同，亡国不过是易姓改号，而亡天下麻烦就大了，那是仁义充塞，率兽食人，人将相食的可怕景象。可怕就可怕在道德沦丧。亡国，不过是隋朝变成唐朝，明朝变成清朝，只要道德风尚不败坏，也就没有亡天下。反言之，不需要亡国，即使山河依旧，龙庭安稳，但道德不整，仁爱陷落，那也是亡天下啊！二者相比，亡天下是人们互相侵吞，或者是强者率众肉食弱者，这当然要比改朝换代的亡国恐怖得多。原来顾炎武"保天下者，匹夫有责"，是在说即便是凡夫俗子也要有道德良知，而且人人有责呵护这道德、这良知。当然，也就不是要大家为了捍卫某一个朝代、某一个帝王去抛头颅，洒热血，还要前赴后继。

　　这样的见识世所罕见，如穿破云翳射出的一束光芒，照亮了迷蒙的尘世。我将之视为真正的醒世恒言。

　　顾炎武用他的醒世恒言征服了我的心。

奔波救国的志士

　　我不得不走近顾炎武，这样一位超人的思想家确实令人赞佩和敬慕。我本以为他和众多的贤士圣哲一样，应该有着过人的聪明，或说先知先觉。可惜，我失算了，他没有生而知之，是一个凡人。

　　简述顾炎武的出生可以用两个"没落"概括，一是朝代没落，二是家族没落。他生于明朝万历四十一年（1613年），这个历时二百七十六年的王朝再有三十一年就要在腥风血雨中灭亡了。就在这每况愈下的夕阳余晖间，顾炎武成长起来了。他的家庭曾是江东望族，曾祖父顾章志还在南京担任过兵部尚书右侍郎，祖父顾绍芳却只当过一个左春坊左赞善，父亲则更是可怜，不过是个国子监的荫生。一条走向向下的斜线标示出这个家族的颓落，而就在此时，顾炎武从江苏昆山千墩村发出第一声啼哭。落地的哭声毫不稀奇，对别人来说只是生命的例行报到，但是，顾炎武那哭声却决定了他终生的命运旋律。

　　他的啼哭没有唤来顾炎武这个名字，只讨到个小名藩汉，谱名绛，及至读书才有了学名继绅。后来改名炎武，那是他反清复明的行为写照。藩汉的出世没有给父母带来多大欣喜，他不是长子，只是次子，所幸他盘活了另一个家庭。祖父的兄弟绍芾那一支，儿子同吉早亡，未婚妻王氏决然进入顾家守贞。守贞只能暂时守住门庭，却无法延续自家的烟火。于是，小藩汉投入了王氏的怀抱，用哭声给门庭带来了欢笑。

从人才学的角度审视，顾炎武走进这个单亲家庭似乎是他的不幸，其实这不幸之中潜藏着幸运。嗣母王氏不仅敢于未嫁守贞，而且对婆婆格外孝敬。有次婆婆病重，几番服药没见好转。她听说用手指做药引能治疗百病，竟然挥刀砍向自己的手指。一声刀响，她的小指跳进沸腾的药锅，她却疼得晕厥过去。所幸，她没有白白晕厥，煎出的药居然医好了婆婆的病。这事不胫而走，传进龙庭，崇祯皇帝敕命在顾家的门口悬挂"贞孝"旗帜以示旌表。当然，嗣母能有这样的举止不是无源之水，她出身名门，从小受诗书熏陶。顾炎武初晓人事，嗣母便用熏陶过她的诗书熏陶膝下的幼子。七岁时，他就读于私塾，放学回家，嗣母继续授课。后来顾炎武回忆："自不孝炎武幼时，而吾母授以《小学》。"

顾炎武扎实的史学知识，还得益于另一个人的教诲，即嗣祖父。别看嗣祖父没有科举入仕，却博学多识，通晓国家典章。顾炎武刚满十一岁，嗣祖父便开始给他讲《资治通鉴》，历时三年方才授完。之后，他又拿出宫廷的邸报和孙子一同分享阅读。胸怀天下，关心时政的种子早早植入顾炎武的心田。十四岁时，顾炎武就考中秀才，眼前展现出一条科举入仕的锦绣大道。可惜，这条大道像是地平线上的彩虹，顾炎武追逐了十三年，也没能如愿。二十七岁这年，乡试再次落败，顾炎武改弦更张，不再追逐那迷人的彩虹。他决计脚踏实地，做一些利国利民的实事。以史为镜，可以知兴替。顾炎武开始在典籍中辨析国势衰微、民不聊生的原因。他"历览二十一史以及天下郡县志书，一代名公文集及章奏文册之类，有得即录，共成四十余帙。一为舆地之记，一为利病之书"。这就是后来成书的《肇域志》和《天下郡国利病书》。

就在顾炎武激扬文字，准备指点天下的当口，清兵像决堤的洪水滚滚而来，打击着明朝的衰弱运势。猛抬头，清兵已经攻陷南京，偌大江南摆不下一张平静的案几，他还怎么将学问治国的方略进行下去？顾炎武是书生，却不是书呆子，他愤怒而起，加入了抗清的行列。在苏州，在昆山，都曾留下他的身影。可惜，明朝国势毕竟东流去，残墙难修补。清兵攻进昆山，接连六天烧杀抢掠，四万人死于屠刀利刃之下，鲜血染红街巷、庭院，清流变成令人胆寒的血水。那血色中流荡着顾炎武两个胞弟的鲜血，流荡着生母的鲜血。两个胞弟惨遭杀害，生母何氏被砍伤右臂，天崩地裂的灾难猝然降临。嗣母闻知，不再进食粒米，绝食十五天，含恨死去。瞑目之前，她气息微弱，但仍然坚定地告诫顾炎武："读书隐居，无仕二姓。"

天塌地陷，国亡家破，顾炎武欲哭无泪，只能咬碎牙齿和仇恨一起埋进心底。

覆巢之下，哪有完卵？是清兵的杀戮，残破了他的家庭，凌迟了他的平静生活。这一时期，顾炎武生命的行迹大写着四个字：反清复明。为实现这个抱负，他曾坚决抵制剃发。清兵入主后，强化一统威严的标志性手段是，令汉人一律剃成满人发型，顾炎武带头抗命，决不让明朝的遗风在自己头顶消亡。后来，为实现这个抱负，他含恨饮泪，忍辱负重，将头发剃去。丢掉了头发，却没有丢掉他反清复明的志向。只是面对"留发不留头，留头不留发"的残暴强权，他屈辱了一把，要留下自己的头颅继续为抗击清兵呐喊。就是在这时，他改名为顾炎武。应该说，叫作顾炎武他是名副其实的。

名副其实的顾炎武办了几件事。一是追随义军，转战抗清。听说太湖一带有吴易率领的义军，他毅然前往，跻身其列。二是领命受职，辗转赴任。顺治二年（1645年）闰六月，明太祖八世孙朱聿键在福州称帝，授予他兵部职方主事一职。顾炎武欣然受命，带着族父顾咸正前往闽中上任，可惜，途中动荡不安，终未如愿。三是屡谒孝陵，表明心志。顾炎武曾六次凭吊孝陵，仅顺治八年到十年，他先后就去过三次。孝陵是明代开国皇帝朱元璋和皇后马氏的墓址，顾炎武一次又一次地拜谒，无非是想召回昔日雄风，光复大明。可惜，雄风不再，气息奄奄，拜谒只能是哀叹。哀叹大江东流去不还！是呀，一支支义军相继被剿灭，复明的愿望如夕阳般一点点沉落。四是去书郑公，吁请抗清。就在复明的残阳即将坠入黑暗的时刻，他闻知郑成功举旗抗清，顿时神情大震，挥笔写出"长看白日下芜城，又见孤云海上生"的诗句。进而，他写下一封信，糊在一本《金刚经》里面，托一个和尚带去。他不会想到就是这封信会给他带来杀身之祸。此时的顾炎武应是矢志不移，拼命搏击，一首《精卫》诗透露出他的满腔激情：我愿平东海，身沉心不改；大海无平期，我心无绝时。

顾炎武，用行动书写出一个反清复明的志士形象。

深陷家产纷争的俗子

从前面叙述的行迹看，顾炎武即使不高尚，也不低俗。算不上高尚，是因为当时抗击清军的人成群结队，非他一人。说不低俗，是他志向坚定，愤然前行，有超越常人的举止。然而，再往下追叙他可就难逃凡俗了。

顾炎武俗得和普通村民别无两样，将财产看得很重，也是一个掉在钱眼里的凡人。他的杀身之祸便缘此而起。不过，在杀身之祸到来前，他早就卷入家产纠纷难以自拔。应该说，在清兵到来之前，他已被家事弄得焦头烂额。不是焦头烂额，而是焦屋烂院，他不得不搬出老宅，移居他地。事情的根源在于他出身于名门望族，有着丰厚的家产。这是他的财富，也是他的负累。像他这样名跨时空的思想家，对于这么浅显的道理不会不懂。只是说易行难，不识庐山真面目，只缘身在此山中。倘若他有这么清醒的认识，就不会再是俗子了。

纠纷起自顾炎武的嗣祖父去世。一家之主没了，分崩离析也属常事。顾家却把常事闹得极不平常。现在看到的资料多说，顾炎武的从叔顾叶墅、从兄顾维，都不想让他继承过多的家产，所以闹得不可开交，以致点火烧了他的房子。这就是我说的焦屋烂院。对此顾炎武耿耿于怀，晚年还写信给顾维，发出十一条斥问。这似乎是在数落他从叔、从兄的不是，然而也可以看出内有"不想让他继承过多的家产"之语。其中"过多的家产"肯定是顾炎武提出来的，一方不给，一方咬定不放，这是一般纠纷的起因。想来顾家不会逃出这个起因。这等于说，在家产的多少上顾炎武寸土不让，矛盾激化的结果是对方纵火烧毁房屋。我们不必评判是非，却能从熊熊燃烧的火光里看出矛盾激烈的程度。假若顾炎武退让一些，情愿少得一些，那这火还会燃起吗？因而，这火光让我看到的不只是对手的凶狠，还有顾炎武的尖刻，尖刻到对于钱财分毫必争。或许作为嗣子这是他捍卫家产的责任，可就是这责任让他与凡夫俗子毫无差别。

古往今来内忧外患总是如影随形，顾家也无法幸免。几番折腾，家道败落，十几口人要吃要喝，顾炎武不得不把八百亩良田典押出去换钱度日。典押的对象是叶方恒，选定他是因为两家是拐弯亲戚，好互相照应。孰料利令智昏，土地到手，叶方恒利令智昏到连亲戚也不相认。据说，他迟迟不给付钱，多次催要才讨回一部分。就这一部分也有人眼红，谁？给顾家经管土地的世奴陆恩。土地易手时，他随着土地到了叶家。知道顾炎武手中有点钱，陆恩便要挟勒索，扬言要是不给，就以暗通沿海义军的罪名去官府告发他。这令顾炎武惊出一头冷汗，真要被告发，他只有死路一条。他是给郑成功写过信，那信藏在《金刚经》中托一位和尚转送，陆恩如何得知？陆恩要挟他的把柄就是此信，金钱能让叶方恒利令智昏，能让陆恩利令智昏，也能让和尚利令智昏。陆恩花了点钱将那封揣在和尚口袋里的信，揣进自己的口袋。君子以义，小人牟利，顾炎武不会不懂这浅显的道理。若是舍得几个钱，就能封住这个小人的口，偏偏他竟然舍命不舍财，而且还大为恼火，大为冲动。这一冲动，他带着亲友将陆恩逮住沉进水塘淹死了。他只想到灭掉这个小人就会一了百了，不会想到这竟给自己带来杀身之祸。

螳螂捕蝉，黄雀在后，顾炎武的行为令叶方恒暗暗欣喜。他串通陆恩的女婿把顾炎武抓住，将其囚禁在家，逼他自杀。多亏亲友说情，顾炎武才被交给官府处置，投进监狱；多亏亲友营救，顾炎武才以"杀有罪奴"定性，被保释出狱。他整整坐了三个月监狱，不知这三个月里，他每日面对巴掌大的天空当作何想。不知当他走出高墙，回归阔朗的高天时，他又作何想。从后来的行为看，他曾深深地自责，自责自己太冲动；他曾暗暗庆幸，庆幸自己终归没死。庆幸也不能过早，这一日，顾炎武的毛驴驮着他颠簸到南京的太平门，哪知这别人进进出出轻松自在的太平门，对于他来说却是生死门。他正在骑着驴闲步，突然跳出个人对准他的头重重一击。顿时，顾炎武鲜血喷溅，栽下驴背，刺客则飞身逃走。派来行刺人的是叶方恒，官家没有依法处死顾炎武，他要置对头于死地。顾炎武虽然侥幸逃过了这一劫，从死神的指缝溜了过去，但肯定被吓个半死。

回首这段世事，我以为顾炎武死了，一个纠葛于钱财利益的顾炎武已经死去。另一个顾炎武诞生了，新生的顾炎武明白如此下去不要说实现反清复明的大计，就是伏案写作一吐胸中的郁闷也不可能。他毅然离开故土，离开这既让他丰满羽翼的乐土，也缧绁囹圄他的禁地。

顾炎武把烦恼抛在江南，破浪北上。

在矛盾中挣扎的文士

如果把顾炎武的人生看作一盘棋，那他的北上确实是一着好棋。突出恩怨重围，摆脱小人纠缠，在新的天地放逐肢体，放飞精神，这符合树挪死、人挪活的世理。

注目顾炎武的北上，没有必要跟踪他的行迹。要是简述他的步履，可以借助当代手法，点击出几个关键词：游访、交友、置业、读书和著书。游访是顾炎武过江以后的主要活动，他首先到达的是山东，却没有禁锢在此处，北达幽燕，西入秦晋，饱览山川美景，考察历史风情。走出娟秀娇丽的南方，抵达粗犷壮美的北国，顾炎武的心胸像中原一般开阔无垠。交友，以文会友，拜访名流，每到一地顾炎武都与文士贤达相交，先后结识的名士有黄宗羲、傅山、陆世仪等。置业，是北上的成果，也是北上的恶果。说是成果，他曾经想定居山东，就将携带的钱借给章丘豪富谢长吉。谢以房屋土地抵押，久欠不还，他便将抵押的田地房产收回。于是，顾炎武在北方有了自己的财产。然而，就是这财产又给他撒下杀身之祸的种子。这里暂时不说，容后再叙。至于读书，他本来就手不释卷，走到哪里读到哪里。而写作则是只要有屋安身，有案伏体，他即神思笔耕。除了完成《山东考古录》，他一生最重要的两部书，都在渐行渐近。《天下郡国利病书》修订完稿，《日知录》也写了前八章，并刊行刻印。

如此打量，顾炎武似乎如鱼得水，学识与眼界同开阔，人生与著作共长进。且慢，这只是外在的风光，而顾炎武的内心非郁闷，则纠结，日日在矛盾中挣扎。

顾炎武郁闷，郁闷在立志恢复明朝，却希望渺茫。何止是希望渺茫，简直是希望破灭。看似还有个南明王朝，却游离于边沿地带，东躲西藏，不要说反击清朝，能苟全自身就很不错了。他不得已离开南方，并没有放弃往日的志向，临行前再次在南京拜谒明孝陵。到达北国后，他不顾艰辛赶往昌平的十三陵拜谒。"麦饭提一箪，枣榛提一筐。村酒与山蔬，一一自携将。"带着这样的祭品，拖着困倦的肢体，来到寂寥的陵地，他"下阶拜稽首，出涕双浪浪"。别说出涕双浪浪，就是出涕千浪浪、万浪浪，也哭不回已经僵死的王朝。这是顺治十六年夏天，一年后的仲春他再次来祭，有没有出涕双浪浪，他没有说，倒是留下深深的自责："区区犬马心，愧乏匡扶力。"是年秋天，他的身影竟然出现在南京的孝陵下。这是他第七次来此凭吊，他的虔诚不要说在别人看来有些怪异，就连守陵人也觉得不可思议："旧识中官及老僧，相看多怪往来曾。问君何事三千里，春谒长陵秋孝陵。"不知此后顾炎武还有没有拜谒明陵的心情，不知此后顾炎武还有没有光复明朝的意愿。他怎能不郁闷？郁闷啊，郁闷，郁闷得剪不断，理还乱，是亡国之仇、之愁！

顾炎武纠结，纠结在一个以残暴烧杀取得胜利的王朝竟然能站稳脚跟，竟然无法推翻，甚而连动摇的可能也没有。普天之下的汉人居然甘愿忍受旗人的统辖指挥。更为奇怪的是科举一开，居然有那么多的汉家子弟俯身低头往里钻，往这个曾经的屠杀指挥中心钻。无论他人如何，反正打死他顾炎武也不干。康熙十七年（1678年）正月，清朝开设"博学鸿儒科"，笼络汉族士人，由中央和地方官员推荐民间有本事、有学问、有名气的人，通过特设的考试，到朝廷里来做官。顾炎武榜上有名，但他置若罔闻，不予理睬。别说当官，就是官家经办的事，他也不干。次年，有人推荐顾炎武进京编修《明史》，对于他来说，这是文墨之事，是他的长项，何况又是明史。但顾炎武还是断然拒绝了，在回复举荐人的信中写道："七十老翁何所求？正欠一死，若必相逼，则以身殉之也！"

然而，他不干自有别人干。最令他纠结的是入仕做官的人比比皆是，就连他的外甥徐乾学、徐秉义、徐元文也跻身入列。徐元文是顺治状元，官至文华殿大学士。徐乾学是康熙进士，官至刑部尚书。徐秉义是康熙探花，官至吏部右侍郎。先前，在他的眼里，入清廷做官无异于去当屠夫的帮凶，那如今他又怎样看呢？顾炎武纠结，纠结啊纠结，纠结得抽刀断水水更流，举杯消愁愁更愁！

突破围城的补天者

站在局外阅读顾炎武，时而为之担忧，时而为之庆幸。担忧他倘若就这么郁闷、纠结，必然在矛盾中毁灭自己。他一生的代表作无外《天下郡国利病书》和《日知录》。前者为知识性的，后者为思想性的。假设只有前者，他只能是一位平庸的学士，而后者使之翱翔于天宇，闪耀着跨越时空的璀璨光芒。《日知录》的诞生，恰是他生命的突围，恰在于他生命的攀升。因而我为之庆幸，庆幸他不再用一个明朝遗民的眼光审时度势，大化为一个悲天悯人的凡佛。凡佛？对，凡佛。凡人之佛。虽是草木之人，却有了普度众生的心胸。

顾炎武的心胸是如何宽阔到这种天地的？回答是两个字：炼狱。

顾炎武还真的又被投进监狱锤炼，而且这次的时间比在南方那次更长，死亡的危险更大。

他北上的第二站是山东即墨，住在黄培家中。黄家有人在明朝做过御史，黄培在明末做过锦衣卫都指挥使。顾炎武这次牢狱之灾是黄家案发被牵连进去的。若是细说，这一案与顾家陆恩事件如出一辙，均为奴变。黄家有位奴仆黄元衡。黄元衡祖上姓姜，投靠黄家后为表白一片忠心弃姜改黄，一连三代以黄为姓。到了黄元衡这代，时来运转，进士榜上有美名，翰林院里做大官。人一阔就变脸，改回姜姓不说，还要原先的主子尝尝自己的厉害。黄培喜欢作诗，姜元衡便告他写反诗。案子审了两年，终归没有告倒黄家。姜元衡仍不死心，又抛出《忠节录》一案再告。这就把顾炎武给牵扯进去了，此书的编者陈济生是顾炎武的姐夫，还是他在黄家刻印的。顾炎武第二次被投进牢门。可惜，姜元衡聪明反被聪明误，只想着把人整倒，却忘了和《忠节录》异名同文的《启祯集》也曾被告为逆书，审理后经皇帝钦定为诬告。所以，此案虽然让顾炎武惊吓出一身冷汗，但他最终却毫发未损地重见蓝天。这事看起来是姜家与黄家的纠纷，幕后却隐藏着一个推手。推手是谢长吉，顾炎武在山东置的家产原是他家的田地。这场政治案的起因还是经济利益，金钱又一次显出魔力，虽然此人不姓叶，不姓陆，姓谢，却也让他利令智昏。痛定思痛，顾炎武如何能不反思？

时过境迁，叙述往事轻松简单，事发时却让人提心吊胆。惊吓得亲朋好友不得安宁，东奔西走，上下打点。最感动人的是陕西李因笃，闻知其事后不远千里跑到山东，四处活动。当然，顾炎武最终出狱还是得益于他的三个外甥的周旋，其时他们不是"部长"，就是"副总理"，说话沉甸甸的，哪能没有分量？顾炎武出狱后，肯定会反思这横祸飞来的缘由，无论如何，反思的结论都淡化了他对清朝的反抗。曾经他以反清复明为己任，如今还有必要担当这个重任吗？曾经担当这个重任，是清兵威胁着天下民众的生命，如今危及广众安定生活的是什么？遥望江南水乡，在清兵没有席卷而来之前，顾家不就已经陷入混乱了吗？那又是为何？

我们不要急着讨要顾炎武的反思结论，此时他还在混沌当中。世事还嫌不够混沌，又给他送来一份混沌。这份混沌面貌新奇，是珍贵的绸缎礼品。混沌不在礼品，在于送礼品的人是当年千方百计要谋杀他的叶方恒。真是不是冤家不聚首，顾炎武被叶家逼迫北上，流落济南编纂《山东续志》，叶方恒考中进士，竟然奉皇命来山东做官。仇人相见本该分外眼红，出人意料的是叶方恒没有为难顾炎武，反而送上一份礼物，还邀请他同游泰山，这又是图啥？想想在南京头被打破、栽下毛驴的惨景，看看眼前这份示好的绸缎，顾炎武就是再愚蠢也明白，不是顾炎武有何能耐，他还是他，而是他的外甥今非昔比，位高权重，成为悬在叶方恒头上的一把利剑。人为了活着，活得出人头地，为啥什么下贱事都能干？

这尘世真够混沌的。打开他混沌心结的是山西曲沃，他的生命终结在那里，他的人生大著《日知录》终成于那里，他也彻悟于那里。曲沃属于平阳府。平阳乃帝尧古都，在这里留下了尧天舜日的仁爱史话。可就在这离平阳不过百里之遥的曲沃，却渗透了宫廷争斗的血雨腥风。他晚年几度居于此地，固然因为这里有和他意气相投的学士韩宣，还因为这里丰厚的历史气息时时滋养着他，他在《日知录》里写下的不止一笔。曲沃曾是晋国的国都，这国都由翼城转移而来。为了这次转移，一家人浴血厮杀六十七年，多少无辜儿女死于战祸。就在曲沃的附近，有个车厢城。那是晋武公的儿子晋献公所建，他为晋国的公子建造了舒适豪华的别墅。公子们无不欢乐地居住进去。一个月明星稀的夜晚，尽情享受快乐的公子们顷刻间血肉横飞，死于戈矛。那是晋献公接受曲翼争斗的教训，剿除可能危及自己的兄弟。史书记载，晋国无公子，根源就在这里啊！踩踏在这浸透血色的土地，顾炎武心绪如何平静？

由此远望，他看到了南明。原指望他们光复祖业，打败清兵，谁曾想刚有立锥之隙，福州的唐王朱聿键和绍兴的鲁王朱以海竟为谁是正统发生内讧。这就是帝王之家！顾炎武彻悟了，他曾经拼命光复的明朝不过是一个帝王之家，那只是权力的写照，不能代表正义，不能代表仁爱，更不是人间正道。顾炎武兴奋不兴奋，我们无法穿越时空看到，只看到书卷里闪耀着照亮万代迷蒙的光芒，这就是我在文章前面提到的那段文字：

有亡国，有亡天下，亡国与亡天下奚辨？曰：易姓改号谓之亡国。

仁义充塞，而至于率兽食人，人将相食，谓之亡天下。……是故知保天下，然后知保其国。保国者，其君其臣，肉食者谋之；保天下者，匹夫之贱与有责焉耳矣。

我将这段文字视为顾炎武的破茧之举，涅槃之生。顾炎武脱俗了，新生了，他摆脱掉凡人身上的尘念，他挣脱掉文士身上的羁绊，他不再是守护顾家财产的物奴，他不再是只认明朝龙庭的遗民，他成为弥补人类道德星空的补天者，罕见的圣哲。

顾炎武用他练就出的火眼金睛看穿了改朝换代和天下兴亡的区别，看穿了天下亡故的原因在于道德沦丧，看穿了道德沦丧的原因在于对权力和金钱的痴迷，看穿了对权力和金钱的痴迷来自无节制的放纵欲望，看穿了无节制的放纵欲望使人们丧失掉了应有的羞耻感。于是，他挺身而出，慨然补天：

不廉则无所不取，不耻则无所不为。人而如此，则祸败乱亡，亦无所不至，况为大臣，而无所不取，无所不为，则天下其有不乱，国家其有不亡者乎？然而四者之中，耻尤为要……人之不廉而至于悖犯礼义，其原皆生于无耻也。故士大夫之无耻，是谓国耻！

女娲老祖母补天，不过是补房顶露天之洞，那个漏洞好补。而顾炎武要补的是塌陷的道德苍穹，这该从何处下手？有办法，他已为世人谋划好了：

教化者，朝廷之先务；廉耻者，士人之美节；风俗者，天下之大事。朝廷有教化，则士人有廉耻；士人有廉耻，则天下有风俗。

我将顾炎武《日知录》里的名言摘抄于此，我觉得这是补天石，补天法。

尾声

我为顾炎武而歌！

因为我将顾炎武视为圣人。十五年前，我曾在文章中划定圣人和伟人不同的标准：伟人是务实者，圣人是务虚者。伟人用自己的行动改变社会，改变人的命运。圣人用自己的思想改变社会，改变人的命运。圣人是超前的人，是跨越时代与后世子孙对话的人。

我以为顾炎武就是与后世子孙对话的人。我在顾炎武住过的曲沃这么想，我在顾炎武的故乡昆山千灯镇这么想。

我还想，顾炎武留下的大著内容丰富，精神饱满，我钩沉和理解的只是一隅。就这一隅也令我百般痴迷陶醉，或许这在顾炎武看来只是沧海一粟，不足为奇。我之所以为奇是因为物以稀为贵，我便珍爱得难以释手，禁不住连日走笔，写下我触及灵魂的感受。

《四川文学》2017 年第 4 期

人物卷子

胡竹峰

刘文典

安徽大学出版社出版的《刘文典全集》第一卷开篇所收刘文典的青年相片，清新可喜，不似中年的落拓颓靡状。朋友章玉政的《刘文典年谱》，封面用了谱主晚年照片做底子，那张照片上的刘文典消瘦到不能再消瘦，骨相出来了，凛然决然毅然，一脸置之度外，一脸听之任之，性情与分量都出来了，像个学者样子。

我经常以貌取人，从某种意义来说，相貌即人。也有看走眼的，譬如刘文典。见过他一些照片，或站或坐，感觉疷赖得很，不客气地说，有流氓习气。有一帧照片，刘文典坐在那里，拍的是侧影，一缕头发盖着眼镜，怎么看都是破落子弟相，没多少文化人的感觉。

刘文典的长衫特别长，扫地而行。偶尔也穿皮鞋，又破又脏，从不擦油。当年有学生如此说他："憔悴得可怕……四角式的平头罩上寸把长的黑发，消瘦的脸孔安着一对没有精神的眼睛；两颧高耸，双颊深凹；长头高举兮如望平空之孤鹤，肌肤黄瘦兮似辟谷之老衲；中等的身材赢瘠得虽尚不至于骨头在身体里边打架，但背上两块高耸着的肩骨却大有接触的可能。状貌如此，声音呢？天啊！不听时犹可，一听其声真叫我连打了几个冷噤。既尖锐兮又无力，初如饥鼠兮终类寒猿……"

周作人说刘文典："面目黧黑，盖昔日曾嗜鸦片，又性喜食肉。及后北大迁移昆明，人称之为'二云居士'，盖言云腿与云土皆名物，适投其所好也。好吸纸烟，常口衔一支，虽在说话也粘着嘴边。"如此形象，岂止不修边幅。

中年刘文典的样子让我想起金庸的《神雕侠侣》中杨过出场时的情景：

一个衣衫褴褛的少年，左手提着一只公鸡，口中唱着俚曲，跳跳跃跃地过来。

门人宰予，能说会道，孔子对他印象不错。后来宰予大白天不读书听讲，躺在床上睡觉，孔子气得骂他"朽木不可雕"。另一个弟子澹台灭明，字子羽，体态和相貌很丑陋。孔子认为他资质低下，不能成才。但他从师学习后，修身实践，处事光明。后来，子羽游历到长江，跟随他的弟子有三百人，声誉很高。孔子听说了这件事，感慨地说："吾以言取人，失之宰予；以貌取人，失之子羽。"

总有一些跳出世俗的那种人，奇人奇才生奇相奇貌有奇言奇行奇举止。

民国学生写《教授印象记》，说俞平伯五短身材，光秃着脑袋，穿着宽大的衣服，走路蹒跚，远远看去，像护国寺里的一个呆小和尚。陈寅恪里边穿着皮袍，外面套以蓝布大褂青布马褂，头上戴着一顶两边有遮耳的皮帽，腿上穿着棉裤，足下蹬着棉鞋，右手抱着一个蓝布大包袱，走路时身子一边高一边下，相貌稀奇古怪，纯粹国货式的老先生。冯友兰口吃得厉害，有几次想说的话说不出来，脸憋得通红。

民国那代人，论名气，论学问，论影响，数好几根指头才轮到刘文典。论资排辈，刘文典是比较靠后的人物，但他一身故事，以讹传讹，竟成传奇，论者纷纭。张中行先生写《负暄琐话》也不能免俗，好在老先生是明白人，不像一般世俗那般添油加醋。那是1928年，刘文典任安徽大学校长，因为学潮事件触怒了老蒋。蒋召见他，说了既无理又无礼的话，据说他不改旧习，伸出手指指着蒋说："你就是新军阀！"蒋大怒，要枪毙他。

坊间不少人将这段往事尽情渲染，还说刘文典后来用脚踢蒋介石，我总觉得臆想成分过多。说个题外话，近人写文章，信口开河，事出有因、查无实据的东西过多，损害了文章立论，不让人信服。当年纪昀批评《聊斋志异》是才子之笔，非著书者之笔。只是事关小说，庙堂上的纪昀大人见识不如聊斋先生，也属正常。但纪昀末一句话里有大见识："今燕昵之词，媟狎之态，细微曲折，摹绘如生。使出自言，似无此理；使出作者代言，则何从而闻见之？又所未解也。"时下报刊常有人写文史随笔，通篇都是作者代言，真不知道是不是他用了时光倒流机，潜回过去做了录音。

先前对刘文典不怎么感冒，说来可笑，这反感首先源自气短。倘或人家当年真对沈从文那么不屑一顾，看见我等文字，刘教授不知如何冷笑呢。

刘文典好读书，其书必属好版本，坐车时一手夹书阅览，又一手持卷烟，钱穆说"烟屑随吸随长，车行摇动，手中烟屑能不坠"。当年在西南联大，刘文典上课前先由校役沏一壶茶，外带一根两尺来长的竹制旱烟袋杆，讲到得意处，一边吸旱烟，一边解说文章中的精义，下课铃响也不理会。

刘文典解说《海赋》时，不但形容大海的惊涛骇浪，汹涌如山，而且叫学生特别注意讲义上的文字，说姑且不论文章好坏，光是看这一篇许多"水"字旁的字，就可令人感到波涛澎湃、瀚海无涯，宛如置身海上一般。

吴宓喜欢听刘文典的课。刘文典每当讲到自以为独到之处时，总是忽然抬头看向坐在后排的吴宓，然后问："雨僧（吴宓字）兄以为如何？"每当这时，吴宓照例起来，恭恭敬敬一面点头一面说："高见甚是，高见甚是。"惹得学生在底下窃笑。

1937年，北平沦陷后，日本人通过周作人等多次劝诱，请刘文典出山，被断然拒绝。刘的态度激怒了日本人，他们两次去刘家搜查，刘横眉冷对。他会说日语，却以"发夷声为耻"，在日本人面前不讲一句。刘文典的四弟刘管廷与他同居一寓，刘管廷在冀东某日伪政府谋到一个差事，刘文典十分气愤，先以有病为由"不与管廷同餐"，又说"新贵往来杂沓不利于著书"，把他赶走了。

刘文典常以"国家民族是大节，马虎不得，读书人要爱惜自己的羽毛"告诫自己。后来在友人的帮助下，刘文典辗转来到西南联大，同事间聊到周作人落水，他气愤地说："连我这个吸鸦片的'二云居士'都来了，他读过不少的书，怎么那样不爱惜羽毛呀！"

刘文典这些年受到推崇，不排除其本身的学识素养吸引人，但更多的是民众对传奇的趋之若鹜，看客心理使然。我后来发现自己也未能免俗，喜欢的正是他的一身传奇，一身名士气。刘文典是民国人，更像是明朝人，逸事的产生，起码在某种程度上验证了这个人的个性。个性不强，哪来逸事？

刘文典的学问，做得太古，让人高山仰止。手头有他的全集。第一册：《淮南鸿烈集解》。第二册：《庄子补正》。第三册：《说苑斠补》《〈大唐西域记〉简端记》《三余札记》《群书校补》《宣南杂志》《学稼轩随笔》。这些古董当下能读通的人都不多，更遑论去做学问了。

刘文典和中国所有的学者一样，把学术地位抬得非常高。他认为"文学创作的能力不能代替真正的学问"。有人偶尔问及巴金，他沉思片刻，喃喃地说："我没有听说过他，我没有听说过他。"

刘文典最得意自己对庄子的理解，1939年，推出十卷本《庄子补正》，陈寅恪作序说："先生之作，可谓天下至慎矣……此书之刊布，盖将一匡当世之学风，而示人以准则，岂仅供治《庄子》者之所必读而已哉！"对此，刘文典颇感自得，毫不掩饰地宣称："古今真懂庄子者，两个半人而已。第一个是庄子本人，第二个就是我刘某人，其余半个……"这话充满书生气的扬扬自得，自得得可爱，自得成了传奇，并不讨人厌。

《庄子》注本很多，如晋郭象《庄子注》、唐成玄英《庄子疏》、南宋褚伯秀《南华真经义海纂微》、明焦竑《庄子翼》，清朝的王先谦、郭庆藩两位也是研究庄子的了不起的大人物。但刘文典的《庄子补正》是集大成之作，在校订原文、辨析古本异文正误、考释字词名物、辨识通假字、训释疑难字及古代名物方面，下了大心血。他的书是我读《庄子》的入门之作，也是常读之作。

刘文典最让人佩服的是治学态度。致胡适信中，大叹苦经："弟目睹刘绩，庄逵吉辈被王念孙父子骂得太苦，心里十分恐惧，生怕脱去一字，后人说我是妄删；多出一字，后人说我是妄增；错了一字，后人说我是妄改，不说手民弄错而说我之不学，所以非自校不能放心，将来身后虚名，全系于今日之校对也。"为一字对错，可以查上万卷书，校勘古籍，字字讲究来历，校对这些琐碎小事也不假他人。

刘文典知识渊博，治学严谨，写文章征引材料，特别强调查证原文，以免灾梨祸枣。有学生向他借阅过一本有关玄奘取经的书，发现书的天头地脚及两侧空白处都布满了批注。注文除中文外，还有日文、梵文、波斯文和英文。

现代人提到刘文典，总以"狂"字盖棺论定。实则狂之外，刘文典扎扎实实读了很多书，正正经经做了很多学问，认认真真写了很多文章。《庄子补正》前后竟花了他十五年的时间。做学问，一天两天不难，一年两年也不算什么，难的是一做十几年。有这份毅力，何敌不摧？何事不成？

在西南联大时，有学生请教怎样才能把文章写好，刘文典回以"观世音菩萨"五字。学生不解，刘解释说："观，乃是多多观察生活；世，就是需要明白世故人情；音，乃讲究音韵；菩萨，则是要有救苦救难、关爱众生的菩萨心肠。"据说学生闻言，无不应声叫好。凭此五字，见了刘文典，也要拜上一拜的。

刘文典文笔上乘，《庄子补正》前有小序，文风浅白，有明人笔意，骨子里又有魏晋文章的法度。行文沉痛，有为父的慈爱，又有为学的凛然，丧子之大悲，立言之谨慎，尽在其中：

> 亡儿成章，幼不好弄，性行淑均，八岁而能绘事，十龄而知倚声。肄业上庠，遂以劬学病瘵。余忧其疾之深也，乃以点勘群籍自遣。庄子之书，齐彭殇，等生死，寂寞恬惔，休乎天均，固道民以坐忘，示人以悬解者也。以道观之，邦国之争，等蜗角之相触；世事之治乱，

犹蚊虻之过前。一人之生死荣瘁，何有哉！故乃玩索其文，以求微谊，
积力既久，粗通大指。复取先民注疏，诸家校录，补苴正，成书十卷。
呜乎（呼）！此书杀青，而亡儿宰木已拱矣。盖边事棘而其疾愈深，
卢龙上都丧，遂痛心呕血以死也。五稔以还，九服崩离，天地几闭，
余复远窜荒要，公私涂炭。尧都舜壤，兴复何期，以此思哀，哀可知矣。
虽然，庄子者，吾先民教忠教孝之书也，高濮上之节，却国相之聘，
孰肯污伪命者乎！至仁无亲，兼忘天下，孰肯事齐事楚，以忝所生者
乎！士能视生死如昼夜，以利禄为尘垢者，必能以名节显。是固将振
叔世之民，救天下之散，非徒以违世，陆沉名高者也。苟世之君子，
善读其书，修内圣外王之业，明六通四辟之道，使人纪民彝复存于天壤，
是则余董理此书之微意也。

我先前感觉刘文典属于杂家一路，庄子道家之旨，陷入钱穆说的"不深探其
义理之精微，不熟玩其文法之奇变，专从训诂校勘求之，则所得皆其粗迹"的境
地。从《庄子补正》的小序看，就知道他是庄子的解人，非泛泛清儒的泛泛讲章
可比。

1943 年 3 月，刘文典发表《日本败后我们该怎样对他》一文。当时距日本
投降还有一年多时间，他已预知日本战败在即，提前考虑到这样重大的问题。他
主张对战败的日本要宽大，不索赔款、不割土地，但必须追回琉球（今冲绳），
并设想以日本文物赔偿中国文物的损失。这最后的一条，大概只有他这样的学人
才会想到。关于放弃索赔，他说国家民族的事，要从大处远处想，不能逞一时快
意，不可学乔治·克列孟梭（法国内阁总理）那样狭隘地报复，要从利害上打算。
他主张对于战败的日本务必要十分宽大。理由是：

　　中国和日本这两大国家民族的关系，是东洋和平的础石，今日应
　付处理稍有失当，就会种下将来无穷的祸根。

如此具有战略远见，当时的政治家里怕也不多，我见了刘文典，更要拜上一
拜的。

民国时候，有几个人常被戏称为疯子：章疯子章太炎，黄疯子黄侃，刘疯子
刘文典，陈疯子陈子展，这"疯"字没有任何贬损的意思。把今天一些学术诸公
和刘文典放一起，就会发现他高明太多，有着明显的优势，无论古典文学还是外
国文学，能与刘文典一较高低的人太少了，不光是才气有限，主要还是态度问题吧。

台静农

前些时候在一本书上，看到几张林文月的照片，真是生得周正，有民国气象，现在女作家里，有那样娴静气质的人不多。从相貌上说，台湾一帮文化人都是有脸有谱的范儿。白先勇是典型的白面书生，一身儒相。李敖生就一副逆子派头。余光中瘦弱如案头小把件。洛夫有士大夫气，俨若行政要员。林文月最有闺阁气，到底是大家族里出来的。

很喜欢林文月和台静农的一幅合影。照片中的林文月一脸婉约一脸微笑，身着简单的白格子长领衬衫，风姿绰约。照片中的台静农一脸风霜，面带微笑波澜不惊，像极了民国时候做了寓公的老军阀，目光专注而坚定，眼神与气质是过来人风调雨顺回想当年，枯荣得失都隐藏了，淡淡地表达一点遗憾。

台静农是安徽霍邱县叶集（今六安市叶集区）人。我有很多霍邱的朋友，也去过那里几次，总觉得其地方言颇有特色，硬邦邦的，不拐弯，显得厚重，像北方人口音。

最初是在关于鲁迅的一些文章中看到台静农的名字。1925 年夏，鲁迅发起成立未名社，台静农为社员，他的小说、诗歌、散文在《未名》《莽原》上发表，小说集《地之子》《建塔者》均由未名社出版，列在《未名新集》之内。

台静农的早期小说，善于从民间取材，通过日常生活和平凡事件揭露社会。简练的笔调，略带粗犷，有浓厚的地方色彩。也有一些小说，揭露统治的黑暗，歌颂坚持斗争的革命志士，是作者思想更趋激进的产物。鲁迅评价其文说："在争着写恋爱的悲欢，都会的明暗的那时候，能将乡间的死生，泥土的气息，移在纸上的，也没有更多、更勤于这作者的了。"

《鲁迅全集》里收有与台静农的书信二十来封，鲁迅对台静农评价很高，1934 年致姚克的信中说："台君人极好。"熟悉鲁迅的人都知道，这五个字，在迅翁笔下有何其重的分量。

多年前读过陈子善编的《台静农散文选》，薄薄一册。2011 年日记中记有关于阅读台静农散文的文字：

> 台静农的散文，好在路子正，坏在少了性情。老派文人，容易把自己裹得紧，藏得深，所以读其文，可以得气，但不能见性，这是大遗憾也。
> 《龙坡杂文》，有盛唐气象，没有魏晋风流，也少了明清雅韵。盛唐气象是大境界，但魏晋风流是真性情，明清雅韵则是修炼的一种

> 情怀。情怀易得，境界难寻，性情亦难寻。
>
> 　台静农的文笔有金石气，隽永幽远。他写论学的文章比散文随笔
> 更好，散文是光影心迹，不能独抒性灵，自然打了折扣，论学纵横上下，
> 眼界胸襟，自在其中。

这样的话现在看了只觉得惭愧。庾信文章老更成，凌云健笔意纵横。繁华经眼皆如梦，唯有平淡才是真。文字炉火纯青到台静农那个境界的，至少在斯时之台湾，不见二人。

台静农1946年赴台，以为只是歇脚，未料身世如萍，忧乐歌哭岛上四十余年，其中自有一番曲折心境。1948年2月18日，他的朋友、台湾大学教授许寿裳，因宣传鲁迅和五四运动，引起当局怨恨，在夜间被破门而入的歹徒用柴刀砍死，状极悲惨。继任系主任乔大壮，因拒绝镇压学生运动被辞退，同年7月3日，自沉于苏州梅村桥下，年仅五十六岁。风声四起，台静农陷入艰难之境，说错一句话，都有掉脑袋之虞。直到20世纪五六十年代，还被特务盯梢。

残酷现实让热血青年成了温和先生，骨子里的激扬，化作脸上忽闪忽现的桀骜不驯。台静农在台大办公室的门永远敞开，任何人进去都不必喊报告。晚会上，与学生做集体游戏"母鸭带小鸭"，扬手抬脚极为认真，成了学生眼中平易、宽厚、温和的台先生。这时台静农除了教书，业余时间用来刻印、写毛笔字，心中的伤痛只能是心中的伤痛，过去似乎忘得一干二净，从不向人提及"曾师事鲁迅，鲁迅亦视之为挚友"，也从不向人提及在二三十年代自己三次入狱，皆因对现实的尖锐批评。

台静农的散文言语清淡，字里行间偶尔可见的弦外之音分外动人，怀人忆事谈文说艺，简净素朴，不着余墨，蕴含拳拳之心。后来又读三联书店印的《龙坡杂文》，区区两百多页，我断断续续读了不止两百天，从来没有哪一个作家的文集会让我读得如此之慢，越看越不能平心静气地将之当一本普通书来读。

台静农为《陶庵梦忆》作序，评价这本书说："如看雪个和瞎尊者的画，总觉水墨淹郁中，有一种悲凉的意味，却又捉摸不着。"这些话也可以视为他自己的脚注。台静农深味"人生实难，大道多歧"的真意，也用这样的原则支撑自己大半生。尽管能对酒当歌，尽管能泼墨抒怀，但心里是苦的，偶尔下笔成文，字里行间总萦回着淡淡苦味，忧乐歌哭之事，死生契阔之情存乎其间。"大概一个人能将寂寞与繁华看作没有两样，才能耐寂寞而不热衷，处繁华而不没落。"这一句又何尝不是夫子自道。

李敖曾把台静农的论文集统计了一下，发现全书四百七十五页，写作时间长达五十五年，篇数只有二十五篇，平均每年写八页半，每页八百四十字，即每天

写十九个字。原来台静农每天只写十九个字，就成了大学者！从大陆渡海，在台湾岛上竟通吃了四十多年，李敖觉得这简直是笑话，禁不住义愤填膺地说："四十多年光凭诗酒毛笔自娱（实乃'自误'），就可变成清流、变为贤者、变为学人、变为知识分子的典范，受人尊敬，这个岛知识分子标准的乱来，由此可见活证。"如果台静农在逃世，也要逃得像个样子，但他在 1984 年与梁实秋一同上台接受国民党颁发的"文艺奖特别贡献奖"。1985 年又与日本人宇野精一一同上台接受国民党"行政机构"颁发的"文化奖"……老而贪鄙，无聊以至于斯，至于用毛笔写"恭录总统蒋公"言论，更是无耻至极了。李敖论人，多意气用事，常失偏颇。他眼里的台静农，竟是没有锐气、缺少进取甚至厚颜无耻的老朽，真是曲解。

1975 年，台静农赠女弟子林文月一卷长诗，系四川白沙时代所作，充满着热血书生对家国的愤慨。卷末题跋道："余未尝学诗，中年偶以五七言写吾胸中烦冤，又不推敲格律，更不示人。今钞付文月女弟存之，亦无量劫中一泡影尔。一千九百七十五年六月九日坐雨，静农台北龙坡里之歇脚盦。"后有二印，上为"淡台静农"，下为"身处艰难气如虹"。

台静农的书法也好，有见识。有回拿出王献之《鸭头丸帖》说："就这么两行，也不见怎么好。"能说出这样的话，足见他的功夫。

台静农晚年，不堪求字之扰，在台湾《联合报》副刊上以《我与书艺》为题，发表"告老宣言"，谢绝为人题书写字，这篇文章可谓绝妙好辞：

> 近年来使我烦腻的是为人题书签，昔人著作请其知交或同道者为之题署，字之好坏不重要，重要的在著者与题者的关系，声气相投，原是可爱的风尚。我遇到这种情形，往往欣然下笔，写来不觉流露出彼此的交情。

> 相反的，供人家封面装饰，甚至广告作用，则我所感到的比放进笼子里挂在空中还要难过。

> 有时我想，宁愿写一幅字送给对方，他只有放在家中，不像一本书出入市场或示众于书贩摊上。学生对我说："老师的字常在书摊上露面。"天真地分享了我的一份荣誉感。而我的朋友却说："土地公似的，有求必应。"听了我的学生与朋友的话，只有报之以苦笑。

> 《左传·成公二年》中有一句话"人生实难"，陶渊明临命之前的自祭文竟拿来当自己的话，陶公犹且如此，何况若区区者。话又说回来了，既"为人役使"，也得有免于服役的时候。以退休之身又服役了十余年，能说不该"告老"吗？准此，从今 1985 年始，一概谢绝这一差使，套一句老话："知我罪我"，只有听之而已……

　　此后生活顿然肃静了很多，有些学生怕老师闲来无聊，纷纷建议台静农写史怡情。席慕蓉特意登门劝他作回忆录，台静农叹息一声："能回忆些什么呢？前年旅途中看见一书涉及往事，为之一惊，恍然如梦中事历历在目，这好像一张尘封的败琴，偶被拨动发出声音来，可是这声音暗哑是不足听的。"

　　台静农很受年轻人喜欢，学生喜欢他，常找他高谈阔论：文学、历史、戏剧……但一涉及政治与现实，台静农便闭口不谈，只是偶然间流露出某种情绪：时代真是变了。从前写小说还得坐监牢，现在写小说，可以得到大笔奖金！

　　朋友的孩子也喜欢台静农。有一次朋友的儿子李渝前来拜访，主人不在，李渝独自翻书读史至傍晚，然后悄悄研好墨，带上门出来走到大街上。台静农去世后，李渝回忆那次未曾谋面的拜访，深情地写道："温州街的屋顶，无论是旧日的青瓦木屋还是现在的水泥楼丛，无论是白日黄昏或夜晚，醒着或梦中，都会永远向我照耀着金色的温暖的光芒。"

　　台静农当年对屈原、嵇康、阮籍等狂士"情有独钟"，教书时，经常用他响亮的皖西口音讲述《离骚》《九歌》。台静农常言："痛饮酒，谈《离骚》，可为名士。"若是天热，他说喝酒祛暑；若是天冷，他便说喝酒可以御寒。无论冬夏，台静农都有理由让人喝酒。学生的眼中，台先生好酒，却似乎颇能节制，未尝见过他醉……谈及饮酒醉否时，台静农最喜欢引的是胡适之先生的名句："喝酒往往不要命。"

　　台静农抽烟喝酒，不爱吃蔬菜和水果，完全违反养生之道，可他照样长寿健康，1990 年 11 月 9 日去世时，已是米寿之人。六十年前南飞的那些文儒，如今已是过去，成为旧史里漂泊山河的一帧夹页。风吹浮世，一番番，红了几度夕阳。

章衣萍

　　是老书，旧书铺里偶遇的，北新书局民国十七年（1928 年）五月版《樱花集》。从前的主人惜物，加有牛皮纸书衣。那么多年，书页消退成南瓜黄了，一点火气也无，越翻越喜欢。封面落满片片樱花，清新秀雅，般配书中二十几篇章衣萍的文章。

　　还是老书，朋友大老远寄来的《古庙集》。舍下的书不似青山也常乱叠，几次搬家，一时找不到了。书的内容还记得，书的样子也记得。书前几幅黑白照片，其中有章衣萍与女友吴曙天的合影，二人佩玳瑁边圆眼镜。章衣萍穿长衫，意气风流，细看有倔强有不甘有不平有郁结。吴曙天一脸娇憨，眉目间依稀有淡淡春愁。

　　章衣萍以"我的朋友胡适之"出名，是后来的事。他有段时间不得志，寄身古庙，抄经为生，自称小僧衣萍是也。"小僧衣萍是也"六字带脂粉味，活泼泼有梨园气。到底是年轻人，我行我素惯了，到街上看女人，办"平民读书处"，厮混市井间。虽在古庙，文章却不见破败与消沉，又清新又疏朗又敞亮，娓娓记下文事尘事，读来仿佛在古庙庭院坐听树梢风声鸟语，静看人生几度秋凉。

章衣萍与周作人私交不错，知堂写过不少长信给他，不乏体己话："北京也有点安静下来了，只是天气又热了起来，所以很少有人跑了远路到西北城来玩，苦雨斋便也萧寂得同古寺一般，虽然斋内倒算不很热，这是你所知道的。"

与周作人一样，章衣萍也博读，只是阅世不如人家深。好在所思所行不甘流俗，笔底乾坤大，处处是自己的天地自己的笔意。读周作人要的是他老辣不羁的识见学养，读章衣萍则要取其天真温煦的愤世和略带孤僻的性情。章衣萍曾说："在太阳底下，没有不朽的东西。白纸的历史上，一定要印上自己的名字，也正同在西山的亭子或石壁上，题上自己的尊号一般的无聊。"

有的文章句句本色，有的文章处处文采。本色是性情，文采是才气。章衣萍才气涂抹本色，像孟小冬的老生扮相。

章衣萍的文章多以趣味胜。如《古庙集》之类，不乏几分周作人的风致与笔意，有谈龙谈虎的影子。章衣萍长于抒情，亦会讽刺，只是不及知堂翁老辣自然。知堂翁谈钱玄同与刘半农说："饼斋究竟是经师，而曲庵则是文人也。"周氏自己亦是经师，章氏则差不多是文人。周作人是中国现代文学的古董，白话文散发出青铜器的光泽与清辉，笔下尽是知性的沧桑和冷幽的世故，那样不着边际却又事事在理，心思藏得深，如井底的青石。

个人趣味而言，我喜欢章衣萍的《枕上随笔》《窗下随笔》《风中随笔》。这三种随笔隽永简洁，意味散淡，三言两语勾勒旧交新知的音容笑貌，文仿《世说新语》，写章太炎写鲁迅写周作人写胡适写钱玄同尤其好玩，鲜活可信。如其言鲁迅的章节：

> 大家都知道鲁迅先生打过叭（巴）儿狗，但他也和猪斗过的。有一次，鲁迅说："在厦门，那里有一种树，叫作相思树，是到处生着的。有一天，我看见一只猪，在啖相思树的叶子，我觉得：相思树的叶子是不该给猪啖的，于是便和猪决斗。恰好这时候，一个同事来了。他笑着问：'哈哈，你怎么和猪决斗起来了？'我答：'老兄，这话不便告诉你。'……"

章衣萍念人忆事的文章写得飘逸，写得好看，又洋派又古典，性情的亮点与浮光时隐时现，比林语堂简洁，比梁实秋峭拔。浅浅描绘那些年那些人的言行，倒显得才子不只多情而且重义。

章衣萍，1901年冬生于安徽绩溪北村，八岁随父至休宁县潜阜读书。那时其父叔辈在潜阜开有中药铺杂货铺。潜阜是新安江上游的码头，许多绩溪人在那里经营小本生意。

章衣萍十四五岁入学安徽省立第二师范学校，即喜欢《新青年》杂志，崇尚白话文白话诗，因思想太新被开除，随后辗转上海南京。在南京半工半读两年，经亚东图书馆老板汪孟邹介绍，投奔胡适，在北大预科学习，做胡先生的助手，帮助抄写文稿。

章衣萍与诸多文人交往密切，和鲁迅也走得很近。1924年9月28日午后，经孙伏园引见，章衣萍携女友吴曙天拜访鲁迅，开始交往，稍后协办《语丝》杂志。查《鲁迅日记》，关于章衣萍的记录近一百五十处，直到1930年1月31日止。六年间，两人走得很近，仅1925年4月《鲁迅日记》中就记他们互访畅谈达十一次之多，且有书信往来。

章衣萍的成名作是小说集《情书一束》，此书某些篇章据说是与叶天底、吴曙天三人爱情瓜葛的产物。后来章吴情结伉俪，章衣萍又将叶天底写给吴曙天的情书，连上自己的部分，作了几篇小说，收入集子《情书一束》。

章衣萍的文字好，收放自如，缠绵清丽，快一百年过去了读来依然有味有趣有情。某些小说，比茅盾老舍巴金的读来亲切，更多些书写人的体温。茅盾老舍巴金读的书多，行文多书卷味。章衣萍不是这样，下笔放荡，多愁善感处有种颓唐美，从灰色的人间看人生的起落，小人物的爱恨苦乐中夹杂着人性的底色，一点也不像他的朋友胡适之。

据说《情书一束》出版后，章衣萍一时说北大俄文教授柏烈伟已将此书翻译成俄文，一时又说此书已有了英、法、日等国文字的译本，自己登报说《情书一束》成了禁书，使得这本书畅销一时，挣了不少稿费。这倒和毛姆有一比。毛姆为求文章畅销，有次写完一部小说后，在报纸上登了这样一则征婚启事："本人喜欢音乐和运动，是个年轻又有教养的百万富翁，希望能和与毛姆小说中的女主角完全一样的女性结婚。"几天后，小说被抢购一空。

章衣萍的小说和郁达夫的一样，有天真的颓废，多男女情欲之笔，道学家看了脸红。其实他落笔还算婉约，点染一下就过去了，也比后世小说家含蓄收敛。看不顺眼的人，说他是摸屁股诗人，只因《枕上随笔》中借用了一诗人朋友的句子："懒人的春天啊！我连女人的屁股都懒得去摸了。"

那些年，章衣萍大红大紫过。周作人给他辑录的《霓裳续谱》写过序，校点《樵歌》，由胡适题签题序，林语堂、钱玄同、黎锦熙作跋。可惜章衣萍体弱久病，未能在文字路上走得深一些、精一些。

1935年底，章衣萍只身入川，担任省政府咨议，做过军校教官、川大教授等。在四川期间，章氏断断续续写了一些作品，有论者说多属应酬之作，俊逸少了，清朗少了，无从亲见，不好评价。但是1937年出版的旧诗词集《磨刀集》甚为可读。自序说"来成都后，交游以武人为多。武人带刀，文人拿笔。而予日周旋于武人之间，磨刀也不会也"。

章衣萍的诗词，自云学张问陶学陆游。张问陶诗书画三绝，是清代性灵派三杰之一，主张"天籁自鸣天趣足，好诗不过近人情"，又说"诗中无我不如删，万卷堆床亦等闲"。章衣萍作诗填词生气自涌，气魄寓意属高古一路，慷慨悲歌处偏向陆游，直抒胸襟则隐隐有明清风致，处处可见性灵的幽光。譬如这一首：

> 漠漠深寒笼暮烟，晚梅时节奈何天。
> 不妨到处浑如醉，便与寻欢亦偶然。
> 夜永可能吟至晓，愁多何必泪如泉。
> 浦江家去三千里，哪有心情似往年？

章衣萍个性强烈，文如其人，其旧体诗词亦如此，大抵是人之常情的妙然展现。再如这一首：

> 敢说文章第一流，念年踪迹似浮鸥。
> 悲歌痛哭伤时事，午夜磨刀念旧仇。
> 世乱心情多激愤，国亡辞赋亦千秋。
> 沙场喋血男儿事，漂泊半生愿未酬。

章衣萍生前出版集子好几十本，小说、散文、随笔、翻译、古籍点校、儿童文学之类均有涉猎。章衣萍的文章，率性意气，放浪而不失分寸，许多地方固执得可爱，却永远也抹不掉那几分萧索的神态。他的作品现在看，有些章节写露了，不够含蓄不够熨帖不够精准，年纪不够，人书俱老的话也就无从说起。

1947年，章衣萍在四川突发脑溢血去世，终年四十五岁。2015年，五卷本《章衣萍集》出版，时间过去快七十年了。

《清明》2017年第4期

关于照相的杂感

王宏任

幼小时见到的照片

从我记事时开始，家中的墙上有许多照片，最大的是太爷穿着不知什么官服的三尺长两尺宽的威严的照片，其次是爷爷奶奶穿戴讲究很规矩地坐在八仙桌两边的生活照，大约一尺五长一尺宽吧。再其次是放在两个大镜框中的大大小小的各类家人和亲戚朋友的照片，有男有女，有青春少妇美艳绝伦，有威武少年英姿勃发，有儒雅老者文质彬彬，有慈祥老妪笑意温馨；有清晰的，有模糊的，有黑白的，有赭石色的，有大到六七寸的，有小到二指见方的俗称小一寸的。才记事的我，被奶奶抱着站在墙柜上去看这些大大小小的照片，奶奶给我指认各类家人和亲戚，许多人是我在照片上见了无数次，一见到真人，就一眼认得并且张口就能叫出的，这使奶奶很高兴，来的三叔二大爷更高兴，说这孩子神了，从照片上见一次就认识了："了不起，了不起，二大爷得给见面钱！"于是就往我手中塞钱，奶奶是努力推辞的，可是童稚的我知道钱能买许多好吃的东西，就迫切地抓在手里啦，足见我和其他所有的小孩都是从小就有"贪财"的本性。看照片能来钱，使我看照片的兴趣猛增，我对家中的墙上的许多照片都了然于心，到别家串门，也很注意他们墙上是否有照片，凡是有照片的，我就要凑上去看，去辨认他们照片上的人——虽然知道他们家照片上的人不会给我钱，但是成瘾了，见照片就喜欢。渐渐地我发现：凡是住好房、穿戴体面讲究、吃得也好的家庭，就有许多照片，而住陋室、茅屋，穿补丁衣服，吃稀粥烂饭的家，那墙上是没有什么照片的，有也是几张很小很模糊的"小二寸"，搁在很脏污的一个小镜框中，有的镜框中连玻璃都碎了，就任碎了的玻璃把很小的照片分割得"面目全非"。照片实在是一个家庭的经济基础与社会地位的标志。

家族中使我羡慕的照片

到我八九岁后，我常上对门的我二大爷和我二叔家去串门，二大爷早已经死去，他的大儿子王鸿山是我大哥，他毕业于新中国成立前的"中国大学"中文系和法律系，他家有他的毕业纪念册，那是我至今见到的最具魅力的大学毕业纪念册，大十六开，淡绿色漆皮面精装。里面有孙文、蒋介石、宋子文等的题词，有校长王正廷的题词，有校舍的风景照，什么"小桥流水记深情"，什么"长亭观荷书卷香"，女生宿舍典雅神秘，题曰"千金流韵"，男生宿舍优雅威严，题曰"相约磨剑庐"。那假山，那荷花盛开的湖泊，那钟楼，那图书馆，那会议堂，都有风雅的名字，使幼小的我看了后，不禁心驰神往。而后面的通信录是每个大学生都有戴着平顶学士帽的照片，男的风流倜傥，女的俊秀潇洒，每张照片下是毕业院系、籍贯和通信地址。我一见这纪念册就爱不释手，反复翻阅，恨不得立刻长大，到那里去念书。这个"可恶"的纪念册是如何使我揪心裂肺呀，我对上大学已经入迷了，立志上大学在我很小的时候就在心中扎根了。可是，以后我四哥、我大姐大学毕业后就再也没有什么毕业纪念册，四哥大学三年级被打成"右派"。我大姐毕业那年正是1966年，先下乡学大寨，后来到边疆去当技术员，把自己混同于贫下中农，弄得一点大学生味都没有了，我眼中的大学生就是我大哥王鸿山，因为他那个典雅的纪念册。

当时我也常到我二叔家去串门，他当时正在朝鲜和美国人打仗，是个小军官，他是资本家的儿子，新中国成立前没有上大学就去参加革命了，从东北打到西南，又打到朝鲜，但只当到铁道兵技术副连长，可是他的照片集让我羡慕。在他那本装帧考究的照片集中，既有他小时在上海滩当少爷的照片，也有在上海上中学时的展示翩翩公子风采的照片，还有到唐山革命学院进行艰苦操练时的照片和在湖南剿匪时的战地生活照。他有一张在青山绿水的亭台楼阁中拍的照片，是那么吸引我少年的心灵，我反复问他那地方的美丽与新鲜，他说的话让我非常失望，他说："你看着挺美丽的，你一去就害怕了，才五月份，那蚊子和小咬儿就能咬坏你，没有蚊帐，第二天你肯定浑身是血。"很长一段时间，我总是认为二叔是在骗我，改革开放后，我到南方去出差，才知道二叔说的是真话。他当了军官时的照片颇威武雄壮，大檐帽一戴，颇有将军的威风，当时他是军官，五奶奶家是军属，凭这个照片，村里年年去给挂个红灯笼。我那时想：我什么时候也能有二叔那么一个照片集？

有这么多美好照片的二叔后来的命运很是不济，他复员到本村当了一个农民，他样样以革命者要求自己，老标榜他是有十几年军龄的"革命者"，可是周围的"革命干部"总拿他当改造不好的"地富出身"的"可以教育好的子女"看，甚至有人就把他当"地富分子"看，他窝窝囊囊地小声辩护着："我早已经背叛了家庭，我为革命流过血汗……"可是没有人听他的话，甚至有个"治保主任"让他交代：你出身地主资本家，为什么要参加解放军，是不是去当间谍？你那威风的大檐帽是怎么骗来的？我们都没有戴上大檐帽，你倒戴上了？那天晚上，他委屈得失声大哭。

如今，二叔每年有几千元的救助款，他已经八十岁了，那曾经笔挺威武的上半身已经与地面平行，而与躯干形成九十度的直角了，他抬头望青天都很困难了。我想到他青年时英武的照片，看到眼前这个上半身与地面平行的人，谁能想到这是同一个人呢？从复员回到农村，他就再没有一张照片，人们拿他过去的照片逗他："你年轻时多帅呀，这天儿怎么成老倭瓜了？"

我的照片

我那么喜欢照片，可悲的是在1978年以前，我只有五六张照片。一张是七岁时，我爸爸携我与我妹妹在县城照相馆照的，这是我的第一张照片。第二张是小学毕业的小二寸照片，我还没有底版了。第三张是中学毕业的大二寸照片，是前两年我的一个女同学给我的，当年她有意跟我"发展关系"，后来我家由上中农划为地主，使她迟疑了，不久，我又被打成反革命"小黑帮"挨批斗，使她彻底死了心，她1976年嫁给一个贫下中农，第二年我考上大学，她大哭一场，生下了那个贫下中农的女儿。还有一张照片是1972年我上海河工地，一个记者给我照的一张推车的照片，看我车子装得满，推车劲头足，他准备在报上发表，一和领导说，领导说我是地主子弟，那照片就给我了，他们也没发表。还有是我到天津骑自行车卖菜，碰上我的中学老师，到他家喝碗水，坐了会儿，他的儿子以为我与我的老师是同学，还认为他爸爸比我年轻，用他们家的照相机给我们师生照了一张相片，给我邮来时，我大吃一惊，我真比大我二十岁的老师还苍老，劳动、劳累、贫穷和抑郁摧残蹂躏人呀！我突然想到：喜儿穷得过年只能买二尺红头绳，能有多美？我又想到鲁迅1924年写的《论照相之类》，说他的家乡从1900年就有照相馆了，那只是小康以上生活水平的人的奢侈品，看一个时代与家庭的照相情况可以看出这个社会的基本状况。我家在1956年到1980年间，几乎没有增加照片，我的亲戚朋友家的照片情况也大抵如此。因为我们的生活是颇为单调贫乏的，每天从残破的家到生产队等着派活，然后到那几块庄稼地里去干活，连除夕都去学大寨，那生活单调贫乏得已经使我们神经麻木，生活热情和企盼都丧失了，哪有闲心去照相？照了那样的照片有什么用？我看我当年推车的受罪样是很悲哀的，我把这张照片永远"尘封"起来。

也有的家庭的照片就多了，我们的书记、队长家，他们到各处去开会的照片，去领奖的照片，闺女在供销社或者宾馆工作的照片，儿子参军、上学的照片，乱七八糟地码在一个大镜框中，谁上他家就向谁炫耀：看看，这是我儿子在黑龙江部队，这是我们老丫头在廊坊招待所……那喜悦是有飘飘欲仙之感的。当然他们是向他的阶级弟兄炫耀，对我们这些"敌对阵营的人"，他们是非常严肃的，只是下命令和训斥。

之后绝大多数中国人慢慢富裕起来，也有了自我展示的好心情。首先，农村的土坯房、板打墙没有了，家家都是砖瓦房，家家都能吃饱饭了，都不穿打补丁的衣服了，那笑容是真的坦荡了。渐渐地家家都能借到、租到、买到照相机了，起码能到照相馆去照相了，于是，中国进入了照相的时代。哪个人都有十几本相册，而且都是彩色相片，没几年又是数码时代了，在旅游景点，你再拿什么用胶卷的相机，你自己都嫌寒酸了。照相的兴趣猛增，成了中国人的特殊个性，我们许多国人花了成千上万的钱去旅游，好像就是为了到那儿去照个相片似的，借此证明"我曾到此一游"，至于自然风光的奇伟与人文景观的深邃，并没有多少人关心了。所以，外国人把我们的旅游说成是"观光"——浮光掠影地照完照片就走完过场了。外国人旅游不以照相为主，以吃一顿美食，做一次好游戏，与好友睡一次觉、聊一次天为追求。他们超越了照相，而我们则因为当年的贫困患了"照相饥渴症"。我自己这几年，虽然没有出国，国内景点看了几十个，有了二十多个相册，比我大哥、二叔的多多了。现在走进每个宽敞明亮的农家院，进入他们装修精致的客厅，在最显眼的地方，总会放着他们家里成员的旅游照片。前年，我的老父亲说："到上海去了几次，也去了苏州、扬州、无锡、南京，就是没有去杭州。"言下有遗憾之意。我立即和妻子带老父去了杭州，父亲到了杭州非常高兴，照了不少照片，看了久已想看的西湖。这年的十一月，八十二岁的老父因脑溢血而突然去世，我心无遗憾，我觉得这次杭州之游是我此生最好的一次出行，看到父亲在西湖边上快乐的照片，我在自满之余，还要感谢这个伟大的时代，没有改革开放，我的老父亲肯定早已经死去了，他哪等得到他的江南之游？以后我要随心所欲地去选择自己心仪的旅游景点，在那个地方考察、欣赏、优游，那样自在逍遥的相片才是有自然风韵和人文积淀的吧！

《天涯》2017 年第 5 期

美国官司趣谈

〔美〕杨超

有人说，美国人"喜欢"打官司。这种说法多少带点偏见，至少是对美国社会的了解不够。

美国的官司很多，大至恐怖攻击、杀人越货，小到粗言相向、口角纷争。官司多，并不意味着是出于"喜欢"。生活在美国的人，惹上官司的机会是有的，不过，你也放心了，如果你遵守法律，一定不会惹上重大的官司，很不幸的话，小官司也许还是会找上门的。其实，没有人"喜欢"互相控告、打官司，那是劳民伤财的事。但是，当人与人之间出现摩擦，发生纠纷，需要一个公正的、有权威的局外人帮忙解决时，这就有了"仲裁"。

在中国，人们可以通过许多渠道获得仲裁：乡绅、族长、村委会、居民委员会、工会、党委……当然，还有法院。但是，不在法庭里完成的仲裁就不形成诉讼，便没有了官司。久而久之，人们不需要甚至忘记了利用法律，习惯以"权威"人士和组织机构的裁决代替司法，官司自然就少了。

在美国，两百多年前立国的时候，就已经确立了法律至高无上的权威，大小事都以法律为依据。在这同时，设立了不同级别、不同范畴的大小法庭。有联邦政府、州政府，以及县、市政府的各级法庭。大事有民事、刑事法庭，小事有小额法庭、家庭法庭、离婚法庭、交通法庭。这里没有像居委会之类的机构排解矛盾，一旦有了纠纷，人们只有诉诸法律，由法庭仲裁。如此一来，官司当然多了。

中、美在这方面的差异，显而易见是和两国的人文历史、社会结构有关的。

我来美国三十年，听过、见过不少诉讼，当过被告，也告过别人。在这些见闻和经历中，尽管有令人愤怒、无奈的时候，但是，正面的例子给人激励与信心，反面的案例带给我们的是警醒和鞭策。在实践上，它实实在在地让我很快积累了生活经验，建立了法律观念，无疑是一堂堂比"如何赚钱"更重要的课程。

成为"被告"，是一种机会

有些情况下，成为"被告"，非但不是件坏事，反而是一种机会。

现实生活中当你触犯法规，是理亏的一方，受到处罚，缴纳了罚金之后，法庭会给你机会，让你选择出庭成为"被告"，为自己申辩，或可免去处罚。

我有过一次这样的经历。

我公司进出货的门外，有一个残疾人专用的停车位，在这个总是"满员"的停车场内，它经常是空着的。为了方便就近装卸货，我偶尔会把车停在这个位置。结果招来交警开了罚单，罚金是二百二十美元。

到交通法庭缴纳了罚金之后，法院的秘书告诉我，可以选择出庭向法官申诉。如果我胜诉，罚金如数退还；要是败了，也不会被加罚。

明知自己理亏，胜算甚微，本打算交钱了事，但面对高额的罚款还是有点心不甘情不愿。再说，这是法院主动给的机会，我何不利用这个机会赌一把呢？于是，我请求法庭秘书处安排出庭时间。

交通法庭，我相信是效率最高的小法庭，而且是最"大众化"的法庭。只要你开车、出门上路，都有可能触犯交通法规。除非你放弃唯一的、有可能撤销罚单的机会，否则，你就应该选择成为被告。

这是一个坐落在洛杉矶西北角的地方法院，交通法庭设在四楼。进入法庭后发现，这儿人还不少，不记得那一天是什么"好"日子，总之相当热闹。黑、白、黄、褐，各色人种都有，可见"违规"这玩意儿没有种族歧视。也许是人多的关系，我第一次出庭的忐忑心情似乎平复了不少，甚至连负罪感也减轻了。

很快，庭上的书记员点名，大约四十人。我发现，庭内还有不少人是来作陪的。因为出庭的人是要对罚单提出申诉，所以开罚单的警察就一定要出庭做证，否则案子就会被撤销。这时，出席做证的警察都聚在一边，看上去人数比我们这边少多了，很可能有些还没到。

法官开始审理案件。大概因为都是些小交通案件，所以"案情"都并不复杂，无非是闯红灯、超速等。像我这种"违章停车"的还没有几个。对了，有一点让我明知理亏也来申辩的原因是，我不属于"操作违规"，无论输赢都不会影响驾驶记录。

案件处理的速度很快，虽然"案情"五花八门，但是判决的结果不外乎是"维持原判""减少罚金"和"撤销"。我发现，整个审理过程中，除了"被告"们都规规矩矩之外，法官、法警和书记员说话都很客气，偶尔还说上几句笑话，没有听到呵斥和责骂。

两个多小时过去了，包括我在内，法庭里只剩下四位"被告"。法官对我们讲："给你们开罚单的警察还没到，现在等他们十分钟。到时候他们不出现的话，你们的案子就撤销。"

这十分钟对我来讲，比前面两个小时长得多。多希望警察不会出现，按规定，他们是必须出庭的，而且不能占用他们的工作时间。但什么事都可能发生……

这时，书记员走近法官低声说了几句。法官抬头望了一眼时钟，对我们说："警察已经来了，但是，今天你们很幸运。由于电梯出了故障，现在他们被困在电梯里。时间到了，你们的案件全部撤销。"

没想到一次电梯故障，为我省下两百多美元。

这次的结果虽然是出于偶然，但是，在交通法庭里，警察不出现的概率还是很高的。我经过这次教训，也增强了守法意识，同时也学会了一种观念：在别人认为我们有错的时候，要懂得运用法律给予我们的权利，据理力争，维护自己的权利。

话说回来，我们在面对"官司"的时候，最不可取的做法是"不理会"！

我的一位华人朋友收到一张路边违章停车罚单，金额是四十五美元。他没有把自己老老实实地摆在"被告"的位置上，出庭抗辩或按时缴费了事，而是不理不睬地拖了好几个月。结果"欠款案"被转到了讨债公司，这时候，他已经没有讨价还价的机会了，罚金高达六百多美元。"不理会"的结果是付出高额的代价。

对于新移民来说，从敬畏法律开始，了解法规，树立尊重法律的观念，绝对是一个重要的课题。

不见法官也能了却官司

在美国，虽然许多民事纠纷都可以通过打官司，用法律解决，但官司多，法院不胜负荷，也希望减少官司。请看以下一则小额赔偿法庭的"温馨提示"：

您和被告尝试过在友好的基础上解决争议吗？如果您在以前的诉讼里还没有这样做的话，为什么不试试呢？最起码，您应该向被告提出，您想通过法官裁决的诉求。

您是否能够给他人一些鼓励让其履行责任？如果他或她欠您的钱，并愿意及时支付，您应该考虑接受少于全额的赔偿。如果您欠别人的钱，那也许是值得付出比您所欠的多一点的赔偿，目的只是为了结束纷争。

如果争议进入了法庭，并可能对您做出判决，您所欠的金额可能会因为诉讼费用和利息而增加，同时判决结果将被记录在您的信用记录里。

如果您对所欠的款项没有异议，但您根本无法一次性地支付全部债务，可以考虑按月或按周分期支付，直到债务付完（在这种情况下，即使被判决后，法官也可以授权按周或月分期付款）。

打官司本身是一件费时、费力、费钱的事。有没有一种可以省时、省力、省钱的途径呢？

答案是有的。这就是"调解"。

"调解"是一项非正式解决争端的程序。由调解员作为第三方，帮助各方达成他们的解决方案。不像法官，调解员不会做出任何决定。调解过程中，最理想的结果是，它能恢复双方之间的关系。虽然只有部分纠纷可以通过调解解决（因为双方必须达成统一的结果），但还是应该优先考虑以这种方式解决争议。涉及邻居和家人的纠纷，特别适用"调解"，因为双方之间的关系特别重要。"庭外和解"除了省时、省力、省钱之外还有其他好处，例如：谈判的内容不会被公开，双方各自提出的方案也不受法律条款之约束，更易解决纠纷。

多年前，我被一位顾客告上"小额索赔法庭"。

我为他修复了一台"死"了的大屏幕电视机，收取的费用里包括一个一百七十美元的零件。一星期后，他告诉我，电视机有问题，要求退回所付的全额。我提出"再检查"的要求被拒绝，他二话不说就要告我。很快我就收到法庭的传票。我并不相信"顾客永远是对的"的信条，有理才是对的。我决定出庭应诉。

在进入法庭之前，一位调解员将我和原告召集在一起，让我们交换证据资料。我将准备好的证明材料向"原告"展示；当然，"原告"也要让我查看他的文件证据。从他拍的照片来看，电视机是工作的，只是图像的质量有点问题。我心里有谱了，他是想以电视机出现的问题B（图像质量），来索回因为问题A（完全不工作）的修复而付出的代价，没门儿。

接着，这位工作人员将我们分开后，她先来到我跟前，听完我的意见后问我，有没有考虑过做"庭外和解"。她给我解释了"和解"的各种好处，同时说到最关键的是，像我这种与顾客之间发生纠纷的案子，很难预料法官会怎么想。我似乎有点理解她言辞背后的意味。于是，我同意了"和解"。她走向等在走廊另一端的"原告"。不一会儿，她便小跑回到我这边来，高兴地说，他也同意和解了，但他要求退还一半费用。我即刻回应说，不行，这一半还没有我付出的零件费用多。我提出，我可取回零件退他零件钱，否则我只退服务费。尽管调解员显得有点为难，但她还是愿意试图去说服原告。很快，她就带着满脸笑容回来了，就按我说的办。她递给我一张表格，原告已经在上面签字了。两秒钟后，我的签名也在表格上了。这次的调解总共花了不到半小时。

在这次"官司"之后不久，我把另一个顾客告上了法庭，因为，他没有兑现他的承诺——止付了他给我的支票。在同一个法院，我又完成一次成功的"和解"。整个过程省时、省力，我得到了我该得到的大部分，心里还是相当有满足感的。

在美国，刑事案绝对不可以"私了"，所以这类的"调解"是不适用的。

法与情

美国的法律至高无上，上至总统下至平民百姓，无一不被它凌驾于下，但它也不完全是一把冷冰冰的"砍头铡刀"，人们依照法律程序做事的时候会发现，法亦有情。

税务上，在特殊情况下，如果对欠税的人征收全额税金会让他们陷入极大困境，则被认为是不公平的和不适当的，这样就有了"税款妥协"（OIC）条款，对欠税者实施延期、减免。

在美国的刑事司法程序中，"认罪协商"（套用一句中式的口号就是"坦白从宽，抗拒从严"）是相当重要的一部分。有人统计过，大部分案件均选择通过"认罪协商"的方式解决（大约90%），而没有经过陪审团审理。

小额索赔法庭以原告"缺席"被视为败诉，不再追究被告的犯错或违规的事实等。

这些做法的背后，有一个被很多国家所奉行的原则在指引：法律，应该偏向于其威慑作用，而非报复性的惩罚。

当"法"遇到了"情"，会是一个什么样的困局？

以下是一个特别有意思的案例。

2013年5月，密苏里州监狱正准备释放服刑满十三年的安德森，却惊讶地发现安德森并没有在监狱里。他并没有越狱。经查证发现，他根本就没有进过监狱。

十三年前，在密苏里州，安德森因合伙抢劫而被判十三年徒刑。他的辩护律师提出的保释上诉被驳回后，法院再次发出对安德森的逮捕令。但不知什么缘故，逮捕令没有被执行，致使这些年来安德森一直"被"逍遥法外。

法院为了弥补过失，决定重发逮捕令，让安德森补回没被执行过的十三年刑期。

2013年7月25日，天刚放亮，警察封锁了韦伯斯特郊区一处宁静的街道，一队刑警冲向一栋不起眼的房子破门而入，惊醒了房子的主人——安德森。

"你们找错人了。"这个三十六岁的黑人男子申辩道。没有人理会这位看来十分憨厚的中年人。被制服的安德森眼睁睁看着荷枪实弹的警察，旋风般将他两层的房子搜索了一遍，警察只找到安德森两岁的女儿。很快，这件事惊动了当时出差在外的安德森太太，她对丈夫的事情一无所知。

"亲爱的，对不起。"安德森告诉太太，"那已经是十三年前的事了，我以为早已过去了。"

安德森被关进了监狱。当这件事的来龙去脉被公开了以后，不仅震惊了他的家人，也震惊了整个社区。通过媒体，全美国都在关注这个案件的发展。事实证明，在这十三年里，安德森既没有换身份证，隐姓埋名，也没有搬离原居住的地区。相反，他就地创业成立了建筑公司；他结婚生子，打造了属于自己的家园；他守法经营自己的事业，从不偷税漏税；除了经常上教会之外，他还积极参加社区活动。他是朋友眼中的好人。高达三万人签名为他请愿，希望法律网开一面，免去他的刑期。

辩护律师提出了两点上诉理由：第一，经过十三年的"等待"后，再补刑期十三年，是加倍服刑；第二，十三年后补刑期不符合法律程序。

法与情之间发生了冲突，此时的解决之道是：妥协。

2014 年 4 月 15 日密苏里州总检察长克里斯·科斯特，在回应安德森上诉案时指出：十三年的延迟，对安德森来说，并不是"残酷和不寻常"的惩罚，他并没有为自己的犯罪付出代价，所以上诉是不会成功的。加上美国最高法院对于比此案轻得多的罪行，都曾经做出过"维持原判"甚至更严厉的判决。鉴于安德森没有入狱，是司法机构的错误所致的事实，他建议安德森向密苏里州的惩戒部门请愿，将他十三年来良好的表现折合为十一年半的"诚信时间"，取代他应该在监狱的服刑时间。

2014 年 5 月 5 日，主审法官布朗在听审案件时，裁决安德森已经服够了"刑期"，因此当庭将他释放，并对他说："你是个好父亲，你是个好丈夫，你已是密苏里州的一个很好的纳税公民。这使我相信，你是个已经脱胎换骨的好人。"

密苏里州总检察长克里斯·科斯特总结时表示："从一开始，我已经提出了一个解决方案，平衡刑事司法系统在安德森先生案件上的疏失，和安德森先生在过去十三年中无犯罪记录的事实之间的矛盾。从今天的结果看来，当我们了解双方的诉求时，就能找到适当的平衡点。"

但安德森的故事还没有就此结束。

2014 年 11 月 16 日，安德森与妻子和另外四十位友人刚刚参加完一个生日派对从酒吧出来，就被圣路易斯市的警察拦下。原因是，几分钟前，另一地方有一个女人报案说她的钱包被抢，而她所描述的抢匪的模样和安德森相符。在警察局，受害者和证人一致指认安德森就是那个抢匪。尽管警察没有在安德森身上发现那个女人的任何财物，但安德森仍然被控二级抢劫罪予以扣押。

安德森的妻子和《滨河时报》开始对事件展开调查，并取得了当晚酒吧内的监控录像记录。事实证明，在那名女子被抢劫时，安德森正在酒吧里。

2015 年 2 月 6 日，在审查了监控录像后，巡回检察长珍妮弗·乔伊斯撤销了对安德森的所有指控，并发表了道歉声明。同时表示，她将与圣路易斯警察局长讨论如何改进警察的执法程序，以避免这样的错误再发生。

涉及儿童的法律特别严苛

"宁欺白须公，莫欺鼻涕虫"是一句广东俗语。"白须公"指老人，"鼻涕虫"指的是小孩。寓意是，老人见识多，可以承受得起欺负；小孩的不甘心会等到成年后来报复。在美国，这句话还是对的，只是"报复"无须等到小孩成年，法律就会做出惩罚。谁要是欺负小孩并因此对他们造成伤害，不管是有意还是无意，都会受到严惩。这种例子随处可见，这也是特别容易被新移民所忽略的。

美国法律对未成年人的保护是严格的，对侵犯儿童权益的事件是"零容忍"的。

我认识一位老邻居，她因为和对门的小孩发生纠纷，最后命丧看守所。

这位九十高龄的独居妇人是老住户了，她身瘦体弱很少出门。她住的那栋公寓最不好的地方是，每两户的门是正对着的，相距也仅有三尺左右，两家同时出门的话，绝对有机会"碰面"的。她曾经说过，她之所以喜欢这公寓，是因为它的宁静，她乐意在这儿安度晚年。

不料，她对门的单元搬来的新邻居打破了公寓的安宁。

这是一个六口之家：一对年轻夫妻带着四个小孩，从一岁到六岁，三男一女。小孩喜欢闹腾是天性，老人享受安宁不算是奢望。有一天，小孩的吵闹惹恼了老妇，他们之间由口角之争发展到了肢体冲突。不幸的是，当相差近一个世纪的两类人之间出现利益冲突的时候，法律的天平倾向了小孩一边。老人被关进了看守所。没过几天，老人死了。不知道是被吓死的还是被气死的。

老人走了，也带走了公寓的宁静。

院子里依然充满着小孩的喧闹声。我也因为这个原因搬离了这个公寓。

多年前，在一位心理医师的电台访谈节目上，来了一对母女，她们讲述了一个悲哀的故事。

这位做女儿的在她还未成年的时候，为了摆脱父母的束缚和男友同居，竟然诬告自己的父亲性侵害她，因为她已经懂得法律会为她完成自己做不到的事。她的"证词"就成了最有力的证据，而父亲无法证明自己的无辜。她的父亲随即被逮捕，很快被判刑，进了监狱。几年后，女儿长大了，良心发现，忏悔自己当年的荒唐行为，想为父亲平反。但这时候，无论是学校、警察、检察官，还是法院，已经没有一个人或机构相信她现在说的话了。这位天下最倒霉的父亲，养了一个自私的女儿，她做了极其荒唐的事，现在想翻案，路还很长呢。

牵涉到未成年人的事件中，有许多在新移民的华人看来是小事一桩的行为，若被别人揭发的话，极有可能被提到刑事的高度进行处理。

1. 最常见管教小孩的方式——"打"

华人在美国因为打小孩而被告的案件不少，归根结底是对美国的民情、法律无知而引发的"官司"。其实，美国在父母对小孩体罚的问题上还是有争议的。一般情况下，只要没有使用棍子、皮带、鞭子等物品，使他们的身体受到伤害，轻度体罚小孩（如用手打小孩的屁股）还是可以被接受的。如果小孩身上有瘀青痕迹则很可能惹上官司。曾经有父母为小孩刮痧治病弄得背上布满瘀痕而惊动学校，惹来社工和警察调查。花了老大力气，最后由医生证明那些不是伤痕、小孩也没有被虐待，才没有惹上官司。

2. 父母和监护人的法律陷阱——让小孩"独处"

在美国，目前只有三个州对"独处"在家的儿童的年龄有限制。伊利诺伊州——14岁；马里兰州——8岁；俄勒冈州——10岁。

在加州，虽然没有对在家"独处"小孩的年龄限制做出规定，但不意味着家长们可以依照法律条文来决定独留儿童在家的做法是明智的。因为他们忽略了一件事——许多州法里，制定有《儿童保护法》细则，当小孩出现状况被发现时，父母或监护人都会被检控：没有为儿童提供"足够的监督"，而细则里并没有提供有关"足够的监督"的具体细节。这样，他们就很容易被控告在不适当的情况下，忽略了儿童的心理能力、身体状况，以及环境因素，使儿童受到伤害。

对于让儿童"独处"在车内，就完全是另一回事了。在加州，两种情况下将六岁以下的儿童留置在机动车里，而且没有一名十二岁以上的监管人看管是非法的。因为，这可能带来严重的后果：第一，在非常炎热的天气下，在封闭的汽车内的儿童会因中暑而死亡；第二，车辆的发动机运行时，或者钥匙是在点火器上，会对儿童造成潜在的伤害或死亡。据统计，美国平均每年有三十八名儿童因被困在高温的车内而死亡。截至2015年6月22日，美国全国范围内儿童在车辆里中暑死亡人数为八人。即使是最好的父母或监护人，都可能在不知不觉中留下熟睡的婴儿在车里，最终可能的结果是儿童受到伤害甚至死亡。

今年的父亲节，加州波莫纳市发生一起惨剧：一名三岁大的女孩被遗忘在车中，不幸被活活热死。

据报道，父亲节当天，有一家七口，上午先去孩子祖父的墓地扫墓，然后去吃午饭和冰激凌，虽然其乐融融，但大家均已十分疲惫。下午一点回到家后，华裔的父亲、拉丁裔的母亲和四名年长的孩子都以为他们当中会有人将年纪最小的女孩带下车，便立即进屋开始午睡。到了下午四点多，父母才发现最小的孩子失踪了。他们在汽车内发现已经失去了意识的小女儿。她被紧急送往医院，却还是无法挽回她的生命。

3. 性侵儿童的人，将付出一生的代价

美国的许多州都建立了"儿童性侵犯"的数据库，民众很容易查到他们的姓名、住址甚至照片。有了这些档案信息，家长们就可以通过互联网查到他们的居住地附近是否有"儿童性侵犯"，以做好提防，避免自己的孩子遭到不幸。对于获得假释的"儿童性侵犯"，很多州还强制他们终身佩戴有卫星定位监控的脚环，以便警方随时掌握他们的行踪。由于这些人的犯罪记录被公开，在找工作时很容易被识别，而且将永远无法获得学校、幼儿园之类的工作机会。这些措施对于一些希望痛改前非的人来说确实有些严苛，但美国法律秉持"儿童利益第一"的原则。"儿童性侵犯"通常被认为比成年人性侵犯更加恶劣。这是因为儿童受害人是天真无辜的，对儿童的性侵犯所造成的心理负面影响的时间比成年人更长。

《洁西卡法案》是 2005 年美国佛罗里达州通过的一项法案的非正式名称，是因一位九岁女孩洁西卡遭到有"性侵罪"前科的邻居性侵并杀害而立的一个法案。此法案提出：第一，大幅提高初犯者的刑期；第二，进行出狱后的社区监控。其目的在于防止"儿童性侵犯"出狱后，再度性侵害儿童。洁西卡的父亲曾经走遍美国，倡导《洁西卡法案》。

然而，两年后的 2007 年，发生了一件极具讽刺意味的事。洁西卡的哥哥，在他十八岁时性侵害了一位十四岁的女孩，被控两项"性侵"重罪。可怜的父亲不得不提出一个与以自己女儿名字命名的、严苛的惩罚法案相反的诉求，要求检方放过他的儿子，希望通过认罪协商，判一个轻罪，不至于留下"性侵罪"的记录。当然，这样的要求是不符合《洁西卡法案》的。

在法律面前，每个人都应该是平等的。

诉讼，不是让每个人都满意的手段

现实生活中，法律是绝对公平的吗？这是一个可能有多个答案或者说是一个没有答案的问题。

对于诉讼的结果，无论是原告还是被告，赢方一定认为公平，而输方当然觉得不公平。法律，虽然尽量在做着保持"公平"的事情，但是，它绝对不是旨在"平等"地对待每一个人。诉讼的结果，不可避免地会受到各种复杂因素的影响，如社会环境、人为的错漏……诉讼过程永远不会是"平等"的，因为它本来就不是创造"平等"的。从这个意义上来说，诉讼并不是让每个人都满意的手段。

一旦败诉，有人继续上诉，抗争到底，这是一种个人的态度和选择。有人不服判决，但因为没有经济能力，或没有再伤脑筋的意愿，只好接受现实，回归自己的日子，亦是一种生活的态度和选择。

我一位老朋友，几年前过马路时，不幸被一辆汽车撞倒在地受了伤。开车的没让路人，明显是驾驶者的错，原以为一定能打赢官司，所以她没有接受庭外和解便进入陪审员审判。没想到，被告律师竟然以原告倒地的地方离"斑马线"两米来推论，她过马路的时候并没有走在"斑马线"内，是违规在先。结果是败诉。这位朋友当然不服气，但无钱支付高额的律师费，又能如何？唯有接受现实，吸取教训，如常生活。

又一位朋友的儿子，刚上大学就遇到一场人生中与使用毒品有关的劫难。

当时，他正处在努力戒除毒瘾并接近成功的关键时刻，却掉进了警察设置的"钓鱼"陷阱。警察为了查找毒品的源头，利用已抓获的吸毒者引诱其他同伴，进而发现"供货"的人。他的一位同伴，为了将功赎罪，按警察的指引，在毫无理由的情况下，硬是将一箱"摇头丸""暂时"留在他家一天。结果，第二天的凌晨，警察破门而入，毫无悬念地找到了那箱毒品。接着，警察想让他用同样的手法找出供货的上线，他没有照办，结果就被判入狱。

出狱后，这位二十出头的年轻人没有怨天尤人、没有寻机报复，相反，他立志奋发、从低做起，终于让他逮到商机，发明专利，创立了自己的公司。没两年，他的产品不但在美国市场热销，在亚洲也打响了知名度。他说，经历造就志气，冤狱磨炼出斗志。

接受现实可以说是一种生活智慧，也是给自己创造新的机会。

判决无罪，不等于无罪

"无罪推定原则"被认为是一个"无辜的，除非被证明有罪"的原则。许多国家，"无罪推定"是被告在刑事审判中的法律权利。如果对证据的"合理的怀疑"未能被排除的话，被告将被无罪释放。"无罪推定"的基本精神是要求以证据定罪。在被告人有罪无罪、罪轻罪重疑惑不决时，应从有利于被告人的角度做结论；证明被告人有罪的责任，由控诉一方承担；被告人应有沉默权，其拒绝陈述，不应作为有罪的根据。对被告人来说，既不应承担自认有罪的义务，而且虽然未能证明自己无罪，但如果控诉人的指控没有确凿充分的证据，对其无罪的假定即应转为判决的依据。简单地说就是，刑事案"无罪"的概念，不是说"没有犯罪"，而是"无法定罪"。

二十年前，轰动一时的"辛普森杀妻案"就是一个很好的例子。

辛普森原是美式橄榄球运动员，被选入美国橄榄球名人堂。从职业球赛中退役后，他成为影视和广告明星，并担任体育评论员。

1995 年，辛普森被控两宗谋杀罪。在经过漫长的公开刑事审判后，因证据存有漏洞，被判"无罪"。后来受害者的家人都提起民事诉讼，要求辛普森支付民事赔偿。1997 年 2 月 5 日，陪审团一致裁定辛普森"有罪"，有足够证据说明，辛普森应为高曼的枉死和对布朗的殴打行为支付民事赔偿，共三千多万美元。

然而根据加州的法律，个人的养老金受到保护，不能用于支付诉讼的赔偿，辛普森仍然可以用他来自美国国家橄榄球联盟（NFL）的养老金，继续维持他的大部分生活开销，但他的一些物品都可以被拍卖，所得的钱用来支付给受害人的家人。

据报道，辛普森通过转让亲笔签名等仍然有颇丰厚的收入，他还通过出版书籍和接受采访获得不少收入。这引起受害人家属的注意，再次发起对他的民事诉讼。2007 年 1 月 19 日，一名加州法官发布了一项禁令，限制辛普森的开销，要求他只维持"一般和必需的生活花费"。同时禁止辛普森从出版的书《如果我做了》和电视采访节目中再接受任何报酬。佛罗里达州的破产清算法院将该书的权益转给受害人家族，以抵偿部分辛普森从未支付的民事审判赔偿。受害人的家人将书重新命名为《如果我做了：杀手的供述》，并且大大缩小了封面的书名中"如果"一词的字体，让人一眼看上去以为书名是《我做了：杀手的供述》。受害人的家人以及原代笔作者等人在书中添加了新的内容，受害人家族也被列为新书的作者。

孙传芳故事

张国擎

1926 年最后几个月，出现在总统府大门前的牌子是"浙、闽、苏、皖、赣五省联军总司令部"。牌子挂出的当天，大约是正午时分，孙传芳骑马来到大门口，勒马站住，用马鞭指着空着的大门左边道："把牌子放左边，右边加：江苏司令部。"

孙传芳是五省联军总司令。

今天的总统府在当年就成了孙传芳的"联军总司令部""江苏司令部"。

孙传芳是怎么跑到南京来占这个巢的呢？说来话长，但也能几句说明一个大概：自从冯国璋当上代理大总统，将江苏督军的位置让给了李纯，消息传开，各色人等都表示出强烈的不满，不满归不满，还不能大声嚷嚷，面子大家还都顾着，比如张勋，比如张宗昌……但传到北京政府，情况就变了，下道令，让在上海的卢永祥兼理江苏军务会，这兼理，就是协助。但卢永祥的协助可是玩真的，这对李纯打击不小。

1919 年 8 月 13 日，浙江督军杨善德病故，李纯电请部下第六师师长齐燮元去上海任淞沪护军使。北京政府不但不予理睬，竟然让淞沪护军使卢永祥兼任浙江督军，使其成了有职有权的一方军阀诸侯。南京的齐燮元见状，灵机一动，悄悄与管辖着上海、浙江的卢永祥暗中"合谋"，竟真的"整死"了李纯，齐燮元"自然"荣升督军。大权在握的齐燮元把脸一翻，不再与卢永祥搞什么"共创江浙沪"安宁，而是参与军阀之间的你争我夺，勾结、反目、摩擦，靠混战抢夺地盘。江南不再太平。

1924 年 9 月，江浙战争爆发，任福建军务督理的孙传芳明里受齐燮元的唆使，出兵援助齐燮元，夹击皖系卢永祥，暗中做好灭齐的准备，迅速占据了浙江，很快孙传芳就一一扫除齐燮元、卢永祥，举数省兵力一举克定南京，坐定总统府这个数千年帝王英雄痞子流氓争夺的地盘！

孙传芳督师抵南京，无暇入城，随即渡江北上。此时张作霖任命张宗昌任山东督办，屯兵济南，系孙传芳北上的劲敌。孙传芳不信邪，率军北上，与同样不信邪的张宗昌相互屯兵于津浦线，试图决一雌雄。曾几何时，孙传芳与张宗昌还一起喝酒，半醉时分拥抱，又手拉手跪拜天地结下金兰之好，一年后竟兵戎相见。可见军阀之间无人情可言，更谈不上爱民惜民！

张作霖知道两军相对，恶战难免，火线下令张宗昌打败孙传芳后任江苏善后督办、张宗昌的第二军军长施从滨为安徽善后督办。这一命令的真正目的是让两部务必精诚团结克敌。张宗昌任命施从滨为前敌总指挥，由山东兖州、泰安开拔南进。张宗昌的施从滨部与孙传芳的谢鸿勋部在蚌埠地区开战：施从滨乘坐铁甲车督阵在最前线，谢鸿勋稳健用兵，步步逼近。没想到，施从滨的部队不堪一击，谢鸿勋轻巧占领蚌埠。败退的施从滨在固镇南被俘，被铁丝绑缚押至蚌埠见孙传芳。

孙传芳久闻施从滨大名，有意要放掉他，便问施从滨："我三次电报于你要你配合，你为何不配合？"施从滨回答："各自为主，要杀要砍，悉听尊便。"孙传芳见他不示弱，心一狠，决定处决施从滨。周围的朋友们见状对他说："我们打内战，对待俘虏不宜杀戮，不如押送南京监禁。"孙传芳不听，把手一挥："我叫他嘴比命硬！"遂命令李宝璋将施从滨押到蚌埠车站南侧旷野里斩首。

说是斩首，部队何来刽子手？也早就没有了大刀片儿。孙传芳下令斩首，那就只能用钝刺刀割头，可怜施从滨被他们折磨了很久才咽气。孙传芳又下令将他暴尸三日，悬首于济南城门七日。

数月后，孙传芳成立浙、闽、苏、皖、赣五省联军，自任总司令兼江苏总司令，横扫千军如残叶，驻军于南京，重新安排手下为联军总司令部总参议、参谋长、秘书长兼浦口商埠督办等。又安排陈陶遗为江苏省省长，夏超为浙江省省长，王普为安徽省省长，萨镇冰为福建省省长，李定魁为江西省省长。他的这一安排根本不用北京政府认可，只需要北京政府服从，北京政府忍气吞声地按他的命令补发正式任命。

在一个天气晴朗的上午，孙传芳骑马进入今天的总统府，也就出现了文章开始时说到的挂牌的事儿。

进驻总统府的孙传芳饶有兴趣地骑着马在里面转圈，观看了这座千年中历经多次劫难仍然青春年少的建筑群！当孙传芳来到昔日关帝庙前时，突然一阵寒风掠过，孙传芳冷不丁从马背上坠下，多亏身边众人接住才没摔下，大家继续拥戴着他向前。此时的孙传芳已无兴趣，干脆下马而行。从那以后直至离开，孙传芳再也没在这里骑过马。

令人惊讶的事还在后面。

几天后，孙传芳路过原来太平天国王宫旧址附近，突然又遇阴冷之风，直觉寒气从背心袭入，连连打了几个寒战。护卫见他突然脸色大变，赶紧劝其休息。他躺在沙发上迷迷糊糊睡着了，就见一个没头的人，浑身被铁丝绑着，向他扑来，向他要头……他猛然惊醒，一脸的迷糊。随即他想站起来，却也没能站起来，而是斜躺着，脑子里断断续续出现了一些少时的事情——

孙传芳家境贫寒，早岁丧父，其母受婶母虐待，不能相安共处，被迫携子女四人去济南谋生。孙传芳有姊三人，长姊嫁商河县程姓，次姊嫁历城县逯姓。母亲带着孙传芳赴商河改嫁于程家，时年孙传芳十岁。1899 年义和团在山东兴起，孙传芳又随其母及三姊避居济南。适有山东巡抚袁世凯部下武卫右军执法营务处总办王英楷，其妻患疯癫，经人说合娶孙传芳之三姊为二房，并供养孙传芳母子生活。十五岁的孙传芳附读于王家。1901 年，袁世凯升任直隶总督，调保定，王英楷亦携眷及孙氏母子迁往保定居住，从此改变了困境。

1902 年 8 月，孙传芳经王英楷推荐入练官营当学兵，编入步兵科第三班。孙传芳天资聪敏，且知用功，所有军事课程，一读便通，故而学科与操法之考试，均名列前茅。1902 年在陆军练官营毕业后，孙传芳又经冯国璋推荐免考保送入陆军速成武备学堂。1904 年夏，他于北洋陆军速成学堂步兵科毕业后，北京练兵处考选陆军学生派往日本留学，速成武备学堂选四十人去京应试，其中就包括孙传芳、周荫人、卢香亭等人。经考试录取，并于同年 8 月由留学监督赵理泰率领各省留日生百余人，由天津转上海乘"大智丸"赴日……

孙传芳这么想着，周围人都觉得不对劲，纷纷来看他。他忽然跳起来，对着门窗外川流不息的人喊道："出了什么事？"

那门窗外的人本无什么目的，见他喊，知道没事也就散了。

有个人没离去，而是走了进来。他就是赵正平，是孙传芳的宣传处处长。孙传芳平时十分敬重文人，见赵正平进来，便唤卫兵沏茶相待。两人就着茶聊起闲话，俗话说，官场无闲话。两人聊着，孙传芳便将自己两次遇寒风袭击一事说与赵正平分析。赵正平精通《易经》，他听着，脑子里将孙传芳说的两次位置一琢磨，立刻得出了一个结论，告诉他："这座千年的建筑里存在着阴重的冤气，如果您能在这里面修座庙就好了。"孙传芳说："这好办。"赵正平又说："春秋时期，名将白起杀人无数，曾一次将赵国四十万人活埋……"孙传芳摆摆手说："我杀的人也不少，为他们念佛超度吧。"赵正平诧异道："您事业正在隆起之时，如何可以这般？"孙传芳说："刚才的梦，你给我全解了，前面那个无头的人，应该就是施从滨，说心里话，我是不应该杀他，说白了没有任何意义的事，都是国人相争，男人就好个血气刚性，做了，没后悔的药吃，给他念佛超度，我可以做。梦到了我的年少时代，觉得还有些事是要做的，不能就缩在这里被阴气左右。"赵正平说："正是，这不是您的风格。"

这话引发了孙传芳的感叹。一年前孙传芳拿下这座建筑，过门不入直上北去，干什么？就想与冯玉祥联手反奉，灭了奉系，天下一统归直系，重新恢复当年袁世凯初年景象。同时联系直系将领拥戴吴佩孚出山。在北洋军阀中，真正民望与威信高的，非吴佩孚莫属！

赵正平插嘴道："依卑职看，大帅不妨走出去，朝北边走走，那里自古就是练男儿的战场！"

"说得正是。"孙传芳站起来，豪情满怀地走出房屋。这时，秘书送上电报，正是要他北上。孙传芳召集大家办两件事：一是请风水先生看看风水，安排在什么地方建个庙；二是让副官去听南京什么寺庙里的和尚不偷荤，堂下无藏奸，他要去拜佛。他对副官说，去过寺庙后北上。

风水先生一时难寻，那有些名望的寺庙也不容易找。这孙传芳的日子就越来越不好过，天天做噩梦，那无头的人时时来寻他，追得他整夜睡不好觉，弄得他恨不能马上就出发北上打仗去，日夜地打，打得没时间做噩梦……

风水先生找到了，是洋鬼子马林医生介绍的茅山道士。这道士到马林医院里办事，马林与孙传芳的许多下属关系好，特别是秘书长陈阁，还有江苏省省长陈陶遗，他们都告诉马林这个奇怪的事。马林认为是神经系统出了问题，可以到医院来检查检查。陈阁与陈陶遗连连摇头："不能让孙传芳来医院，闹不好会出事的，还是请和尚道士好，孙传芳信佛。"

道士一番胡言，说孙传芳杀气太重，要戒一戒了。孙传芳把眼珠子一瞪道："不杀人，这天下何以平定？！师父应该告诉我，什么时候念佛，请佛祖让那些不应该活着与我作对的人在阴曹地府待着，好好过清闲的日子才是。"

他这么瞪眼一说，吓得道士屁夹着不敢放地跑了。

寻寺院的终于寻着了一处好寺院。依带回来的消息，需要到庙里去住几天。于是孙传芳选好了日子，收拾一番自己，也听了周围人的话，隔天前就戒了女色，吃起素餐，选了吉日，带着两三个人去了寺庙。这寺庙就是后面的鸡鸣寺。因为战乱，到处战火，偏偏这五省联军司令部后门不远处的鸡鸣寺一点没被战火染指，密密树木的深处，藏着寺庙，路径早已被草埋没，孙传芳登山进入，那空气，那景致，连树上的小鸟都让他振奋不已。见过住持，依住持的要求进行拜佛、祷告一连串的程序，孙传芳竟然丝毫没厌倦，兴致勃勃地极有耐心地一一细做，如果有一点自己感觉不满意，便立刻重做，住持在一边连连赞叹："大帅对佛之敬意，不亚于老衲啊！"

依佛家的话，孙传芳北上还有一仗，打完后可以皈依佛门！

弱女复仇初败

被孙传芳下令割下脑袋挂济南城头示众的施从滨将军尸体，由他四弟以同乡名义运回安徽桐城埋葬。葬礼完毕，这位四弟赶到天津给嫂子和侄女报信。侄女施谷兰（又称施若兰）已二十岁，许了婆家，正在待嫁之中。父亲死讯传来，本已悲愤难过，又闻说战败之将，竟遭孙传芳割首并悬挂城门示众。此辱此恨，令施从滨长女施谷兰当场昏厥，醒来后的施谷兰令人唤来婆家与未婚夫，以为父报仇的理由退了婚约。全家反对，但施谷兰意志坚定，当场作诗明志，其诗后四句是："被俘牺牲无公理，暴尸悬首灭人情。痛亲谁识儿心苦，誓报父仇不顾身。"她告诉全家："弟弟尚小，这个责任一定是我的，可我裹着小脚，怎么办？父亲的仇，如果我不报，谁报！？吾虽生女身，但有男儿之雄心！"她做了许多的努力，复仇之事，几无可能，连求人都没人理睬。从事实上讲，这种事光有雄心没有实力不行，一个二十岁的小脚姑娘，别说杀人，就是在大街上走路都是一晃一摇的……

怎么办？

她想到了堂兄施中诚。施谷兰找到堂兄施中诚，请求他帮助为父报仇。施中诚从小寄住在施家，深受施从滨的教诲。从军官学校毕业后，得到施从滨的扶助，升迁很快，应该说施从滨父女对他恩重如山。他也曾在施从滨的遗像前发誓报仇。为此，施谷兰和母亲还找到了施从滨的老上级张宗昌，请求让施中诚任团职，以便有机会报仇。没想到，依靠张宗昌的关系，施中诚步步高升，但当上了烟台警备司令这一要职的施中诚，竟然把复仇之事忘得一干二净。施谷兰在书信中询问报仇之事，堂兄约她去烟台细谈。施谷兰应约而往。

见面后，令施谷兰没想到的是施中诚竟然对她说，战争中，这种事司空见惯，应该打消这个念头才是，气得她当场站起来怒斥堂兄："我虽女流，但也知书识礼，纵观中外战争史，有几例如此对待俘虏的？"说着，泪流满面，大声道："你孙传芳与施从滨有什么个人恩怨？用得了如此大辱？你是伍子胥，他施从滨是楚平王杀了你父兄？你们有刻骨铭心的深仇？"她大呼施中诚的名字："施中诚，你枉做了施从滨的侄儿！这层道理都不懂，你还做什么军人！你还有什么民族骨气、男子汉气节？"说话间，一把一把甩泪。话毕，立刻宣布与施中诚断绝兄妹关系，拂袖而去。

看来，靠别人不行，弟弟尚小，弟弟是施家唯一之根，也不能去！只能靠自己。

处理完自己的婚事后，施谷兰决定到南京寻找仇家。一个裹着小脚的女子如何去做这等大事？虽然放脚的事从父亲死讯到后就开始了，但行走还是不便。全家知道她要复仇，却无法阻止与帮助。施家的悲愤的情绪感染了一个人，那就是施谷兰的贴身丫鬟施小惠。施小惠是施谷兰母亲从庙里领来的丫头，那时才六岁，比施谷兰小三岁，后来做了施谷兰的贴身丫鬟。小惠见施谷兰整日发愁，便主动提出愿意陪她去报仇。施谷兰不同意，但也没别的选择。她告诉小惠不成功丢性命事小，可能会被凌辱，求死不成！小惠说："就当那年奶奶没捡回我，我只当没来世！我就以此来报答你们养育我十几年的恩情。"

有小惠这话，施谷兰便悄悄背着全家，做好南下的准备。在那个军阀混战的年代，两个弱女子外出报仇的遭遇可想而知。好不容易到了南京，却身无分文，还遭到黑店洗劫，主仆两人被丢到长江里，幸遇船家搭救，施谷兰捡了一条命，而施小惠则不幸遇难。悲痛欲绝的施谷兰更增添了对孙传芳的仇恨，思来想去，这次南下是失败了，施谷兰想回家了。可这命似乎还不属于她，救她命的船家劝她嫁给其孙子。施谷兰望着这茫茫长江水，心里明白，若是不愿意，后果难测，不如先应了，再寻机会逃脱，她恳求船家给她时间考虑，她要写封信回家。船家相信了她，让孙子带她去岸上一个学校找校长帮施谷兰写信回家，其实是船家不放心。

校长是浙江湖州人，见了施谷兰，简单问了几句，一提到施从滨，校长呼地站起来，走到门口，看看没人，回来将门反锁上，对施谷兰抱拳道："施家女公子，什么话都不说了。天津《大公报》早就报道了你要复仇的消息。现在你弄得这样狼狈，如何复仇？"施谷兰反问他："有何良策？"校长说："应该从长计议，眼下可以做一些准备。船家那里，你不能去了。你可以以天津人的名义到天津会馆去。但在天津会馆接近不了督军府，而到齐鲁会馆倒是可以，孙传芳是山东人嘛！我可以替你做个介绍，让齐鲁会馆接收你。"施谷兰跪在地上叩谢。校长告诉她，自己是基督教徒，信仰上帝，愿意献出一切来帮助别人。校长请她抑制住个人的悲痛，记住我们民族的灾难……

在校长的精心安排下，施谷兰终于有了机会进入督军府。那是南京报界陪同齐鲁乡人新年前以慰问的形式到督军府见孙传芳的。施谷兰以泰安人的身份随行。

令人不可思议的是孙传芳没在督军府穿军服接待，而是让大家等着他，说是他在那座新建的庙里祈祷，要等祈祷完了才能见。大概是督军府里有庙这样的事引发了大家的兴趣，大家要求去看看。负责接待的孙传芳的副官感觉没什么不妥，便领大家去了庙里，刚刚到庙堂大殿前，就见拜跪在草蒲团上的一个人起身了。

施谷兰走在最前面，腿已迈过门槛。有人大声喝道："见佛安能如此莽撞！"施谷兰吓一跳，见发出声的人正是从草蒲团上站起来的人。正想回答，旁边人说："见了孙大帅，还不施礼？"施谷兰一听他就是仇人孙传芳，怒火中烧，想扑过去……但是理智让她克制住了自己的莽撞，许久，她不但没有施礼，而是慢慢抬起头，眼睛里充满的仇恨犹如两把利剑，直刺孙传芳。孙传芳眼睛正好也对视着她，只见他顿时浑身一个劲颤抖，声音也有些战栗："您是……为何对我有这般仇恨……"

施谷兰赶紧低下头，托词回避，迅速站立一边。有记者正好过来对孙传芳提问何以要在这里修庙，没想到孙传芳闻而叹道："军人以屠生命获荣誉。孙某出身低微，唯有从军打仗而出人头地。近年来深坠不安，反思那些莫名其妙的战事，令生灵涂炭，自己罪过难辞啊！"说着，孙传芳领着大家向供桌走去，"我亲自为他们超度！人，有时就是一口气，英雄气短啊！"孙传芳指着那一排牌位边走边说着。这时，孙传芳停下，指着一个牌位说："这位是施从滨，很优秀的军人，跟错了人，我劝他重新站队，到我这里来，他不肯，那也就算啦！打仗嘛，各为其主，你骂人干什么？骂我是奸贼？我偷你施家的什么啦？我奸你施家女人啦？我是草包，没有那些状元军阀有耐心，一气之下砍了他，这是我的一错……"

施谷兰见到了父亲的牌位，恨不能扑上去咬孙传芳一块肉，但还是强压住了。孙传芳与记者的对话吸引着她。记者问："从大帅的语气里听来，你认为杀错了人？"孙传芳摇摇头："杀，没有对错；是不该让人割下他的头颅示众，当时解气，现在看来是错的。他为主子卖命，说到底与我是一样的。明天，我也可能会有他的遭遇。所以我说错了。现在的你争我夺都是兄弟阋于墙。我醒了，我现在做佛事，为他们超度，我也反省，以后不再对国人乱开枪，要把军费省下来打敌人。我们的敌人，只有两个：一个是白俄长毛子，还有一个就是水上日本鬼！"

……

施谷兰顿时无语，她万万没有想到见到的孙传芳会是这样的人！她该怎么办？

返回的路上，当与校长单独一起时，校长提醒她："你中了孙传芳的阴谋。孙传芳在督军府修庙，就是为自己的罪行粉饰。目前他虽然有'五省联军'称号，但指挥不灵，北伐军步步逼近，他的末日快到了。任何魔鬼都有他们的狡赖之言，你可千万别天真了！"

"是的，我不能天真。我天真了，小惠妹妹不就白死了，父亲不就白死了……我一定要手刃这个杀人魔鬼！"在校长的反复煽动下，施谷兰又变回了先前的那个施谷兰，她燃着来时的复仇之火返回天津。

这是1927年春节前两天。

1927 年 2 月 2 日是农历丁卯年春节。孙传芳的日子很不好过。四个月前孙传芳在九江作战时，浙江省省长夏超谋变，被孙传芳处决，改命陈仪继任浙江省省长。陈系浙江绍兴人，与蒋介石有同乡之谊，孙传芳利用这一点指使陈仪暗中与蒋介石建立联系，麻痹蒋介石，缓解战事，以待其北方援军，他何曾想到陈仪一向主张"浙人治浙"，对孙传芳早已离心离德，何应钦在新年春节期间率部进入浙江，陈仪开门迎降，归附北伐军。这时，安徽陈调元也归附了国民革命军。三月，张宗昌率直鲁联军开到南京，孙传芳赶紧将江苏、上海的军事防务移交，自己北上而去。临走时，带张宗昌去看了那庙，告诉他，可以在这里祈祷。张宗昌却将他印的一套佛经供奉在供桌上，拍了拍，对孙传芳说："这些泥人不如我这现实！"

再燃复仇之火

施谷兰曾经说，她从督军府的那座庙里离开时，整个身心都碎了，很久才醒过来。如果不是校长开导，她真的会被孙传芳迷惑。这个孙传芳太坏了，杀人如麻，到头来还要搞什么"放下屠刀、立地成佛"的鬼把戏，太可恶了。现在，她铁定了心要报父仇，为实现这个目的，她开始习武练功，决心手刃仇人，不达目的誓不罢休。

1928 年，施谷兰随母亲移居济南。在施从滨遇害的周年忌日这天，施谷兰跪伏在父亲的遗像前，想到年复一年，大仇难报，初试失败，继而三年来的刻苦练功，动手术放开了小脚的痛苦（手术并不成功，已放开了一些，仍然不行），不由得与母亲抱头痛哭。母女俩的哭声惊动了借住在施谷兰家的同乡同姓人施靖公。此人时任山西军阀阎锡山部谍报股长，也是施中诚的军校同学，山西太原人，此次前来济南办事，因与施从滨有过交往，便借住在施谷兰家。他闻听哭声，来到母女俩面前，听说了施谷兰复仇经历后，对施谷兰说："我曾经受过施公的栽培，对小姐的遭遇深表同情，如果小姐愿以身相许，我决心为施公报仇。"施谷兰此时已被复仇的火焰烧得心焦意乱，心想只要能为父报仇，什么委屈都能咽下。就这样，施谷兰冲破了同姓不结婚的陈规，跟随施靖公迁居太原。

未曾料想施谷兰为施靖公生了两子之后，施靖公官运亨通，越来越贪生怕死，施谷兰几次催促，他都无动于衷。施谷兰又一次失望了，并于悲愤中写下"一再牺牲为父仇，年年不报使人愁"的诗句。转眼到了1935年，施从滨被杀已许多年了。施靖公被提升为旅长，而报仇之事却一拖再拖。施谷兰在最后一次要求施靖公为父报仇遭到拒绝后与其一刀两断，带着两个儿子不辞而别返回娘家。当时两个儿子一个七岁，一个两岁。

回到家的施谷兰，几天后见到了从日本陆军士官学校毕业回国的弟弟施则凡，弟弟带回一把日本军刀，发誓要手刃孙传芳。施谷兰担心功亏一篑而丢了施从滨家门唯一血脉，强烈制止。面对弟弟的复仇心愿，施谷兰更伤感近十年空付许多心血而父仇未报，心里一阵难过，不禁吟出两句诗来："翘首忘明月，拔剑问青天。"从此她就把自己的名字改为"施剑翘"，以激励自己早报杀父之仇。并且给两个儿子也改名为"金刃"和"羽尧"，哥俩的名字组合起来就是"剑翘"。

就在这个时候，有位女子闯进了施剑翘的生活。

施剑翘与前夫离婚，因为两个儿子的缘故，施靖公仍有书信寄来，虽然施谷兰不予理睬，但她的母亲和家人却与施靖公通信说些家中近况。在一次信中，施剑翘的妹妹告诉他施剑翘小脚没放好，阴天常常作疼。施靖公告诉她，南京教会医院有外国骨科专家可以去找。有位叫施蝶兰的女子是她们桐城老乡，在南京做事，可以找她帮忙！全家劝施剑翘依施靖公的话联系去南京，但施剑翘不愿意。身体的长期不适和复仇大业的期待，使施剑翘经过思前顾后的考虑，没有告诉任何人，独自一人去南京那家教会医院看病。

当施剑翘从南京下关码头下船登上岸时，有位年轻的女子过来很有礼貌地告诉她，是来接她的。施剑翘诧异地问："您怎么知道我的？"对方一笑："您就不用问了，请您相信我，我与施中诚的一位远房亲戚是同学，施中诚常常对他的亲戚说起您的事，大家都很敬慕，就因为这个，也正好她就在南京教会医院工作。"女人与女人之间，有些话是很容易沟通的。这位女子一再说，她周围的人都很敬慕施剑翘，都对孙传芳的做法愤慨！大家也都愿意帮助施剑翘……

施剑翘感动得都要掉眼泪了，她把手伸过去，轻轻地喊了一声："好妹妹，我相信您！"

军统局插手相助

到下关码头迎接施剑翘的女子叫施蝶兰（真名王若凤）。她当时的身份是"复兴社"内力行社里的秘密特务，是奉组织之命接触施剑翘的。组织上为什么对施剑翘感兴趣呢？原来，施剑翘的前夫施靖公是阎锡山身边的谍报股长，很早就秘密参加了国民党内部秘密组织，1927年秘密转入"国民政府军事委员会密查组"，系"密查组"潜伏在阎锡山身边的人。"复兴社"成立，施靖公又成为蓝衣社（即复兴社）成员，1932年"复兴社"内设力行社。施靖公是力行社第一批由戴笠控制的成员。这个组织是专门收集情报的，又称"谍报特别任务处"（特务处），系后来的军统局的前身。

说到这里，也应该替施靖公说句公道话。施剑翘为父亲复仇的事，真的感动了当年血气方刚的施靖公，出于一时激情也出于爱慕施剑翘的美色，他决定与其结婚，慢慢寻找机会。当他发现个人难以实现这一目标时，便将这一情况向组织做了汇报。施靖公根本不知道组织上早就了解到施剑翘的情况，更知道施剑翘第一次复仇的故事，要求他等待组织上的安排。所以复仇之事一直就拖了下来。

蒋中正坐定江山后，时时担心这些旧军阀有一天东山再起，那就是新政府的威胁！他迫切需要对过去的旧军阀进行"清理"。戴笠受命后，想起了施靖公的前妻施剑翘的故事，决定启动这一工程。

施蝶兰就这样出现在了施剑翘身边，所以，我们在一些旧照片中常常会看到施剑翘身边有一女子，她对外称是施剑翘的保镖或妹妹、亲戚，但施剑翘一直都不清楚此人的真实身份，当施剑翘入狱后，施蝶兰也就人间蒸发了，再也没有见她出现，有人说她潜入日本人中间了，有人说她嫁人隐居了，总之，她消失了。

1935年，施剑翘在南京教会医院通过手术放开了裹着的双足。施剑翘手术后还没有完全好，便急着要施蝶兰帮她找到手枪并开始练习枪法。

这里应该提到的是，施剑翘出院后第一个去的地方就是总统府。因为她曾经去过那儿，还目睹过孙传芳在那儿的寺庙里立的她父亲施从滨的牌位，她想再一次目睹并将这个牌位请回家，放在仇人建的庙里，真的亵渎了父亲的英名。

说到当时的督军府，施蝶兰告诉她，孙传芳对于总统府这个地方十分迷信，自从第一次到这里在马上受寒气侵袭后，他更是笃信佛家之言，后来在这里建了寺庙。他每次到南京，必在这个寺庙里烧香。

1926年国民革命军入江西以取南昌、九江为目标，兵力的部署一路由广东韶关趋赣南，一路由湘西进赣中，又一路由湘北、鄂南袭赣西北。孙传芳的应战，以夺取武汉、长沙为目标。在双方互相袭扰鏖战进退达四十五天之后，孙传芳军后方增援部队败走，于是谣言纷起，草木皆兵，各部蜂拥撤退，乱成一团，溃不成军。孙传芳立命决川号舰长陈至宾鼓足马力东折，狼狈逃回南京。到南京的第一件事就是躲进督军府，去他建的寺庙里上香、祈祷。据说，就是那个时候加立了施从滨的牌位。时间应该在1926年11月。

孙传芳战败归来，检点兵马，重新整编为十五个师，准备再战。同时，他深感如欲挽回颓势，必须谋求北洋各系之大联合，遂发起邀请。

段祺瑞、吴佩孚、孙传芳召开三角联合会议。也是这年冬天，段祺瑞、吴佩孚如约派代表到南京这座建筑里的西花厅集会，商讨共同抵御国民革命军。参加会议的有：靳云鹏、吴光新（代表段祺瑞）、熊炳琦（代表吴佩孚），以及孙传芳、刘宗纪。会上靳云鹏吹捧段祺瑞，大骂吴佩孚，熊炳琦大为不满，反唇相讥，吵得不欢而散。

有过人感觉的孙传芳不等会议举行告辞仪式，悄悄溜出会议，上了火车赶向济南见张宗昌，并告为施从滨立牌位之事，以取得张宗昌的谅解，张宗昌对于施从滨的死没任何表示，仿佛死一百个也与他没多少关系。孙传芳见张宗昌这样的态度，放下了心，又拉上张宗昌一起去天津看望张作霖，向张作霖申明弃嫌修好、共同对敌的合作之意。张作霖表示不咎既往，当即派张宗昌、张学良同手下一起陪孙传芳到蔡家花园商量大事。经共同商议，决定成立安国军，由张作霖任总司令，孙传芳、张宗昌任副司令。张作霖当面准允派张宗昌率直鲁联军南下支援，后继军械及时供给。孙传芳如愿以偿，返回南京。

这次孙传芳回到南京的第一件大事，还是上寺庙里上香，对着施从滨的牌位上高香三炷。

施剑翘进入今天的总统府时，与第一次来时完全不同，现在门口戒备森严。有施蝶兰的帮助，施剑翘顺利进入。此时这里已经是国民政府所在地，当时的国民政府主席林森与行政院院长蒋中正都在这里办公。施蝶兰对施剑翘说笑话："如果碰巧，很可能会见到行政院院长蒋中正，或者林森。但蒋院长不在这里办公，经常来而已。"施剑翘说："我什么人都不想见，就想看看他（孙传芳）供奉的我父亲的牌位还在吗。"

经过七拐八弯，来到后院，果然有个寺庙。门紧闭，推开门，里面虽然没人，但打扫得很干净，供桌上供奉了许多人的牌位，她只能一一去寻找，很快就从供桌上找到了施从滨的牌位。从施蝶兰那里知道，孙传芳只要记住名姓的，是他杀的有名有姓的头面人物他都一一供奉，以示赎罪。施剑翘出来时对施蝶兰说："早知今日，何必当初。"施蝶兰见她将牌位放置怀里，提醒她："这个地方是个重要的地方，你这样，人家会以为你怀里装着炸弹什么的……"施剑翘想想也对，便双手捧在胸前，大大方方地走了出去。

绝不能连累你

现在有关施剑翘复仇的文章写到施剑翘寻找孙传芳很容易。施剑翘并不知道这个容易正源自施蝶兰的缘故，当然更是因为戴笠手下的那张网。戴笠决定什么时候灭掉孙传芳，那施蝶兰才能告诉施剑翘，让施剑翘有机会去做。

1931年"九一八事变"后，孙传芳隐居天津。孙传芳已不便再回到南京总统府里去烧香祭祀做佛事，他在天津一家寺庙继续进行佛事与忏悔。孙传芳与靳云鹏（北洋军阀，曾任"中华民国"参战督办事务处处长、国务总理）等旧军阀在天津成立了一家佛教居士林组织，孙传芳出任该组织的董事长。这位昔日叱咤风云的旧军阀，依然在一些人的心目中十分威武。其中日本侵华首犯冈村宁次，当时就利用与孙传芳的同窗关系多次登门造访，拉拢他出任伪职，而孙传芳迟迟未作表态，虽然有过严词拒绝的事，但也经不住同窗之谊的诱惑，参加了冈村宁次数次邀请的活动。这一信息反馈到戴笠那里，引起国民政府首脑的高度重视。蒋中正曾亲口对戴笠交代："他们如果不能守住气节，我们是要帮助帮助的……"

1935 年夏，施蝶兰接到组织的召唤，询问施剑翘近况，枪法如何，以及遇到紧急情况能否正常处理等问题。施蝶兰汇报说，她亲眼看到施剑翘在三十米内射中一只歇在树杈上的喜鹊。"不行。要能够近距离准确击中对象的脑袋及眼睛等要害部位……"到了秋天，组织向施蝶兰指示，可以向施剑翘透露孙传芳的准确信息。

施蝶兰知道，关键时刻到了。

又是农历九月十七（1935 年 10 月 14 日），施剑翘一早在施蝶兰的陪同下来到观音寺为亡父烧纸、念经。施蝶兰暗示潜伏人员向施剑翘揭开孙传芳与天津佛教居士林的关系，并告诉她："明天你来，我介绍你参加。"第二天，施剑翘就化名"董慧"，在国民党组织安插于居士林的特务女居士介绍下加入了居士林。此后，施剑翘知道孙传芳每周三、周六必到居士林听经，随即做了刺杀他的具体安排。在施蝶兰的帮助下，她购置一台油印机，将准备好的《告国人书》和遗嘱印制出来，准备在杀死孙传芳后散发；并把 11 月 13 日（农历乙亥年十月十八）定为替父报仇的日子，因为这天是星期三，按照惯例，孙传芳这一天必到居士林听经。

1935 年 11 月 13 日终于到了，可是天公不作美，一大早就下起了小雨。依照平时的习惯，施蝶兰应该准时起床了，施剑翘来到施蝶兰的房间，房内没有人，桌上留了张纸条，上面写道："姐姐，祝你成功！"施蝶兰突然不告而别，施剑翘感觉诧异，心头顿时有不祥掠过，但她很快镇定下来，抱定不成功也得成功的准备。没有施蝶兰的陪同更好，英雄一人做事一人担！

施剑翘独自一人慢慢向居士林走去，她估计孙传芳未必会来，便把准备好的左轮手枪和传单等物暂时放在家里，自己空手来到居士林观察动静。中午过后，仍不见孙传芳的踪影，施剑翘正有放弃行动之意，忽见一位身披袈裟、年约五十岁、留着光头的人走进了佛堂，施剑翘凭着当年的记忆断定此人就是孙传芳。她立即租车匆匆赶回家，取出手枪、传单等物，再次返回居士林。此时，佛堂里已坐满听经的居士，孙传芳端坐在中央位置。施剑翘找了一个靠近炉火的后排座位坐了下来。很快，她发现这个位置离孙传芳距离太远，依平时在施蝶兰帮助下的射击水平，基本不会失手，但目前只有自己一人（她不知道施蝶兰已在她的周围布置好了人员），不能有任何侥幸心理，万一失手将前功尽弃。于是，她对身旁的看堂人（其实也是施蝶兰安排的）说："我的座位离火炉太近，烤得难受。前面有些空位，可不可以往前挪一下？"看堂人点头表示允诺。施剑翘站了起来，伸手握住了衣襟下的手枪，两眼盯着孙传芳发亮的秃脑袋，快步来到孙传芳身后。还没等周围的人看清来人是谁，施剑翘拔出枪来对准孙传芳的耳后，扣动了扳机。一声枪响之后，孙传芳扑倒在地，施剑翘怕他不死，又朝他的脑后和背后连开两枪。佛堂里顿时混乱起来，施蝶兰安排的人员立刻在暗中开始各负其责地对施剑翘实施保护措施。

施剑翘边散发传单边大声说道："我叫施剑翘，为报杀父之仇，打死了孙传芳。详细情况都在这传单上写明。我不走，你们可以去报告警察。"

有胆大的人拾起传单观看，只见上面写着："父仇未敢片时忘，更痛萱堂两鬓霜。纵怕重伤慈母意，时机不许再延长。不堪回首十年前，物自依然景自迁。常到林中非拜佛，剑翘求死不求仙。"还写道："施剑翘（原名谷兰）打死孙传芳，是为先父施从滨报仇；详细情形，请看我的《告国人书》；大仇已报，我即向法院自首；血溅佛堂，惊骇各位，谨以至诚向居士林及各位先生表示歉意。"

随后，施剑翘从容地拨通了警察局的电话。

第二天，天津、北平、上海各地的报纸都以头号字标题刊载了这一消息，全国为之轰动。

施剑翘为父报仇的案件经过发酵与时间上的推进，卷宗被放到了戴笠的桌上。在卷宗上压着一张济南出版的当地报纸，说的是孙传芳的笑话。文章说，1924年孙中山宣传革命，提倡为官应当人民公仆不要当老爷。孙传芳哈哈笑骂道："现在当官的都说自己是人民公仆，欺世谎言以此为最无耻，凡是仆人没有一个是好东西，不是赚主人的钱，就是勾搭主人的姨太太，心狠手辣的做梦都想把主人连骨头带皮吞进肚里……"不知谁在那报纸上批了粗黑的字："一派胡言。"

戴笠上班时，看到了这个卷宗，想了想，翻开看了几页，又合上，拿起电话，摇通行政院院长的电话，很快通了，戴笠做了报告。电话那头传来蒋中正的声音："林主席会处理好的，人走了就走了，不必再弄个陪的……"

还是在这个总统府里。1936年10月14日，在施剑翘入狱十一个月的时候，时任南京国民政府主席的林森向全国发表公告，决定赦免施剑翘。此后，由南京国民政府最高法院下达特赦令，将施剑翘特赦释放。

有一个人，站在林森办公室大楼前，她刚刚从后面的行政院出来，她已经不再是戴笠手下的人员，而是行政院的一名科长，她现在要送份材料到林森办公大楼里，她想起了数年前陪同施剑翘在这里停留，手扶林森种植的松树，耳边响着广播。广播里播放的正是林森主席签发的施剑翘案的特赦令！她想起了那位校长，校长与林森在她的脑海里重叠地浮现着……

《当代》2017 年第 5 期

汪曾祺的十一个细节

苏　北

我阅读汪曾祺三十年，写了一些文章，但更多的是收集到不少有关汪曾祺的细节。细节总是充满活力，它不一定非得指向什么，但细节就在那里，人们听到或者看到，多半会莞尔。这里我撷取十一则，算是对这位可爱的老头儿离开我们二十周年的纪念。

一

记得有一年去汪先生家，先生拿出湖南吉首的一瓶酒（包装由黄永玉设计）给我们喝，席间汪先生说老人有三乐：一曰喝酒，二曰穿破衣裳，三曰无事可做。当时我们才三十多岁，对这句也没怎么理解，但是回家我记在了本子上。如果不记下，早就忘却了。如今回忆这句话，又多了些况味。

二

苏州大学教授范培松曾给我说过一个笑话，此笑话是作家陆文夫在世时说的。陆文夫多次说："汪老头儿很抠。"陆文夫说，他们到北京开会，常要汪请客。汪总是说，没有买到活鱼，无法请。后来陆文夫他们摸准了汪曾祺的遁词，就说"不要活鱼"。可汪仍不肯请客。看来汪老头儿不肯请，可能还"另有原因"。不过话说回来，还是俗语说得好，"好日子多重，厨子命穷"。汪先生肯定也有自己的难处。

"买不到活鱼"，现在说来已是雅谑。不过汪先生确实是将生活艺术化的少数作家之一。

三

汪先生的小女儿汪朝姐给我说过一件事。汪朝说，过去她的工厂的同事来，汪先生给人家开了门，朝里屋一声喊："汪朝，找你的！"之后就再也不露面了。她的同事说："你爸爸架子真大。"汪朝警告老爷子，下次要同人家打招呼。下次她的同事又来了，汪老头儿不但打了招呼，还在厨房忙活了半天，结果端出一盘蜂蜜小萝卜来。萝卜削了皮，切成滚刀块，上面插了牙签，边上配了一碟蜂蜜。结果同事一个没吃。汪朝抱怨说，还不如削几个苹果，小萝卜也太不值钱了。老头儿还挺奇怪，不服气地说："苹果有什么意思，这个多雅。"

"这个多雅。"也许这就是汪先生对待生活的方式。

四

有一年到汪先生家去，汪师母说了一件趣事。说前不久老汪酒喝多了，回来的路上跌了一跤。汪先生跌下之后首先想到能不能再站起来，结果站起来了，还试着往前走了几步。"咦！没事。"汪先生自己说。回到家里，汪先生一个劲地在镜子前面左照右照，照得汪师母心里直犯嘀咕："老汪今天怎么啦！是不是有什么外遇？"七十多岁满头银丝的汪师母说完这话，哈哈大笑，那叫一个开心。其实汪先生是照照脸上皮有没有跌破。

五

听过一件事。说某文学青年偶然认识了汪先生，之后就到先生家中拜访。这是一个痴迷得有点癫狂的青年。他为了能每日聆听教诲，索性住到了汪宅。汪宅的居所不大，他于是心甘情愿睡地下室，这样一住就是多日，每天大早就举着一把牙刷上楼敲门。有一次他还带来了儿子，老头儿带着孩子上街去买了一只小乌龟。可是"这个青年实在是没有才华，他的东西写得实在是不行"。每次他带来稿子，都要叫老头儿给看。老头儿拿着他的稿子，回头见他不在，就小声说："图穷匕首见。"

汪老头儿认为这青年从事一种较艰苦的工作，很不容易。可他确实写得不好，每次带来的稿子都脏兮兮的。汪老头儿终于还是无法忍受，他用一种很"文学"的方式，下了逐客令——一天大早，青年又举着牙刷上楼敲门，老头儿打开门，堵在门口。一个门里，一个门外，老头儿开腔了："一、你以后不要再来了，我很忙；二、你不可以在外面说我是你的恩师，我没有你这个学生；三、你今后也不要再寄稿子来给我看。"讲了这三条，场面一定很尴尬。我听到这个"故事"是惊悚的，也出了一身冷汗。

现在说这个故事，仿佛已经是"前朝旧事"了。因为已过去几十年了，当年的青年现在也是半个老头儿了。希望曾经的青年读到此则，不要见怪，因为我们都爱这个老头儿，对吧？

六

得到一个重要的细节。一个重庆的记者，前年因受命写一个重要节日的稿件，访问一位九十五岁高龄的叫章紫的老人。临走时老人找出一本旧影集给记者翻翻，记者竟看到章紫与汪曾祺的合影，一问，原来他们是 1935 年在江阴南菁中学的同学。记者于是接着采访。章紫说："我有个好朋友叫夏素芬，是一个中医的女儿，汪曾祺对她有点意思。高二有天上学，我们一进教室，就看见黑板上有人给夏素芬写了一黑板情诗，不是新诗，是旧体诗，是汪曾祺写的。汪曾祺跟大家一起看，看了之后，他自己把黑板擦了。"

后来，夏素芬在江阴沦陷区，章紫在重庆读书，汪曾祺在西南联大读书。汪曾祺给章紫写了很多信。后来章紫妈妈知道了，还警告她说，她爸爸不喜欢苏北人，他知道了，会不高兴的。通信的大多数内容已无法回忆，但信里面有两句话，章紫一直记忆犹新。章紫说："有一次他在信里写了一句，我记得很深，他说，'如果我们相爱，我们就有罪了'；还有一次是他的信里最后写了一句'握握你的小胖手'。当时我手胖，班上的同学都知道我的小胖手。'小胖手'这句我记得，是因为我的信多，看了就随便搁在桌上，同寝室女生看了，看到那一句，大家都觉得好笑。"

20 世纪 80 年代，一次章紫去北京，到汪曾祺家里做客。章紫说："他爱人施松卿跟女儿也在家。汪曾祺很会做菜，做菜时他悄悄跟我说'当年学校的事儿，不要多说。'我想说的就是他跟夏素芬的事吧。"

汪先生在世时，曾说过，想写写自己的初恋，可是觉得人家还在世，如果写出来，是不是打搅了别人平静的生活？于是不愿意写。

七

又得到一个细节，依然很重要。一个叫陈光愣的老人，写了一篇短文《昨天的故事》。陈光愣 1958 年毕业于北京农业大学，被划为一般右派分子，分配到沙岭子农科所之后，与汪曾祺在一个政治学习小组，后期又与汪同宿舍住。陈光愣回忆：1959 年，在农科所一次学习大会上，领导传达中央文件，提到毛主席提出不当国家主席，以便集中精力研究理论问题。传达完毕，汪曾祺忽然语出惊人，怀疑地说："毛主席是不是犯了错误？"弄得四座为之失色，不知如何往下接话。幸亏地处边远的张家口沙岭子的农科所，没人出来发难。所领导愣了一会儿，岔开话题说："大家的思路统一到党的指示的思路上来。"以此敷衍了过去。

真不知道汪老头儿当时是怎么想的，怎么冒出这么一句奇怪的话来。也可能人在比较高压的政治环境下面，反会说出一些匪夷所思的话来。后来我见到汪先生的儿子汪朗，把上面的这个细节说给他听。他笑着说，老头儿政治上比较幼稚。

八

十多年前（2003 年）到北京，一次与汪朗喝酒。大家喝得开心，都多喝了点。之后有人提议到老头儿的蒲黄榆旧居坐坐。因人多，在书房里散坐，汪朗坐在地上。大家说话，汪朗说，"文化大革命"时，他妈妈（师母施松卿）在新华社做对外翻译，一次开会无聊，她下意识地在一句主席语录下面打了一个问号。等清醒过来，赶紧拿到厕所冲掉，可是还是害怕，老是怕有人监视她。过了很久还忐忑不已。一回，汪先生中午喝了酒，撸起汗衫，躺在床上，拍着肚皮哼京剧。正哼着，头顶上的电棒管子一头忽然掉了下来，也没完全掉，另一头还插在电棒盒子里，还撅在那晃呢！老头儿也不管，继续哼。汪师母说："你还不把汗衫放下来，上面有人监视你呢！"

九

20 世纪六七十年代，一次汪曾祺没事，去北京大学找过去西南联大的同学朱德熙。朱德熙不在家，等了半天也没有回来。只有朱德熙的儿子在家里"捣鼓"无线电。汪坐在客厅里等了半天，不见人回，忽然见客厅的酒柜里还有一瓶好酒，于是便叫朱的半大的儿子，上街给他买两串铁麻雀。而汪则坐下来，打开酒，边喝边等。直到将酒喝了半瓶，也不见朱德熙回来，于是丢下半瓶酒和一串铁麻雀，对专心"捣鼓"无线电的朱的儿子大声说："这半瓶酒和一串麻雀是给你爸的——我走了哇！"说完抹抹嘴，走了。

到了 1987 年，汪曾祺应安格尔和聂华苓之邀，到美国爱荷华参加"国际写作计划"。他经常到聂华苓家里吃饭。聂华苓家的酒和冰块放在什么地方，他都知道。有时去得早，聂华苓在厨房里忙活，安格尔在书房，汪就自己倒一杯威士忌喝起来。汪后来自己说："我一边喝着加了冰的威士忌，一边翻阅一大摞华文报纸，蛮惬意。"

十

1989 年，汪先生和林斤澜受邀到徽州游玩。当地安排一个小青年程鹰陪着，第二天一早，程鹰赶到宾馆，汪先生已经下楼，正准备去门口的小卖部买烟，程鹰跟了过去。汪先生走近柜台，从裤子口袋里抓出一把钱，数也不数，往柜台上一推，说："买两包烟。"——程鹰说，他记得非常清楚，是上海产的"双喜"，红双喜牌。卖烟的在一把零钱中挑选了一下，拿够烟钱，又把这一堆钱往回一推，汪先生看都没看，把这一堆钱又塞回口袋，之后把一包烟往程鹰面前一推："你一包，我一包。"

晚上程鹰陪汪、林在新安江边的大排档吃龙虾。啤酒喝到一半，林斤澜忽然说："小程，听说你的一个小说要在《花城》发？"程鹰说："是的。"林说："《花城》不错。"停一会儿又说："你再认真写一个，我给你在《北京文学》发头条。"汪老头儿丢下酒杯，望着林："你俗不俗？难道非要发头条？"

十一

1996 年 12 月，全国文代会和作代会在北京召开，我那时在北京工作，请了许多作家吃饭。吃完我们赶到京西宾馆，出席作代会的北京代表团的汪先生和林斤澜都住在这里。我们找到汪先生住的楼层，他的房间门大敞着，可没有人。房间的灯都开着，就见靠门这边的台子上，有好几个酒瓶和一些乱七八糟的杯子摆着。那些酒，除白酒外，还有洋酒。汪先生不知道跑哪串门儿去了。我们在房间站了一会儿，又到走廊上来回张望。没过一会儿，汪先生跟跟跄跄地回来，一看就已经喝高了。他见到我们，那个热情啊！招呼"坐坐坐坐"，之后就开始拿杯子倒酒："喝一点，喝一点。"他去拿洋酒瓶，我们本来晚上已经喝过，再看他已经喝高了，还喝个啥？于是抓住他的手说不喝了不喝了，我们喝过了。只坐了一会儿，便匆匆离开了。

这些细节能说明什么呢？它又有什么意义呢？细节总是迷人的。我想，读者自会有自己的理解，是不需要我在此多说的。我呈上这些，只是为了纪念。

《文汇报》2017 年 5 月 18 日

铁肩辣手，乱世飘萍

——新闻巨子邵飘萍

刘　超

吴越之英，报界之雄

1886年，邵飘萍生在浙江东阳一个寒儒之家。据传，"飘萍"二字乃是他到北京后所用笔名，意为"人生如断梗飘萍，有何不可？"。其父邵桂林是他的启蒙先生，常年奔走于垄头和乡间，又常以民间讼师的身份替人写诉状。是以邵飘萍也从旁耳闻目睹民间疾苦，陶铸出了疾恶如仇的性格。

1899年，在邵桂林的督促下，十四岁的邵飘萍从金华前往杭州考取秀才。后在父亲友人的资助下，考入浙江省立高等学堂（简称"浙高"）师范科。毕业后，邵回金华中学堂任教员，授国文历史，兼在长山书院任教，为时三载。毕业那一年，他有了首次婚姻，妻子沈小仍先后为其生下二子三女。在金华中学中，有一位学生日后与其师一样，成为著名报人，那就是曹聚仁。邵飘萍年少英俊，才气卓越，在金华这样的小地方当然出类拔萃。为此，他赢得了一位金华美女的芳心，这就是他日后的妻子汤修慧。

"浙高"时期是邵飘萍一生重要的积累阶段。在杭州读书时的他，成绩好，书法好，文章写得好，琴也弹得好，就是不爱好体育运动。他喜欢写稿，常外出采访，连鸦片馆也去，文章写得又快又好，深得大家推崇。在"浙高"，邵飘萍与邵元冲（字翼如）、陈布雷并称"两邵一陈"。陈布雷后来有言："我们浙江高等学校有著名的'两邵'：一是翼如，一是飘萍。若论才气横溢，飘萍自亦不弱；至于清正亮直……那就要以翼如为不可几及了。"邵飘萍为他取了"陈布雷"这个笔名，从此，这一笔名广为人知，而原名"陈训恩"反而鲜为人知了。1908

年春，杭州各公立私立学校召开联合运动会，校内外人士均可报名，不少社会名流也应邀前来观光。邵、陈及张任天皆不爱运动，当然就都没有参赛。但他们又不甘寂寞，三人一合计，干脆办了张《一日报》，陈任编辑，邵、张为访员（记者）。报纸面世后，大受欢迎。

邵飘萍回金华任教期间，仍在继续撰写地方通讯，并被《申报》聘为特约通讯员。金华虽也人才辈出，但毕竟地方小，水浅鱼大，无法满足他的办报诉求。于是他辞去教职，再度来杭。遍览杭州的报纸后，他找到了《汉民日报》报馆（该报受浙江省军政府资助），拜访其社长杭辛斋。二人一见如故，随即决定联手共办该报，杭任经理，而邵为主笔。由此，邵飘萍开始了他职业报人的生涯。

1912年初，杭辛斋当选为国会议员，不久赴京任职，邵飘萍从此开始主政《汉民日报》。由于他在报上抨击时弊，批评权贵，昔日袁世凯尚为清廷内阁总理大臣时，邵飘萍就疾呼："袁贼不死，大乱不止。同胞同胞，岂竟无一杀贼男儿耶？"他还预言："帝王思想误尽袁贼一生。"宋教仁遇刺后，邵飘萍更揭露此案的诡秘之处是"瓜蔓藤牵，有行凶者，有主使者，更有主使者中之主使者"，这种立场使《汉民日报》在政治风波中容易受到冲击。"二次革命"失败后不久，邵飘萍便被构陷入狱，《汉民日报》亦随之被查封。邵飘萍银铛入狱后，妻子汤修慧设法营救他出狱，为躲避袁氏党徒的继续迫害，他撮资东渡，开始亡命日本。

1914年，邵飘萍同东京政法学校的同窗潘公弼、同乡马文车共同创办了一家东京通讯社，用中文向国内各报尤其是京沪著名报纸发稿，内容以国际和外交新闻为主。由于对中日秘密交涉中的"二十一条"的曝光，通讯社声名大噪，却也引起了日本警察厅的注意。在日期间，邵飘萍邂逅了章士钊，还结识了中共的两位先驱——陈独秀和李大钊。1915年，邵飘萍拟往上海一行，行前在东京采访了中国驻日公使陆宗舆。邵飘萍询问其对帝制的态度，陆极力搪塞，表示"不能有态度"。邵问及日本在袁世凯帝制运动期间，对中国的态度是否以利权为转移时，陆支支吾吾，表示"余对于此事早有报告，所谓以国家为孤注，以元首为孤注"，但又表示对国内帝制派不解。在邵的一再追问之下，陆流露出对外交生涯的倦意，表示辞职后欲在西湖结庐小住。说来也巧，仅四年后，五四运动爆发，这位"资深外交家"果然下台。

1916年春，邵飘萍应友人之邀返国，开始受聘于上海《时事新报》，并为《申报》《时报》等报馆撰稿。当时的上海乃中国首屈一指的大商埠、大都会，亦是中国报业之天堂。邵飘萍春秋鼎盛，下笔极勤，往往一日能写数篇时评，很快就成为上海报界极看好的新秀。《申报》别具慧眼，特聘邵飘萍赴北京任特派记者——特派记者在当时是个新名词，《申报》派往北京的首位大牌特派记者是黄远生。

黄虽英年早逝，但在北京很快打开了局面，该报的当家人史量才尝到了甜头，乃用重金加派了几位特派记者，其中特别看重的就是邵飘萍。

北大新闻学导师

1916年8月，邵飘萍开始了他在京十年的新闻生涯。

邵飘萍下决心要自己办报。这一方面是因为与上海《申报》总馆难免有矛盾，另一方面，是当时国内各家报纸几乎无一例外是党派报纸，而邵飘萍希望办一份有影响、独立的民间报纸。于是他辞去旧职，与友人联手，共同创立了一份报纸——《京报》。1918年12月，他在《申报》上的《北京特别通讯》栏目也就此终止。

当时，在蔡元培治下的北大，以"思想自由，兼容并包"为尚，汇聚了大批学界精英。校内的各种学会和团队，纷纷聘请社会名家出任指导教师，新闻研究会就特地请来了大名鼎鼎的邵飘萍。

是时，北大人才、学风极盛，但它只是当时中国社会的一枝独秀，总体而言，中国教育所弥散的状况仍是"无教育"或"病的教育"。有鉴于此，邵飘萍指出：一般民众无法受到应有之教育，易成为"愚民"；而教育为少数阶级垄断，被扭曲为官僚教育，或曰"病的教育"，"我国中流以上社会之根本缺陷，在于病的教育。中流以下社会之根本缺陷，则在于无教育"。其弊实大，亟待改变。对北大，邵飘萍也提出了他的意见，他撰文《最高学府不宜成畸形》表示，北大文史哲学科发展迅猛，但自然科学并不理想，为此建议："北大既为一国之最高学府，今日之中国又未达于各科分离而各自成为一个完全大学之时期，主持校务者不可不竭力挽救其畸形之倾向。我国今日之学术界，文理两方均极贫乏，而不足与世界相见。"

邵飘萍最初虽非北大人，却是"新闻学研究会"的精神导师之一。1918年，邵致函蔡元培，倡议成立新闻研究会。校长蔡元培对此非常重视，并亲任会长，制定了以"研究新闻学理，增长新闻经验，以谋新闻事业之发展"的宗旨。忙于《京报》事务的邵飘萍，只是每周日来校讲授新闻采访的课程。

1919年1月5日，邵飘萍在《京报》上刊登"征求会员"的广告后不久，研究会就迅速发展了大约五十五名会员，其中多数是北大学生和职员。当时在北大图书馆任职的毛泽东也加入了其中。新闻与现实政治密切相关，对新闻感兴趣的人，很难不对现实政治感兴趣，故研究会的会员们几乎都是不久之后五四运动的成员。会员听课之余，还投入了办刊实践，其中毛泽东日后创办了《湘江评论》；高君宇、谭鸣谦、罗章龙等，则参加了《新潮》《向导》《光明》等刊物的编辑工作。

到 1920 年 12 月，由于研究会负责人的离校，这个团体才停止活动。尽管这一团体存在的时间很短，但效果不凡、影响深远。邵飘萍富有激情，在授课中灌输着一种新的新闻思想，即有社会责任的新闻观。他希望培养一批能报道劳动人民疾苦和罢工斗争的记者，这对即将投身中国工人运动的马克思主义者日后的工作具有重要意义——果然，结业不久，会员就奔赴各地。毛泽东回到湖南，陈公博回到广东，而高君宇、罗章龙等则留在北京……导师邵飘萍的教诲，给他们留下了深刻的印象。其中，毛泽东对邵飘萍感念尤深。青年毛泽东早就与报刊结缘，杨昌济还曾打算将他介绍给北京某报馆。1920 年 8 月，长沙创办文化书社，在毛泽东起草的《组织大纲》中，称"本社以运销中外各种有价值之书报为主旨"，其中就有邵飘萍的《新俄国之研究》等。后来，在延安的毛泽东还回忆："特别是邵飘萍，对我帮助很大。他是……一个具有热情理想和优良品质的人。"1949 年 4 月 21 日，毛泽东亲自批复：追认邵飘萍为革命烈士。

邵飘萍从不是北大的正式教授，亦未在北大担任一官半职，他看似为北大的"边缘人"，但事实上与之有着不解之缘。五四运动后，在李大钊的倡导下，北大先后成立了两个研究社会主义和马克思学说的团体，一是北大社会主义研究会，一是马克思学说研究会，邵飘萍加入了后者。为便于开展研究，研究会集资成立了专门的图书馆——"亢慕义斋"。邵飘萍为研究会提供了各方面的支持，出版刊物、印刷文献时，《京报》的印刷厂就给予了很多方便；邵飘萍精通日文，故为"亢慕义斋"日文翻译组校订过马克思主义著作。"亢慕义斋"的门框上有一副著名的对联："出研究室入监狱，南方兼有北方强。"这来自"南陈北李"的名言，"南陈"陈独秀说："世界文明发源地有二：一是科学研究室，一是监狱。我们青年要立志出了研究室就入监狱，出了监狱就入研究室，这才是人生最高尚优美的生活。"下联则是李大钊概括的一句话，意即南北同志济济一堂，南方之"强"加上北方之"强"，象征着五湖四海的团结。

五四运动的推手

邵飘萍大显身手的机会来了。1918 年 11 月 11 日，"一战"宣告结束，中国侥幸成为战胜国的一员，国人欣喜若狂。但随后的《凡尔赛和约》却让中国的国家利益再次被蹂躏。邵飘萍平素非常关注外交问题，对日本的侵华野心尤有极高警惕。1919 年 5 月 1 日，中国外交失败的消息传来。翌日，邵飘萍即写下《请看日本朝野与山东问题》。他告诫国人："外蒙果去，北部之藩篱尽撤……南北并进，东西交错，我国纵不遽亡于日本，必然诱起列强如瓜分土耳其之惨祸。言念及此，诚为寒心……朝野者不一致抗争，亡无日矣。"5月2日夜间，回到报馆后，他夜不成寐，一气呵成《北京学生界之愤慨》和《勖我学生》二文。他在文章中透露出即将改变中国命运的信息———一场革命的大潮即将来临。4日，在学生爱国运动爆发的当天，他的《勖我学生》一文又正式见报。邵氏之信息如此灵通，皆因他与当朝重臣有着密切关联，其中，他与当时著名的国民外交学会关键人物林长民（林徽因之父）多有来往。巴黎和会上中国外交失败后，中国代表团的顾问梁启超从巴黎向国内拍电报，林长民据此急撰《外交警报敬告国民》一文，刊于5月2日之《晨报》，邵随即连续撰文呼应。这些文章成为点燃五四运动的一把火。

5月2日夜，在疾撰文章的间隙，邵飘萍还关注着最新的信息。在又一次民族危机来临之际，为促进"国民之自觉"，邵飘萍应邀参加了5月3日的北大集会———罗家伦、杨亮功、许德珩、傅斯年、周炳琳等在北大闻讯都异常激愤，商议要在北京采取积极反抗的举动。邵飘萍登台慷慨陈词，在场学子无不热血沸腾，许德珩等人相继登台演讲，有的高亢激昂，有的声泪俱下，有人甚至当场割指写血书，刘仁静则扬言要以死激励国人。

经此一役，邵飘萍被推到了风口浪尖，也成了当局的眼中钉。在北洋政府"安福系"的逼迫和通缉下，他仓促离开北京，后乘火车一路到上海，化装成工人，躲在三等车厢的一个角落里假寐，如夫人祝文秀也化装成保姆躲在车辆的另一侧，陪着他到达了目的地。

在亡命途中，邵飘萍对祝文秀说："要好好锻炼，今后有很多事情要你帮着去做，将来你可以和汤修慧一样，成为我的左膀右臂。"祝乃奇女子，性格豪放，广交游，唱戏、骑马、射箭都会两手；但因从小失学，斗大的字不识几个，与夫人汤修慧相比，其文化水准相距太远。为了成为邵飘萍的得力助手，祝特地买来字典和练习本，让丈夫教她读书识字。流亡途中，夫妻一教一学，也是一乐。一日，邵飘萍写下"有""无"二字，要祝每句各嵌一字，写成一副对联。祝稍加思索，提笔写下："袋里无钱，身上有……"邵飘萍问怎么不写了，她为难地说："小虱子的虱字我不会写。"邵飘萍大笑，说袋里无钱、身上有虱，你岂不成了"叫花婆"！

到上海后，邵飘萍大病了一场。随后，他返回天津，经奉天前往日本。这是他第二次东渡扶桑。说来也应感谢老天开眼———当时大阪的《朝日新闻》聘请张季鸾去该报工作，张考虑到邵飘萍正遭到皖系军阀的迫害，便将此良机让给了邵，并向《朝日新闻》做了推荐。于是邵被该报聘为"中国问题"顾问，而其保证人，则是此前他亡命日本时结识的殷汝耕和日本浪人寺尾亨。在该报服务期间，邵飘萍和张季鸾加深了彼此的友情。旧时同行相嫉、文人相轻乃是传习，邵飘萍放浪不羁的私生活更是让某些人颇有微词，但张季鸾从不评议，倒是常赞叹其采访之高明、写作之精辟和对恶势力斗争之英勇。

"一战"后，社会主义思潮在世界范围内普遍展开，中国的革命浪潮也日渐高涨，邵飘萍的专著《综合研究各国社会思潮》和《新俄国之研究》，在理论上为中国革命提供了火种。两书是邵飘萍在 1919 年冬至 1920 年秋，在工作之余，潜心研究马克思主义时的所学所思而集成的。

罕见的"新闻全才"

1920 年 7 月，北洋政权换马，段祺瑞在直皖战争中败北。邵飘萍闻讯后，即刻辞去《朝日新闻》的工作，毅然回国。

回国后，甫一上台的曹锟、吴佩孚，为显示他们与段祺瑞的不同，立马以政府的名义，授予邵飘萍一枚"二级勋章"。但邵飘萍对此并不上心。他所上心的是致力于复活《京报》，为此，他日夜四处奔走，筹集资金，购置设备，在宣武门外魏染胡同建新报馆。终于，停刊近一年的《京报》于 1920 年 9 月 17 日复刊，稍后正式发行。新报馆落成之日，邵飘萍特地拍下照片，制成明信片分送各方。《京报》复活后再度兴旺起来。该报之前的日发行量不过三四千份，不及《晨报》的三分之一，复刊后，发行量大幅飙升。邵发誓要把《京报》变成"供改良我国新闻之试验，为社会发表意见之机关"，报馆也有了令人眼花缭乱的变化：报馆大楼和馆舍相继建立，还敢为人先地自办了一支送报车队，版面设计也大为改进……编辑部也人才济济：既有孙伏园、徐凌霄、吴定九、潘公弼等报界好手，也有周吉人、邵新昌等邵飘萍的故旧和助手。

作为中国新闻学的开拓者，邵飘萍是中国新闻史上罕见的"全才"。他在短暂的新闻生涯中，几乎涉猎了新闻学和新闻事业的每一个领域——记者、编辑、主笔、社长。他既胆大，又心细；既才识过人，又性格活跃；他还精于周旋，在各界广交朋友。因此，他常能采访到令同行惊羡不已的重大新闻甚至独家新闻。当过教育总长的汤尔和，城府很深，但他对邵飘萍极为叹服，说其采访大都发问不多，却使言者无所遁饰，亦不能自已。作为同行，大报人张季鸾更是对其盛赞有加："每遇内政外交之大事，感觉最早，而采访必工。北京大官本恶见新闻记者，飘萍独能使之不得不见，见且不得不谈，旁敲侧击，数语已得要领。"

在这方面，有一个经典的案例。"一战"爆发后，中国政府举棋不定，经过一段时间的酝酿，终于在国务会议上做出秘密决定：准备参加协约国，对同盟国宣战。不过，毕竟底气不足，这项决定仍属机密，政府中枢各重要机关挂出了"停止会客三天"的牌子以避人耳目。可到底有风声漏出来了，坊间对此交头接耳但不明就里。这时，以采访手段之"绝技"见长的邵飘萍，不知碰了多少壁，愣是没弄出个所以然。他坐着京城极少见的自用汽车前往国务院，却被迫止步于门前。很快，他心生一计，借了一辆挂着总统府牌子的汽车，果然畅行无阻，然后掏出名片要求传达长回禀。对方说段总理已不会客，秘书和侍从亦不会客。邵飘萍掏出一千元钱，点一半给传达长，说只要回禀一声即可；万一总理允见，再呈上另一半。不多时，此君笑吟吟地出来，大声说"请"。

会见中，段祺瑞绝口不提和战问题，但架不住邵飘萍的追问，口风也有点松动了。邵随后主动提出"三天内如果北京城走漏了这项机密，愿受泄露国家秘密的处分，并以全家生命财产做担保"。到此份上，段总理不得不开口，谈了中国参加协约国对同盟国宣战的计划。一出门，邵飘萍便开足油门，直奔电报局，用密码将秘闻拍发到上海的《新闻报》和《申报》。不久，几十万份的"号外"猛然面世，十里洋场顿时沸腾了。邵飘萍原承诺以三天为限；而等上海报馆的"号外"传到北京，已是第四天，这就超出了"三天内北京城里不得走漏消息"之约期。段祺瑞纵然"龙颜大怒"，也只好徒叹奈何了。邵飘萍"头牌记者"的大名，更因此而显赫一时。此种新闻采访手段堪称绝活，可谓"守如处女，动如脱兔，有鬼神莫测之机"。

秘密党员的特殊使命

论及私生活，时人对邵不无非议：他风流倜傥，爱讲排场，确乎一言难尽。但邵氏之公德，则日月可鉴。

邵飘萍在北大时就与共产党人多有接触，日后在实际工作中，更与共产党组织建立了千丝万缕的联系。1923年"二七"惨案后，中共在北方的力量受到很大削弱，革命陷入低潮，中央特地把赵世炎从苏联调派回国，负责北方地区党的领导工作。中共为迎接大革命高潮的到来，还专门讨论了"大量吸收革命知识分子"等议题。1924年7月，北京团地委停止活动并进行整顿，重新登记团员，同年11月恢复工作，贺恕、罗章龙、范鸿劼等都曾担任过地委书记或委员。他们多为北大等校的学子，有的还是邵飘萍的学生。因此，邵与共产党组织走得越来越近。此外，邵飘萍与李大钊、高君宇、陈乔年、赵世炎等中共北方地区的大员之间的了解日渐加深。终于，他在1925年加入了共产党。但与一般党员不同的是，他是特别党员（或秘密党员），这就意味着：他是由党的高级领导直接介绍入党，与个别领导人保持单线联系，故一般不参加地方党的活动，亦不受地方党委管辖。

邵飘萍这位"特别党员"，负有"特别的工作任务"，一是宣传，二是情报。宣传工作历来重要，但在早期，党的宣传工作的开展有极大难度。多数宣传刊物均在南方，北方因处于北洋政府统治下，开展工作尤为艰难，尤其是在当局统治腹地的北京，更是难上加难。在此背景下，邵飘萍恰可发挥其"特殊"之处，他为组织做了不少工作。尽管他的身份在当时并不为外界所知，但由于他的政治倾向，还是被戴上了"卢布党记者""苏维埃之御用品"等"帽子"，这也是造成他日后牺牲的原因之一。

1924 年 9 月，第二次直奉战争爆发。不久，冯玉祥突然倒戈，发动北京政变，软禁贿选总统曹锟，通电呼吁和平，邀请孙中山等北上。邵飘萍对此予以极大关注，其《京报》也为之助阵。冯玉祥痛感督军内部缺乏政治人才，常在暗中物色能与他合作的人士。恰在此时，邵飘萍进入了他的视线，冯亲聘邵为高级顾问。

此间，冯玉祥又与奉军将领郭松龄暗中联络，共襄"倒奉"大计。随后，郭松龄发动滦州兵变，并发出反奉的通电，在这期间，《京报》推出过两整版"特刊"，上面全是关乎时局的要人之照片，异常醒目。特刊一出，洛阳纸贵，报纸传到前线，军心甚至为之动摇。后由于日军干涉等原因，郭松龄兵败，郭氏夫妇也在逃跑中被奉军逮捕并杀害。此后，邵飘萍大胆披露张作霖为换取日本支持，不惜接受关东军司令白川义则"确认日本在蒙满的地位"的援助条件等内情，这一系列言论，开罪了日、奉等方，直接导致了邵飘萍日后之死。

一代报人"以身殉报"

1926 年，"三一八"惨案爆发后，邵飘萍用鲜血践行了他的最高宗旨："铁肩担道义，辣手著文章。"

1926 年 3 月 12 日，冯玉祥的国民军与奉系军阀作战期间，日本军舰掩护奉军军舰驶进天津大沽口，炮击国民军。国民军坚决还击，将日舰驱逐出大沽口，日本遂联合英美等八国向段祺瑞政府发出最后通牒，提出撤除大沽口国防设施的要求。3 月 18 日上午，几千名群众举行国民示威大会，游行队伍行至铁狮子胡同执政府门前广场，在双方交涉之际，卫兵突然向毫无防备的群众开枪，由此酿成惨案。这一天，也成为"民国以来最黑暗的一天"。

惨案发生后，舆论哗然，鲁迅、孙伏园等名家在《京报》上发表大量文章，鲁迅和邵飘萍两支如椽大笔合作无间，相互呼应。23 日，北京总工会等团体举行"三一八死难烈士追悼大会"，大会公推国民党北京特别市党部代表、时在中法大学读书的陈毅为主席。陈毅首先致辞，痛斥北洋当局祸国殃民、屠杀爱国群众，但他讲完后，却出现了冷场——这不奇怪，在严酷的形势之下，人们都有所顾虑。这时，邵飘萍昂然登场，接着陈毅的话题，声讨当局的残忍，追述惨案发生的原因及当局的责任，并提醒到会者切莫大意云云。

1926 年 4 月 15 日，国民军被迫退出北京后，奉系军阀汹涌而入，着手镇压和控制舆论，其中有"扑灭四种报章""逼死两种副刊""妨害三种期刊"的"壮举"，其中属于《京报》系统的就有《京报》和《莽原》等。军阀还下达了四十八人的通缉令，邵飘萍名列第十六，鲁迅名列第二十一，李大钊、孙伏园、林语堂、张凤举等亦赫然在列。名单一出，相关人等各自逃避。邵飘萍为防万一，避入东交民巷的六国饭店，租用了一个房间以接待客人。夫人汤修慧则留在报馆，处理日常事务，使《京报》继续出版。但千不该万不该的是，4 月 24 日，邵飘萍突又回到了报馆。他心里念着报馆，于是致电《大陆报》社长张翰举，询问东交民巷外的情况。张信誓旦旦地说："形势已经缓和，一切都替你疏通好了，你放心回去吧。"

正是因着此保证，下午五时许，邵飘萍乘车急速赶回报馆。一小时后，他处理好事务即准备返回原处，行至魏染胡同南口时，突然有人拦在跟前，问："您是邵先生么？"答曰："是。"原来这是个侦探，对方立即将邵押至警察厅。报馆也立即被包围和搜查。据说在报馆中，搜出了冯玉祥聘邵担任军事顾问聘书一纸、军事电报密码一本、与冯玉祥的合影等，这都成为邵飘萍"犯罪"的物证。翌晨四时，汤修慧和家人闻讯，立即告知北京新闻界及各方面人士，恳求采取行动紧急营救邵飘萍。当日下午三时，北京新闻界召开会议商议营救邵飘萍的办法。五时，刘煌等十三名代表会见了张学良，恳请奉军驻军释放邵飘萍，或将其暂予监禁，以免其死。张答道："逮捕飘萍一事，老帅（张作霖）与子玉（吴佩孚）及各将领早已有此种决定，并定一经捕到，即时就地枪决。此时飘萍是否尚在人世，且不可知。余与飘萍私交亦不浅，时有函札往来，唯此次……碍难挽回。而事又经各方决定，余一人亦难以做主。"他说："飘萍虽死，已可扬名，诸君何必如此，强我所难。"张学良已表现出不耐烦之意，代表们只有含泪而归。

同时，邵的亲友们也通过各种渠道奔走于北洋要人之间，但直奉联军正在势头上，最终无人敢进谏，营救终告无果。4 月 26 日凌晨一时许，直奉联军总执法处草草提审了邵飘萍，两个多小时后，即判处其死刑。五时许，邵飘萍被绑赴天桥刑场。邵身穿长夹袍、青马褂，汽车抵刑场后，由警队扶其下车。邵氏背缚双臂，向对方狂笑数声。一声枪响后，一代爱国志士、新闻大家由此远去……

由于邵飘萍是以"卢布党"罪名被杀，亲友及报界同仁皆不敢认领尸首。只好由外五区警察以"标皮匣子"（木质极次且薄的棺木）掩埋于永定门外西侧城墙下。邵身材高大，而棺材太小，乃被勉强塞进棺木。警察通知邵氏家属前来领尸，其妻闻讯后恸哭，因悲伤过度，昏厥数次。稍后，家人冒险找到墓地为邵开棺入殓，马连良也以友人身份出面，出钱请人在城外搭建一凉棚，接受人们前来吊丧。这位出生于南方的大报人，永远长眠在了北国的幽燕之地。

《同舟共进》2017 年第 6 期

为伊消得人憔悴

张家康

　　王国维是浙江海宁人，生于 1877 年 12 月 3 日。十六岁那年他考中秀才，誉满海宁，被称为"海宁四才子"之一。后二年，应试不中，自此与科举决绝。

　　1898 年 2 月，父亲亲自送王国维来上海，有意让儿子在十里洋场的大上海历练。这里是"强学会"精英人物汇聚的地方。来上海之初，王国维即被《时务报》录用。当时上海有"家家言时务，人人谈西学"之说，《时务报》是当时维新派有影响的机关报。他在报社是一位文书校对员，薪水不高，可工作繁重，"几无暇晷，于学问丝毫无益，而所入不及一写字人"。"米价奇昂，小民万难度"，困窘的生活境遇可以料想。变法维新，举步维艰，列强欺凌，日甚一日。中国人"如圈牢羊豚，任其随时宰割而已"，"瓜分之局已成榜样，如何如何！……每一提笔，不知其何以忘也"，国难当头，生活日艰。他深切地意识到，"来日大难，非专门之学恐不能糊口"。

　　此时，罗振玉在上海创办东文学社，专门培养翻译人才。当时学社内只有六名学生，王国维是其中之一。报社工作繁忙，难以挤出时间学习，给他的外语自学带来许多困难。一个月后，他的考试成绩不及格。按照规定他应该退学，可罗振玉欣赏他的才华，破例没有让他退学。《时务报》停办了，王国维失去了经济来源。罗振玉有意委他为学监，可以每月领取薪金，以使他生活无忧。可他又因与同学发生矛盾而被免去了学监之职，但却仍然照领月薪。罗振玉是他一生交往中对他影响最大的人。他们同是浙江同乡，罗振玉比他长十一岁，又早一年来上海，与人合办"农学社"，印发《农学报》，后又办东文学社。他们有共同的学问爱好与研究，罗振玉对他有提携知遇之恩，王国维对此一直铭记在心。他们后来还成了儿女亲家。

　　东文学社中日本籍教师藤田丰八和冈佐代治都是著名的汉学家和历史学家，王国维正是从他们的著作里知道了康德和叔本华。他回忆说："余一日见田、冈

（即藤田丰八、冈佐代治，作者注）君之文集中有汗德（即康德，下同，作者注）、叔本华之哲学者，心甚喜之。顾文字暌隔，自以为终身无读二氏之书之日矣。""文字暌隔"刺激他发奋学习外语，终变"暌隔"为"熟悉"，以成就他日后如日中天的学术事业。

1900 年底，他在罗振玉的资助下，实现了自己的夙愿——东渡日本留学。他学习十分刻苦，白天学英文，晚上学数学。只是他体质赢弱多病，在日本待了不到半年又回到了上海。罗振玉让他协助编辑《教育世界》，这是中国最早的教育杂志。

据王国维自己介绍，他是从 1903 年春开始读康德的《纯粹理性批判》。在此之前，他已阅读过巴尔善的《哲学概念》和文特尔彭的《哲学史》。初读康德并非能完全读懂，于是，他放下康德，再读叔本华的《作为意志和表象的世界》，其中的"康德哲学批判"给了他一把钥匙，打开了"通往汗德哲学关键"。1905 年，他"更返而读汗德之书，则非复前日之窒碍矣。嗣是于汗德之《纯理批评》外，兼及其伦理学及美学。至今年从事第四次之研究，则窒碍更少，而觉其窒碍之处大抵其说之不可持处而已"。

1903 年 8 月，他发表《汗德像赞》，赞颂康德"丹凤在霄，百鸟皆喑""百岁千秋，功名不朽"。他之所以钟情于康德哲学，来自对真理、对人生、对美的孜孜不倦的追求，如他所说："余疲于哲学有日矣，哲学上之说，大都可爱者不可信，可信者不可爱。余知真理，而余又爱其谬误。伟大的形而上学，高严之伦理学，与纯粹之美学，此吾人所酷嗜也。然求其可信者，则宁在知识论上之实证论，伦理学上之快乐论，与美学上之经验论。知其可信而不能爱，爱其可爱而不能信，此近二三年中最大之烦闷。"

由此他开始哲学王国的探寻。他是最早把康德、叔本华和尼采等哲学大师介绍进中国的人，当时的中国知识界、文化界鲜有人知道他们的名字。

1904 年，王国维以叔本华的哲学理论为指导，写出了《红楼梦评论》。这是他的第一篇有系统的长篇论文。他的思辨深入曹雪芹建构的大观园中，追诘人生的意义，即"生活之本质"是什么。《红楼梦》中描绘的内容主要是生活之欲、男女之爱。他认为"其自哲学上解此问题者，则二千年间，仅有叔本华之《男女之爱之形而上学》耳"。叔本华把"男女之爱"归结为"传宗接代"的"种族意识"。王国维以此解《红楼梦》之精神，以为大观园中的饮食男女都为生活之欲而苦痛。他甚至如此解说贾宝玉的"通灵宝玉"："所谓玉者，不过生活之欲之代表而已矣。""玉""欲"同音，作者的寓意正在于此。他以独创性的视角审视《红楼梦》，以为这部著作的美学价值在于它的悲剧美，即"彻头彻尾之悲剧也"。他有心借助这部伟大的小说改变"吾国人之精神"。什么是"吾国人之精神"？他说："吾国人之精神，世界的也，乐天的也，故代表其精神之戏曲小说，无往而不着此乐天之色彩：始于悲者终于欢，始于离者终于合，始于困者终于亨；非是而欲餍阅者之心，难矣！"

他从哲学、美学和伦理学的理论角度，以严谨的态度审视《红楼梦》，并将它与世界的同类文学著作比较，称《红楼梦》代表"吾国人之精神"，其在世界文学史上的地位可谓"宇宙之著述"，也就是我们今天说的世界名著。在中国传统文人首重经史、推重诗歌、不屑小说的年代，是王国维最早推重小说在文学史上的地位，最早提出《红楼梦》是世界名著，从而开启了新红学的篇章，是中国现代文学批评的开端。

他执着于哲学，可在追诘人生的意义时，发现哲学总是在"可爱""可信"间抵牾，对峙中的情感纠结，逼迫他"近日之嗜好，所以渐由哲学而移于文学，而欲于其中求直接之慰藉者也"。其间，他家庭迭遭变故。1906年，父亲病卒。翌年，夫人莫氏病故，继母也亡。多难悲戚的日子，他的以"描写自然及人生之事实为主"的《人间词》面世。"薄晚西风吹雨到，明朝又是伤流潦""天未同云黯四垂，失行孤雁逆风飞""最是人间留不住，朱颜辞镜花辞树"。《人间词》那百余首词，满满传递的都是人间的困惑，满满呈现的都是肝肠寸断的悲切。他由哲学逃向文学，后又转入词论和戏曲研究。1910年，他写下了《人间词话》，构建了独有的划时代意义的诗歌理论体系。

1912年春，王国维在日本发表《简牍检署考》，标志着他已进入传统的国学研究的领域。文章详尽地说明中国在发明纸之前的文字书写方式，并考证了中国古代的简册制度。指出："书契之用，自刻画始；金石也，甲骨也，竹木也。三者不知孰为后先，而以竹木之用为最广。竹木之用亦未识始于何时，以见于载籍者言之，则用竹者曰册。"

他曾说："余之性质，欲为哲学家则感情苦多，而知力苦寡；欲为诗人则又苦感情寡而理性多。诗歌乎？哲学乎？他日以何者终吾身，所不敢知，抑在二者之间乎？"他恐怕怎么也想不到，自己一生夙兴夜寐，苦心孤诣，以致达到"衣带渐宽终不悔，为伊消得人憔悴"的境界，所回报他的却是超乎哲学与文学的国学，这便是《流沙坠简》。

鲁迅曾给王国维以极高的评价，他说："中国有一部《流沙坠简》，印了将近十年了，那才可以算一种研究国学的书。开首有一篇长序，是王国维先生做的，要谈国学，他才可以算一个研究国学的人物。"比对时下国学大师桂冠满天飞，鲁迅进行辛辣的讽刺，他说："当假的国学家正在打牌喝酒，真的国学家正在稳坐高斋读古书的时候，莎士比亚的同乡斯坦因博士却已经在甘肃、新疆这些地方的沙碛里，将汉晋简牍掘去了，不但掘去了，而且作出书来了。所以真要研究国学，便不能不翻回来，因为真要研究。"

王国维非但在简牍研究上成绩斐然，在甲骨文、敦煌写本等的研究上，都有筚路蓝缕以启山林之功，达到了一般博学勤力的学者很难达到的境界。甲骨文作为一种新的学问，王国维、罗振玉是其奠基人，因此甲骨文学也被称为"王罗之学"。据统计，甲骨文中单字有四千多。容易认识的字确定之后，剩下的字就越发难认了。1915年，罗振玉作《殷墟书契考释》考释出四百八十五字，待考文字一千零三个。这部《殷墟书契考释》的真正作者是谁，学界一直没有形成定论。最具代表性的意见是，王国维为报答罗振玉的知遇之恩，"竟不惜把自己的精心研究都奉献给罗，而后罗坐享虚名"。值得注意的是，1923年冬，王国维的《观堂集林》出版时，罗振玉为之作序，罗在文章中说："余考殷墟文字亦颇采君说。"所谓"君说"，当是王国维的学识认知，仅此足可证明王国维在此书中的角色和作用。

他的独创性的贡献，是利用甲骨文探讨商周历史和典章制度，甲骨文研究一直贯穿他的后期学术研究。1916年春，他从日本回到上海，就埋首于甲骨文和史籍中，《殷卜辞中所见先公先王考》《续考》和《殷周制度论》的发表，使中国甲骨学发展成为一门成熟的学科，也使他成为这门学科的领军人物。郭沫若在《古代研究的自我批判》中充分肯定王国维的学术地位，他说："我们要说殷墟的发现是新史学的开端，王国维的业绩是新史学的开山，那是丝毫也不过分的。"王国维还是我国第一批研究敦煌文献的学者。

1923年5月，他由上海藏书繁多的密韵楼，来到北京红墙碧瓦的故宫，接受已成"国中之国"的逊清朝廷的"官职"，为末代皇帝溥仪的老师，"加恩赏给五品衔""着在紫禁城骑马"。如此知遇之恩，令他万分感动。

大变革的时代，如他这样学业辉煌而又恪守儒家信念之学者，免不了要在两难中踟蹰失措，更要命的是"不食周粟"，说说容易，做起来难乎哉。1924年11月，溥仪被逐出故宫，王国维的俸禄失去了着落，辞去了北大通讯导师之职，意味着少了一笔"导师"的薪金。他是国学大师，可大师也是人，也食人间烟火，也要尽人伦之责，可谓"长安米贵，居大不易"了。

也就是这一年秋，清华大学决定筹备设立国学研究院，清华校长征询胡适的意见，胡适表示："非第一等学者，不配做研究院的导师。我实在不敢当。你最好去请梁任公、王静安、章太炎三位大师，方能把研究院办好。"1925年1月，清华大学向王国维发出聘约，他在犹豫之中，给老友蒋如藻去函商议，蒋如藻复信通达亲切地劝说：清华月有四百大洋，"有屋可居，有书可读，又无须上课，为吾兄计似宜不可失此机会"。又说："从此胜离鬼蜮，垂入清平，为天地间多留有数篇文字，即吾人应尽之义务。至于挽回气数，固非人力所强留。"清华大学正式聘请王国维、梁启超、赵元任、陈寅恪为国学院导师，李济为讲师。国学院为有别于其他教授，又称王、梁、赵、陈为四大导师。这是他一生中难得的短暂的平静书斋生活，他在这里开始了西北地理及元代史的研究，撰写了《古史新证》等，教授《尚书》《说文》《仪礼》等。他的学生戴家祥曾师从他研究甲骨文、金文，他回忆说："清华国学研究院的教学大纲是王国维先生起草的，采取了中国书院和英国牛津大学两者相结合的办法教学。教授有赵元任、王国维、梁启超、陈寅恪，李济是青年讲师。他们的教学也各有特点，和王国维在一起，他不讲，只听学生讲，讲到他满意的地方，他就点点头说'还可以'。"

他性格内向，待人质朴真实，对学生热情开放。一次，他在给学生讲授《尚书》时，开场白竟这样的直率坦诚，他说："诸位！我对《尚书》只懂了一半。这是我对诸位应该说的第一句话。"无论上课还是答疑，他没有十足的把握时，总是会明确地说："不甚清楚。"徐中舒在《追忆王静安先生》中说："余以研究考古学故，与先生接谈问难之时尤多。先生谈话雅尚质朴，毫无华饰。非有所问，不轻发言，有时或至默坐相对，爇卷烟以自遣，片刻可尽数支；有时或欲有所发挥，亦仅略举大意，数言而止；遇有疑难问题不能解决者，先生即称不知。故先生谈话，除与学术有关者外，可记者绝少也。"

一个以儒家道义安身立命的读书人，把守节看作是对自己操守的坚持。他在给罗振玉的诗中，念念不忘的仍是"宫门之变"，感激的是君王的"知遇"，痛心的是臣子的"惭愧"。可他终不是"西山采薇蕨"的遗民，因为他到底做过北大研究所通讯导师，做着清华国学研究院的导师，已经领取了"民国"的俸给五六年了。北伐军已逼近华北，革命呼啸而来。《世界日报》上有消息说，"党军"通缉追捕之人中，王国维赫然被列入其中。大动荡裹挟而来的大困惑、大忧惧，使他在这期间自有死的意念在脑海中翻转。

1927年6月2日，农历五月初三。这一天，王国维平静如故。女儿王东明回忆："早上一切如常，父亲早起盥洗完毕，即至饭厅早餐。"然后便去研究院，一如往常地安排教学的事情，安排妥帖后便雇人力车拉他去颐和园。漫步长廊，走进鱼藻轩，就是在这里跃身入水。清洁工闻声前来救助时，发现不深的水中，他是把头埋入淤泥之中窒息而死。他的衣袋中留有一封遗书，信中有云："五十之年，只欠一死。经此世变，义无再辱。"

孤心守明月

钱俊君

湘西草堂位于衡阳县曲兰镇湘江之西的湘西村菜塘湾，是明末清初伟大的唯物主义思想家、湖湘文化的主要代表人物王船山的故居。三百多年前，船山先生栖隐于此，发愤著书。三百多年来，他的思想宛如一轮明月，导引了中国近现代史的进程，照耀着曾一度沉睡麻木的民族。

一

王船山（1619—1692），名夫之，字而农，号姜斋，明万历四十七年（1619年）出生于衡阳回雁峰王衙坪。船山家教极严，从小接受理学教养，七岁开始读"十三经"，十四岁中秀才，十五六岁读《离骚》、汉魏《乐府》等历代诗作十万余首。

1638年，弱冠之年的王船山来到岳麓书院。伫立院前，他仿佛听见了四百多年前"朱张会讲"之声："烟云渺变化，宇宙穷高深。怀古壮士志，忧时君子心。"

这是朱熹、张栻在岳麓书院讲学时的联句。船山追随先贤的步伐，陷入了对学术探究和国事的忧患之中。他遍读经史与诸子，神交古人，结交良朋，热心时事；与同学郭凤跹、管嗣裘等组织"匡社"，志在匡救时弊、以平天下为己任。

1642年，船山参加乡试中第五名举人。春风得意的他决意次年上京会试，冲进士，入翰林，但造物主与他开了一个天大的玩笑。1643年，李自成、张献忠的"义军"从陕西揭竿而起，迅速席卷了大半个中国。北上会试之路已断。慌乱的马蹄，动荡的江山，让他离"进士梦"越来越远了。

崇祯十七年（1644年）三月十七日，李自成攻入北京，崇祯皇帝自缢，明朝灭亡。随后，清军入关，清世祖福临在北京即位，建元顺治。

面对山河破碎、民族危亡的时局，时任岳麓书院山长、船山的老师吴道行选择了舍生取义、杀身成仁，不食而卒。先生之死如利刃刺向了船山的心，他悲恸至极，愤然写下《落花诗》：

歌亦无声哭亦狂，魂兮毋北夏飞霜。蛛丝胃迹迷千目，燕啄香消冷一房。

无声之哽咽，号啕之狂哭，他是在惋惜一个梦境的破灭，他是在祭奠一个王朝的灭亡，他是在哀悼一种文化的沦丧。

二

千年书院已没有了琅琅书声，他深深知道书生报国已无门了。但他似乎又看到了一丝曙光，1646 年 11 月，桂王称帝于广东肇庆，次年改为永历元年。

1647 年 4 月，桂王由肇庆奔赴武冈。船山与好友夏汝弼由湘乡赶往武冈投奔桂王，途中遇大雨，他们被困于湘乡车架山中。大雨滂沱、进退两难之际，船山问夏汝弼是否后悔了。夏汝弼慷慨应道：从不后悔，其实报国不难，不一定要亲身侍奉君王或奔赴疆场杀敌才算报国。世上并没有一条现成的报国路，只要时刻存着为君为国为民之心，亦是报国。夏汝弼这番话点亮了船山的心灯，让船山在南明灭亡后，没有选择"以身殉道"为其去死，而是选择了"以道存身"为民族而活。

苦难是人生的导师，也成就了船山精湛的思想。这一年，清兵攻占了船山的家乡，在战乱中，他的亲人接连去世：春末，长子王勿药夭折；六月，小叔王家聘去世；八月，二哥王参之去世；十一月，父亲带着山河破碎之恨在南岳峰顶含泪而去。

身负亡亲之痛、亡国之恨，船山悲情难忍，毅然把读书人采菊东篱下的悠然化为英雄振臂一呼的黄钟大吕，他开始谋划反清复明的大业。一介书生终于发出了万丈豪情，他奋笔写下：

留千古半分忠义，存大明一寸江山。

1648 年，而立之年的王船山与好友管嗣裘、夏汝弼等人于衡山方广寺起兵抗清。几个书生，领着一群未经训练的学生、农民和僧人组成的队伍与强悍的清军对抗。他明知是拿着鸡蛋去碰石头，但也要去碰。他要向清廷宣示一种声音，他要向天下表明一种姿态，他要在这力量悬殊的战场屹立成一个历史巨人！

起义失败，船山突围后向此时驻于广西的永历政权奔去。1650年，他追随永历帝至广西梧州。在梧州整整一年，他看清了太多事，永历小朝廷内斗纠缠不止，"君不知为中国之君，臣不知为中国之臣"，他们偏安一隅，已没有了北伐抗清的勇气。这年11月，清兵攻占桂林，桂林留守瞿式耜殉国。无数个夜晚，船山举目凝视九天之外那轮暗淡、昏黄的明月，念叨着好友瞿式耜的绝命诗：

> 从容待死与城亡，千古忠臣自主张。三百年来恩泽久，头丝犹带满天香。

一种无奈的凄凉如浓雾般笼罩、弥漫至他的整个世界，他仿佛看到了南明的宿命，也看到了自己的宿命。

1651年，他辗转回到家乡，于衡山双髻峰筑茅屋，取名为"续梦庵"，意味着还有未竟之梦要去完成，他对恢复大明江山还存有一丝冀希。1652年，南明将领李定国收复了衡阳，11月，清兵再度占领衡阳，船山化装成瑶人以躲避清兵的追捕，避难于零陵北洞、云台山、姜耶山等处。

1659年，清廷已牢牢控制了江南，永历皇帝也逃往缅甸。1662年4月8日，永历皇帝被缅甸酋长交送清军，被吴三桂绞杀于昆明，苟延残喘的南明政权到此油尽灯枯。

南明灭亡后，船山回到家乡，徙居在衡阳县金兰乡高节里的茱萸塘。他在那里筑建了一间茅屋，取名为"败叶庐"，意指恢复大明江山彻底无望，南明命运如同秋天的败叶，随风而去了。凄凉的处境，孤冷的内心，忧伤的情绪，一如江河日泻，他写下了《西江月·重过续梦庵》：

> 残梦当年欲续，草庵一枕偷闲。无端幻出苦邯郸，禁杀骑驴腐汉。
> 几度刀兵脊血，十年孤寡辛酸。潭龙鼽睡太痴顽，欲续衰年已懒。

当年的船山心还在，梦未灭，为了接续旧梦而修筑了"续梦庵"。他希望"九州浮一影，残梦续新诗"，但最后的结果是"旧梦不成人愈老"。

与"续梦庵"相比，"败叶庐"里已无梦可续了。一夜之间，船山的世界好像被朽干枯枝、残花败草层层覆盖。从此，他深居简出，头戴斗笠不顶清朝天，脚着木屐不踏清朝地。

三

王船山沉潜于历史，做理论上的沉思，寻找华夏兴衰的历史规律，湘西草堂终于成就了一位伟大的哲学家与思想家。

船山深入研究《易经》，写下了《周易外传》，明白了"易者，变也"，传统在新的历史条件下也须做出一定的调整。将届不惑之年，他决定对自己的人生道路做出调整，他将"剑锋"敛藏，以"笔锋"展开了对历史的思索与叩问。

康熙十三年（1674年），船山在距"败叶庐"一公里处新修了三间草屋，因草屋在湘江之西，故取名为"湘西草堂"。湘西草堂新建不久，他已决意终老林泉。现实的拯救无望，他只得付诸理论与文化的研究。他于此凝心静思，写下了气势恢宏的自勉联："六经责我开生面，七尺从天乞活埋。"他甘愿舍弃七尺身躯，将自己融入中国的历史文化传统之中。

独秉孤灯，隔绝外世，船山开始对"十三经""二十一史"及朱熹和张栻等的著作进行探索研究，即使风雨晦暝、重病难支，他仍一如既往。"灯光半掩堆书卷，砚滴欲哭注药瓶""久病春难待，孤心老益骄"，这都是他病中著书生活的写照。

船山在草堂里夜以继日，将生死荣辱埋于青灯黄卷之中，就算拿不动砚台，握不住毛笔，仍要"孤心拼不尽，试一问苍天"。

他几乎每年都完成一部专著。《礼记章句》《宋论》《庄子通》《庄子解》《经义》《俟解》《张子正蒙注》《楚辞通释》《周易外传》《读通鉴论》等著作都在这里写成。他一生著述一百多种，四百多卷，八百余万字，笔锋所及之处，触及文学、史学、哲学、经学、理学等诸多领域，对宋明理学乃至古代经学和史学既进行了系统性的批判总结，又有大胆的创新，对传统学术的承上启下做出了巨大贡献。

船山从1651年三十三岁返乡至1692年七十四岁辞世，整整四十余年时光都寄身于山间草舍，荒郊寺庙。与其他寄身偏僻山野的文人不同，他并非一个隐士，而是一个志士。他没有陶渊明那样"采菊东篱下，悠然见南山"的悠然自得，也没有范成大那样"日长篱落无人过，唯有蜻蜓蛱蝶飞"的闲适从容。他忘却得失、忘却利害、忘却荣辱、忘却生死，把岁月都埋进了书卷。

四

船山亲历了外族入侵、山河破碎的惨烈，对国破家亡有切肤之痛，因此有着强烈的民族主义思想。

杨昌济先生说："船山先生一生之大节，在于主张民族主义，以汉民族之受制于外来民族为深耻极痛。"在船山心里，民族利益是高于一切的。这种激烈的民族主义思想，在他所著的《黄书》里表现得淋漓尽致："皇权可禅，可继，可革，而不可使异类间之。"他认为，一个政权可以被推翻，但就是不能被外来的民族统治，因为那是一种文明的倒退。他在《读通鉴论》与《宋论》中评论了秦至两宋成败兴亡的历史。他以"义"为度量衡，品评古人，在他看来，"义"有三种境界：有一人之正义，有一时之大义，有古今之通义。在此尺度之下，他对王导、桓温、刘裕、岳飞、陈庆之等人做出了与古人大相径庭的评价。他批评桓温不趁着占据洛阳自立为王，而白白错失了恢复中原的机会。如果桓温能在洛阳自立为王，就算南下灭了晋也是可以的。他对历史的品评分明蕴含着对明清之际那段历史的沉思，字里行间似乎透露出这样的信息：李自成在占据北京后，如果能推翻清朝，就算南下灭了南明，他也是赞成的。

船山是传统士大夫，有着浓郁的忠君思想，但他更是一个爱国者，有着深厚的爱国情怀，他以"古今之通义"打量历史，认为国家民族的利益高于一切。

五

康熙三十年（1691年）秋，船山的哮喘病甚为严重，他眺望不远处的山丘，那里有块巨石，形状像一只倒扣的船，当地人叫它石船山。望着石船山，他想起了自己崎岖坎坷的一生。回到书房，他提笔写道："山之岑有石如船，顽石也。""老且死，而船山者，仍还其顽石。""船山者即吾山也。"

是年冬天，天气异常清冷，肆虐了数日的暴风雪把衡山上的松树压垮了一片，船山望着窗外的大雪，预感到自己来日无多，于是颤抖着写下了《绝笔诗》：

> 荒郊三径绝，亡国一臣孤。
> 霜雪留双鬓，飘零忆五湖。
> 差足酬清夜，人间一字无。

明朝灭亡已近半个世纪了，他还在念叨自己"孤臣"的身份，在这世界上，他像一个弃儿，孤独于天地之中。他临终前为自己撰写了墓志铭作为一生的总结："抱刘越石之孤愤而命无从致，希张横渠之正学而力不能企。幸全归于兹丘，固衔恤以永世。"他前半生为明朝江山操劳奔波似东晋的刘越石，后半生为中华文化倾尽心力似北宋的张横渠。

1692年正月初二，这个为明朝江山牵挂一生的老人，放下他凄怆孤傲而又瑰丽壮伟的生命走了，但为这个世界留下了闪电和火焰般的思想。

现在，人们常将王船山与周敦颐并称为湖湘学派的两座丰碑，事实上，他在当时是籍籍无名的，时人对他的认识，不过是一个亡国的遗民，一个有气节的士大夫，一个整天待在幽暗屋子里读书写作的倔强苦命的怪老头。

船山身处山河破碎之际，以一介文弱书生举兵抗清，失败后拿起如椽大笔，在精神的疆域继续征战。他的一生彰显了一个士人所应有的价值。这种"以道自任"的责任意识与历史使命感，让他无论处在何种艰险困境之中，始终显现出自得其乐的圣贤气象。船山说"有豪杰而不圣贤者，未有圣贤而不豪杰者"。他的一生是豪杰与圣贤最完美的结合。他忠贞不屈的气节是豪杰，他"以道自任"的担当是圣贤；他拔剑而起举兵抗清是豪杰，他夜以继日青灯黄卷是圣贤。

船山生前寂寥，身后也长时间湮没无闻，在其去世一百五十多年后的清朝嘉庆、道光年间，恰"逢三千年未有之变局"的内忧外患之时，他的"民族主义"与"通经以致用"的思想为当时士大夫所推崇。先是邓显鹤刻《船山遗书》，再是曾国藩、曾国荃兄弟在平定太平军后刻了金陵版的《船山遗书》。在清末反清思潮风起云涌之际，船山反清、反封建的民主思想迎合了当时的社会潮流，他的著作，如《黄书》《噩梦》《读通鉴论》《宋论》成为后来维新志士与革命党人的思想武器。于是，一个经世致用的湖湘士人群体随之拔地而起。

船山思想源深流长，具有超越时空的神韵和魅力，陶澍、魏源、贺长龄、曾国藩、左宗棠、彭玉麟、胡林翼、郭嵩焘、黄兴、蔡锷、宋教仁、谭人凤……以至于毛泽东、胡耀邦等湖南人杰无不受到船山的影响。

六

在湘西草堂里，望着船山先生的画像，我想起他晚年自题在肖像上的《鹧鸪天》词：

把镜相看认不来，问人云此是姜斋。龟于朽后随人卜，梦未圆时莫浪猜。

谁笔仗，此形骸，闲愁输汝两眉开。铅华未落君还在，我自从天乞活埋。

船山生前的孤苦与悲凉溢于言表。但他又是幸运的，相比于清廷征服的地理疆域而言，他征服的思想疆域更为浩大而久远。

走出湘西草堂，不禁想起船山《更漏子·本意》中的词句来：

斜月横，疏星炯，不道秋宵真永。声缓缓，滴泠泠，双眸未易扃。

霜叶坠，幽虫絮，薄酒何曾得醉。天下事，少年心，分明点点深。

多少个无眠之夜，他就这样孤守着那轮明月，不愿"醒"来！但又不得不从明王朝的悲剧中警醒过来，站在历史的高处，穷究天人，学通古今，为中华文化留下了永不熄灭的火种，为民族复兴留下了永不冷却的激情！

《书屋》2017 年第 7 期

从梁启超纳妾看民国的"姨太太"现象

肖伊绯

梁启超谈纳妾蓄妾

1925 年 10 月 26 日，清华留美预备部学生王政给梁启超写了一封信，对纳妾蓄妾的社会现象发表了自己的意见，对梁在授课时默认国人蓄妾的态度表示质疑与不解。信文写道：

> 先生曰："从人权上观察，蓄妾制之不合理，自无待言。但以家族主义最发达之国，特重继嗣，此制在历史上已有极深之根柢。故当清季修订新民律时，颇有提议禁革者，卒以积重难返。且如欧律以无妾之故，而仆仆于私生子之认知，亦未见其良，故妾之地位，至今犹为法律所承认也。"鄙意先生既承认蓄妾制在人权上为不合理，则当设法以革除之……
> 欲论蓄妾制有无存在之理由，必先知一般人纳妾之原因。《中国妇女问题讨论集》所载单毓元先生《中国禁止纳妾之方法》中列为二十条，鄙意以为最普通者不外下列三种：
> （一）对于正妻不满意，而又无法出之者。
> （二）结婚多年膝下犹虚者。
> （三）有钱有势，遂欲充分发展其兽性者。
> 第一种乃旧式婚姻之恶果，实行自由结婚、自由离婚以后自可免除。"不孝有三，无后为大"一语，久成为蓄妾者之护身符，故上列第二条，在讲求宗法之中国社会里，已公认为牢不可破之理由。其实严格说来，亦不能成为理由。夫四十而不生子，不能专责女性方面。世有后庭娇

艳二三十人，而求子如登天者，论者能谓此二三十女子均无生子能力，或由于两方面俱无生子能力？是故最公平之办法，已结婚者应于相当时期用医药方法查验。若果系女性方面无生子能力，而男子方面又不肯为爱情而牺牲子嗣，万不得已，或可再娶一妻（无论如何不得有第三妻，蓄妾更无论矣），但此妻之地位须与第一妻完全相等，且须得第一妻之同意。如此则与旧道德吻合，同时又不至与新道德抵触矣。至于第三种蓄妾者乃道德破产之人，唯法律足以禁止之。

　　总之，由各方面观察，蓄妾制均无存在之理由。吾国法律许置妾，是吾国法律的缺点，吾辈负有改造社会之责任，当思所以补救之方。即事实一时不能做到，言论间亦不妨尽量发表。

　　梁启超阅罢此信，交给《清华周刊》公开发表，并在信后附上跋语，略作申论。1925 年 11 月 6 日，《清华周刊》第 24 卷第 9 号印行，这封信以《为蓄妾问题质疑梁任公先生》为题发表。信末梁启超的跋语相当简短：

　　　　所论自是正义。吾所著者，乃历史讲义，非作论文，故征引当时不主张废妾者所持之理由云尔。其理由充足与否，则未暇论及。以现状论，凡已有妾者须承认其地位，毫无可疑；否则，将现在国内之妾悉判离异，牵涉到妾子问题，其扰乱社会实甚。若立法禁止，亦只能定自某年之后不准置妾耳，亦须俟实行婚姻登记后，此种法律，乃能有效。至弟所主无子再娶一妻之说，与旧伦理观念相去甚远，殊不可行。余功课太忙，无暇作文论此事，草草答复如右。

　　梁启超的跋语，算是给了学生王政一个答复。除了认可学生"所论自是正义"之外，他仍坚持自己合乎"国情"的主张，即必须承认"现状"，承认现有的妾的"地位"。即使将来立法禁止纳妾蓄妾，从可操作性上言，"亦只能定自某年之后不准置妾耳"。言下之意，从中国社会多年传统来看，纳妾蓄妾有一定合理性，且目前也属合法行为。当前已纳妾蓄妾者只能维持现状，既往不咎，留待将来立法解决。

　　至于王政在信中曾提到的，"若果系女性方面无生子能力，而男子方面又不肯为爱情而牺牲子嗣，万不得已，或可再娶一妻……"这"一夫二妻"制观点，梁坚决反对，称其"与旧伦理观念相去甚远，殊不可行"。王政的"一夫二妻"观，看似迎合了梁的"特重继嗣"论，为什么还是遭到了反对呢？

"一妻一妾"的现实生活

其实，梁启超之所以反对"一夫二妻"，而默认纳妾蓄妾之现状，主要还是从妻妾地位差异悬殊的传统观念来加以判定的。这种对现实的默认和妥协，自然是"过来人"的经验之谈——梁启超1903年即纳妾，当他看到学生反对纳妾蓄妾的信函时，已经过了二十多年的"一妻一妾"制生活。

1889年，16岁的梁启超参加广东乡试，榜列第八名举人，受到主考官李端棻的器重。李端棻主动牵线搭桥，将堂妹李蕙仙许配给了梁启超。梁、李二人夫唱妇随，恩爱有加。事实上，梁本人就是中国最早提倡"一夫一妻"制的学者，他还创立了"一夫一妻世界会"；梁、李二人的夫妻生活也十分美满，堪称一时典范。

"百日维新"失败后，梁启超只身逃亡日本，不久李蕙仙也赴日本，夫妻二人团聚。李蕙仙不仅照料梁启超的生活，还对梁启超的事业有不少帮助。梁启超说不好官话，为此曾吃过不少亏。变法初期，梁启超已名动京城，光绪帝久闻其名，但在召见他时，因梁启超不谙官话，彼此难以交流，光绪帝大为扫兴，只赏他六品顶戴。李蕙仙自幼长在京城，官话说得很流利，在她的教导下，不久梁启超的官话便说得极流畅，在社交场合得心应手。1901年，李蕙仙为梁启超诞下长子梁思成，但因梁思成从小身体羸弱，为了传递香火，1903年，李蕙仙让梁启超将其侍女王桂荃（原名王来喜，四川广元人）纳为侧室。从此，梁启超"一夫一妻"之理想主张，变为了"一妻一妾"的现实生活。

对于这桩纳妾事件，梁启超一生从不张扬，尽量避讳。他在家信中提到王桂荃时，多称"王姑娘""三姨"或"来喜"。只是在1924年，李蕙仙病重，王桂荃又怀上小儿子思礼，适值临产时，梁启超在写给好友蹇念益的信中，首用"小妾"之称。从延续子嗣的角度而言，王桂荃为梁启超生了六个子女，即儿子梁思永、梁思忠、梁思达、梁思礼，女儿梁思懿、梁思宁，可谓"有功"；从料理家务、分担家事的角度言，王桂荃二十余年尽职尽责，可谓"有劳"，这些"功劳"，梁家上下有目共睹。梁启超本人对她颇为看重，孩子们对王桂荃的感情也很深，他们管李蕙仙叫"妈"，管王桂荃叫"娘"。

梁启超曾对长女梁思顺说："她也是我们家庭极重要的人物。她很能伺候我，分你们许多责任，你不妨常常写些信给她，令她欢喜。""文化大革命"后，梁家的子女们在梁启超与李蕙仙合葬的墓旁种下一棵"母亲树"，以此纪念王桂荃。但自始至终，王氏"妾"的名分不可更改，梁从不称她为妻；梁的原配夫人只有一个，即妻子李蕙仙。由此不难理解，他为什么坚决反对"一夫二妻"的说法，却能够默认纳妾蓄妾的现状了。

"发乎情，止乎礼义"

事实上，梁启超早在纳王桂荃为妾之前，就已有过纳妾的想法了。只不过当时他想纳的那位妾，比王桂荃更新潮，更富青春活力与魅力。

1900 年，梁启超在美国檀香山处理保皇会事务时，曾与一位名叫何蕙珍的女子产生恋情，但最终好事未成。何是当地侨商子女，当时二十岁出头，从小接受西方教育，十六岁便任学校教师，英文极好，因侨商宴会中有外国人参与，暂时就由她担任梁启超的翻译。当时，清廷大肆攻击以康有为、梁启超为首的新党，在国外刊发大量英文文章，梁苦于英文水平欠佳，无法撰文回应攻击，一直颇感苦恼。孰料，不久梁就在某英文报纸上看到了为自己辩护的连载文章，文字清丽，论说精辟。后来得知，这些连载的辩护文章，皆出自何蕙珍之手。

1900 年 5 月 24 日，何蕙珍的英文老师宴请梁启超，何氏出席作陪。临别时，何蕙珍说："先生他日维新成功后，不要忘了小妹，但有创办女学堂之事，请来电召我，我必来。我之心唯有先生！"据说，当年她还曾握着梁启超的手说："我万分敬爱梁先生，今生或不能相遇，愿期诸来生，但得先生赐以小像，即遂心愿。"面对这大胆的表白，梁一时手足无措，"唯唯而已，不知所对"。不久，一位好友拜访梁启超，婉劝他娶一既懂英文又懂汉语的女子做夫人，梁启超对朋友所说的那位女子心知肚明，立即谢绝。

梁启超在理智上尽可能克制自己，但内心深处仍被何蕙珍的炽烈追求所感染。这期间，他陆续写了二十四首情诗，记述对何蕙珍的赞美、思念和无奈之情，其情其意，在字里行间表露无遗。其中有一首诗，甚至称何为"第一知己"。诗云：

> 颇愧年来负盛名，天涯到处有逢迎。
> 识荆说项寻常事，第一知己总让卿。

当年五月，梁启超给妻子李蕙仙写了一封家信，详细汇报了他与何蕙珍从相识、交往直至分手的过程。他告诉妻子，何蕙珍是当地一个华侨商人的女儿，这个只有二十岁的女孩，英文水平很高，整个檀香山的男子没有能赶上她的，而且她有很好的学问和见识，喜欢谈论国家大事，很有大丈夫的气概。她十六岁就被当地学校聘为教师，至今已有四年，可见是个才女，而且不是旧时才子佳人式的才女，而是有新思想、新精神的才女。

在何氏英文老师宴请梁启超当晚，他在给李蕙仙的信中写道：

> 余归寓后，愈益思念蕙珍，由敬重之心，生出爱恋之念来，几于不能自持。明知待人家闺秀，不应起如是念头，然不能制也。酒阑人散，终夕不能成寐，心头小鹿，忽上忽下，自顾平生二十八年，未有如此可笑之事者。今已五更矣，提起笔详记其事，以告我所爱之蕙仙，不知蕙仙闻此将笑我乎，抑恼我乎？

梁启超还言："吾因蕙仙得谙习官话，遂以驰骋于全国；若更因蕙珍得谙习英语，将来驰骋于地球，岂非绝好之事？"可见梁启超对拥有此女子的向往，然而他又说："而无如揆之天理，酌之人情，按之地位，皆万万有所不可也。""吾因无违背公理，侵犯女权之理。若如蕙珍者岂可屈以妾媵。但度其来意，无论如何席位皆愿就也。唯任公何人，肯辱没此不可多得之人才耶？"

李蕙仙读了梁启超的信，左右思量，给梁启超写了一封回信，大意是说：你不是女子，大可不必从一而终，如果真的喜欢何蕙珍，我准备禀告父亲大人为你做主，成全你们；如真的像你来信中所说，就把这事放在一边，不要挂在心上，保重身体要紧。

妻子要把问题交给梁父梁宝瑛去处理，此举让梁启超慌张起来，他急忙复信，求妻子手下留情："此事安可以禀堂上？卿必累我挨骂矣；即不挨骂，亦累老人生气。若未寄禀，请以后勿再提及可也……任公血性男子，岂真太上忘情者哉。其于蕙珍，亦发乎情，止乎礼义而已。"并再三向夫人表白，对何蕙珍已"一言决绝，以妹视之"。

梁启超欲纳何蕙珍为妾的想法，至此不得不中止。之所以未能纳此女为妾，以他本人给出的理由，皆因"吾之此身，为众人所仰望，一举一动，报章登之，街巷传之，今日所为何来？君父在忧危，家国在患难，今为公事游历，而无端牵涉儿女之事，天下之人岂能谅我？我虽不自顾，岂能不顾新党全邦之声名耶？"国事、家事、天下事，对他来说都太过沉重，一己私欲、儿女情长，只能暂时搁下。但他同时亦坦承"发乎情"，不否认内心确实是向往并愿意的，对妻子能有这样的坦荡和担当，也算是在旧式中国男子中少有的了。对此，妻子看在眼里，也放在了心上。三年后，李蕙仙主动让梁启超纳其侍女王桂荃为妾，算是了却了一桩心愿。但让人难以释怀的是，后来梁启超坦然纳妾，却又似乎不那么顾及自己那"为众人所仰望"的声名以及"新党"的声名了——或许，那些虚浮的声名终抵不过情欲的炽烈吧。即使是理性至极的一代名流梁启超，也最终无法拒绝纳妾，终究难以用顾全"声名"来自圆其说。

北洋时代，纳妾更为自由

梁启超"低调"纳妾于 1903 年，但无论怎么"低调"，终会为外界所知晓，也终会因其社会名流、知名学者的身份，引来外界的多番猜测与非议。但梁家"一妻一妾"的生活状况在 19 世纪 20 年代的中国社会实在是再平常不过了。

那时虽然已经推翻帝制、创立民国十余年，鼓吹"三民主义"、提倡男女平等也已多年，但从法制与道德层面的"破旧立新"还远未令人乐观。民国法律上的"一夫一妻"原则虽在，但对社会上普遍存在的纳妾蓄妾问题却视而不见，始终没有行之有效的惩戒与定罪办法。那些曾与梁启超一样注重文明风尚、男女平等的诸多社会名流，也大多纳妾蓄妾，有的甚至有过之而无不及，如康有为、唐绍仪、严复、马寅初等。军界、商界名流纳妾蓄妾之风更炽，如袁世凯就有一妻九妾，人称其"多妻妾之奉，生子几十人"；奉系军阀首领张作霖，现有资料可证其有妻妾六人；张宗昌有十余位姨太太。

当时，奔走于各系军阀门下的一批官僚政客，纳妾的劲头也不亚于军阀。因为有时台面上解决不了的争端，可以由"如夫人"协助斡旋，自己不便于公开插手的捞财机会，由"如夫人"出面就变得冠冕堂皇；至于联络感情、笼络亲信，"如夫人"的女性风姿，更有奇特功效。在北平甚至出现过一个由达官显贵们的小妾组成的"姨太太团"，其发起理由为"盖闻世界共和注重平等主义，妇人幸福实施解放问题，唯我姊妹貌美如花，难夺专房之宠，命薄如纸，自惭侧室之称，慨妇德之常拘风流何有，苦夫纲之独振束缚不堪，与其掩掩遮遮私订三生之约，孰若明明白白废除七出之条"。这个"姨太太团"虽是妾们为争夺名义上的地位而创办，但它在实际上反映出娶妾已经在当时成为一种社会风尚。富豪权贵自不必说，小官吏亦如此，当时京城流行用"天棚鱼缸石榴树，先生肥狗胖丫头"，来形容当时最时髦的组合，其中的"胖丫头"即指一般书吏的妾。

辛亥革命后，北洋政府《暂行新刑律补充条例》第 12 条明确承认妾的存在："凡以永续同居，为家族一员之意思，与其家长发生夫妇类同之关系者，均可成立。法律不限何种方式。"纳妾显然更加自由。故在 19 世纪的一二十年代，有钱男子是可以随便纳妾的。

民国时期的纳妾虽与古代不同，但妾的低下社会地位在当时的礼仪观念和法律中并没有多大变化。不过，也不能否认封建帝制被推翻之后，民国时期的纳妾在一些地方，特别是在开放的城市中出现了一些新情况。例如上海的商人，常常在外买住宅数处，安置数妾，各处自行开支，像一个个独立的小家庭。虽然从表面上看，妾无权过问家庭经济，但实际上她们的私蓄比妻要多得多；妾作为家族一员的身份和所生子女的财产继承权也得到了法律的承认，从而使妾也拥有了被赡养的权利。

20 世纪 30 年代：纳妾合法之大讨论

1926 年，潘光旦通过上海《时事新报》做了一项社会调查，尽管答卷百分之七十以上不赞成纳妾，他仍认为"社会有强烈之多妻倾向，而欲推行严格之一夫一妻制，论理未尝不可通，论势则万万不可能"，主张提倡"一夫一妻"而容忍"一夫多妻"。民间的街头巷尾对"妻妾"问题的讨论，无论是反对还是赞成，大多停留在茶余饭后的谈资，少有严肃认真的法律上的追究、道德上的探讨。

1927 年 4 月，南京国民政府建立，政府法令渐有普及全国的效力，为从法制上解决纳妾蓄妾问题提供了可能。1928 年《刑法》第 254 条就规定："有配偶而重为婚姻，或同时与二人以上结婚者，处五年以下有期徒刑。"但在具体的司法实践中，纳妾依然不构成"重婚罪"。因为重婚罪的构成要素是再娶一个妻子，而非"妾"。纳妾既非"娶妻"，自然不算重婚。于是，当时的男子可以随意娶妻，只需该女子未婚即可。如果遇到原配妻子控告其重婚罪，则以"纳妾"之名规避之。

1930 年 12 月，国民政府颁布了《中华民国民法·亲属编》，并于 1931 年的 5 月起开始施行，其针对的就是婚姻家庭。当时，国民党中央政治会议的立法原则是"妾之问题，毋庸规定"，并认为"妾之制度，亟应废止，虽事实上尚有存在者，而法律上不容其承认，其地位毋庸以法典及单行特别法规定"。而早在 1928 年 12 月 24 日，时任立法院院长的胡汉民在演讲中便向妇女协会公开承诺："中国女子的人格，将由本党的主张和本院的立法，提高起来，保障起来。"在此立法精神下，《亲属编》中废除了"妾之制度"，规定不得以纳妾为缔结契约之目的，如有此行为发生，即视为与人通奸，归入《刑法》对"通奸罪"的规定范畴。自此，千百年来一直存在于中国男人婚姻生活中的"妾"，从法律上彻底消失了。此举在当时影响甚大，社会上意见分歧也严重。有的学者认为，"废妾"之举意在保护一夫一妻制；有的则认为，这给妾与妻争权夺利埋下了伏笔，是提倡"妻妾平等"的信号。当时，全国各地的报纸都曾就此展开大讨论，波及民国社会的各个阶层。

1935 年 2 月 2 日，北平《世界日报》在《妇女界》专版上刊载了一篇文章，题为《妾在现行民法上之地位》。这篇类似于"社论"性质的文章，从法理与伦理的角度来阐论中国纳妾蓄妾流行的必然性，明确指出了当时的中国法律对纳妾蓄妾者无能为力的根本原因所在。

文章主张将所有纳妾者置于"重婚罪"的境地，要求彻底废止中国一夫多妻、随意纳妾蓄妾之风。换句话说，由一夫一妻一妾组成的家庭，无论他们是和谐恩爱，还是纠结烦扰，都不再被社会所认可与默许。文中还特别提到了所谓"两妻"的变通说法，实质上也是"一妻一妾"，即"先妻后妾"——先娶者为妻，后娶者为妾。作者认为，即使"中华民国"成立后颁布了《民法》，确立了男女平等的"民权"，"妾制"也确实废止了，但"实际仍多存在"，"且于法律上亦不无其存在之地位"。当时民法体系的不够完善与完备，不但间接默许了纳妾蓄妾，甚至还为之"保驾护航"——既然确立了"妾权"，纳妾蓄妾自然合乎法理。

由此可见，即使到了 20 世纪 30 年代，中国社会里的纳妾蓄妾之风仍然无法遏止。在《民法》施行前所纳之妾，法律上还是允许其继续存在的，之后所纳之妾，也无明文禁止，只是给了妻子离婚的请求权，并且对这种权利还有种种限制，如法律规定："有请求权之一方，于事前同意或事后宥恕，或知悉后已逾六个月，或自情事发生后已逾二年者，不得请求离婚。"这无异于公开允许男人纳妾制度的继续存在。

尽管在废除纳妾的过程中还存在不少问题，但这毕竟表明中国传统婚姻制度在法律上的一个重大变革，说明社会多少还是有了进步，延续几千年的纳妾制度，行将走到尽头。

《同舟共进》2017 年第 8 期

心中的一片阳光

——忆师长

田珍颖

    "一日为师，终身为父。"这代代传下来的古训，是我们这个民族对师道的敬畏。

    "父"存在于血脉中，"师"存在于精神里。

    我的师长们在我的精神园地里，永远是一片灿烂的阳光。当我的业绩进步时，他们光亮而温暖地照耀着我，为我的成长而快乐；当我遇挫难行时，他们更加光芒四射地照耀着我，唤我奋进，催我前行。

    我心里记着每一位教过我的师长，然而我却始终没有攒够笔力来描绘他们。他们太平凡了，然而却平凡得深厚。我只能选择几位师长记于此文，以完成我对师道的敬畏和感恩。

    先从小学说起，我要写的是一位姓党的老师。

    那时，西安古城已经解放了。我在第二实验小学上学，正好要从小学四年级升入五年级。我们班同学听说要换班主任，着实在教室里敲桌拍凳地欢闹了一阵。因为我们被四年级时的吴老师"统治"得太苦了。吴老师，男，冬天穿件黑布棉大衣（我们因此给他起外号叫"黑大氅"）。他刚从师范毕业，年轻气盛，经常体罚我们，轻则靠墙站，重则全体下跪。发起脾气来，教鞭啪啪地敲着讲台，嘴里常带脏字，他常常无端地发火，弄得我们不知所措，连我这个班长也常得躲着他。一听说他调到别的学校了，最欢喜的是我们班。但新来的老师咋样，无人知晓。

    所以，上课铃一响，我们嗖嗖地跑回自己的位置，静静地等待着。

    或者是惯性作祟，我们被吴老师训练得一听见上课铃，便飞速坐好，低着头，谁也不敢正眼看老师。

    党老师是怎么走上讲台的？事后，没有人能说清。

第一堂课，就这么心平气和地上下来了。党老师只用教鞭指着黑板上的生词，带着我们念几遍，就轻轻地放下了教鞭（后来，在党老师教我们的两年时间里，教鞭就只这一个用处）。下课了，我们才正眼打量了这位老师——五短身材，眉毛特黑，一身蓝色家织粗布的制服，家做的圆口布鞋，他就这么服饰简单地来上课了。

党老师是披着春天的阳光来的。那时，我们是从春天开始第一学期的。党老师爱笑，从不虎着脸训人。以前，吴老师看到我们没把打扫卫生的工具摆好，过去就是一脚，踢飞了笤帚，踢翻了簸箕，然后就是大声呵斥，罚站罚跪。可党老师从不这样，他看到打扫卫生的工具摆乱了，一声不响地去扶正摆好，第二天，我们的生活委员就会照他摆的样子让笤帚簸箕归位。

党老师经常叫哪个同学到办公室去，准是这同学作业乱写或错误百出了。以前吴老师会当着全班同学的面，把作业本摔到你脸上，然后把你骂哭。可是，从党老师办公室回来的同学没一个抹眼泪的，总是赶快趴在书桌上把作业重新写好，再小跑着给党老师送去。

我们班真像沐浴在阳光里，天天觉得暖融融的。

就这样，我幸福的五年级生活让我天天咧着嘴笑。

但不久，就遇到了从未遇过的难事。

每天中午，我们提前到校的同学都会在校门前的大影壁前停留，习惯地浏览一番在影壁两旁的几个布告栏、报纸栏。我是经常早到校的。这一天我正在报栏前看报，旁边响过一道声音，在叫我的名字。扭头一看，是校长。

他姓李，矮矮的个子，川贵一带口音，穿着军管会的灰制服。他是解放军进城后派到我们学校当校长的。

他当然认识我，因为我是少先队大队主席。他叫了我的名字后，就毫不避讳旁边的同学，说："你爸妈现在该是在监狱里吧？"

我如五雷轰顶地怔住了，竟没注意到李校长和周围同学是怎样离开的。

放学回到家，我哭着向祖母诉说了经过。那时，我们偌大的家里，只剩祖母、我和一位保姆。父母在三年前已开始将家业从西安转到上海，只剩这空宅尚待处理。此时，西安就解放了。

祖母听完我的诉说，十分平静地说："娃，别怕，你爸妈好好的。"说着从抽屉里取出一个信封，里面装着前些时候爸妈从上海寄来的照片，照片上的他们穿着列宁服，满面笑容。

第二天中午，我早早到校，在校长室前的过道里静静地等着李校长从宿舍经过这里。我靠着墙，低着头，没看见党老师何时走到了我跟前。他问我站在这里干啥，我小声地诉说原委，尽量不让眼泪掉下来。他听完后，毫不犹豫地说："这事你别管了，把照片给我，我转给李校长。"说完从我手里抽走装照片的信封。

我忐忑地过了两三天，党老师叫我去办公室，把照片还给我，说："没啥事，以后再有人跟你说这事，让他来找我！"

后来，大队辅导员史老师对我说，党老师拿着照片去质问李校长："凭啥说人家爸妈坐监狱了？我班的学生有啥问题，你为啥不通过我这班主任，直接就找学生说？十几岁个碎娃懂个啥？"

史老师说完，哈哈笑着说："老党真够这个！"说毕伸出大拇指。

又过了几个月，李校长犯生活作风的错误被调走了。党老师特别告诉我这事，还说："以后就不要为这事有负担了，你爸妈是你爸妈，你是你。"

这是我一生中经历的第一次政治风波，党老师替我遮挡了风雨。后来，我走入社会，屡经风雨，再没有遇到像我的党老师这样的人能站在我身边！

党老师于我之恩，还在于他发现并启发了我的才华，小学五六年级是我一生中成长速度最快的时候。

记得有一个周末下午，学校组织少先队的大、中、小队长去看一个电影，是什么"历险记"。看完电影，我们排队回校，临解散时，大队辅导员史老师忽然对我说："礼拜一升旗仪式时，你向全校介绍一下这个电影，还要说说观后感。"

我十分为难，却不敢说"不"，犹豫间，我走进学校，来到党老师宿舍门口。

那时，家属宿舍在学校角落的一排房子里。党老师刚刚挑回一担水，正往门外的缸里倒，师娘在一旁洗衣服。

顺便说一句，师娘从乡下来，她比党老师高半头，壮壮实实的。党老师常带她上街，从不回避两个人身高的差距。

看我来了，党老师递给我一个小板凳，自己坐在另一个小凳子上，顺手拿起旁边菜筐里的芹菜，边择菜边问我有啥事。我啜啜嚅嚅地说着自己的为难。党老师笑了，说："我当啥难事，这事能难倒你？"

接着他说："你平时回答问题表达得那么清楚，你作文写得篇篇五分，叙述个电影有啥难的？"他让我回去先把要说的写下来，再记熟。"但是，不是硬背，是记在脑子里，说话一样说出来！"他强调着，还把一只手伸开，做了个手势。最后，他一笑，说："就像我讲课一样，从不翻备课本。"

我听懂了。我想起他讲课的样子。我回家照他说的写了，又反复记忆。

星期一，该我上台讲话了，但我仍然紧张得手心冒汗，手里紧攥着稿子。我从队伍最后向升旗台走去，正好经过党老师身边。他一把抽走我手里的稿子，一挥手，小声说："放开讲，没问题！"

我毫无退路，只能勇敢地面对全校师生，一努力，竟声音洪亮、吐字清楚地讲了一个电影故事，并赢得了一片掌声。

从此，我变得口若悬河，多次参加讲演比赛，并拿到了好名次。直到我成年时站在讲台上讲课，直到我双鬓染白时在研讨会上发言，我都是脱稿，侃侃而谈，这常使我得到"出口成章"的赞扬，这时我都会记得和感激党老师，他抽掉我手中稿子的一瞬间，是如同让花儿绽放的一瞬间，是为我排除胆怯、注满信心和勇气的一瞬间，他托举起一个少女美丽的梦，启发了我一生滔滔不绝的演讲的才能。

在党老师当我们班主任的两年里，我除了担任少先队大队主席外，还是班长。党老师经常教给我如何做人、如何工作。记得我们班有个非常调皮的焦同学。他经常在放学回家的路队中捣乱，全然不把我这个队长放在眼里。我们的路队经常因为他边走边玩，而不得不停下来等他，耽误了一队同学回家的时间。

我向党老师告他的状。党老师非常耐心地听我说完，问我："你知道他家的情况吗？"我摇头。

于是，党老师把焦同学家的情况告诉了我。原来他父亲打零工，母亲卧病在床，每天勉力糊些纸盒贴补家用。焦同学一回家就得帮着糊纸盒。他不懂事、贪玩，不愿回家，总想在路上多玩会儿。

党老师动员我说："你带几个同学放学后到他家看看，帮着糊糊纸盒，做做家务，他或许就听你指挥了。"

我照做了。果然，焦同学再不在路上捣乱了。我和几个同学经常到他家帮忙干活，他在班上也变得守纪律了。

我们班被学校评为先进班级，在总结经验时，特别以焦同学的转变为例。党老师对我们班干部说："要想领导人，先去打动人。"这话，质朴而厚实，我记了一生，也用了一生。

小学毕业后，我离开了西安，来到北京，考上了女十二中，一上就是六年。

这是一所百年老校。新中国成立前是一所教会学校，叫贝满女中，创始人是教会的贝满夫人。新中国成立后，改为公立学校，命名为第十二女子中学。

在女十二中上学的六年，是我世界观、品性、风骨形成的重要阶段。

那是1952年，和我们年轻的共和国一样，我们是踏着有节奏的步子走进女十二中的。围着有绿色松树的操场，庄重的灰色小楼，庭院中如盖的树荫，教室旁闪闪烁烁的小花……我们的初中生活童话般地揭开了第一页。

我们静静地坐在教室里等待班主任。我在心中勾画着她的形象。事先早已听到了关于她的许许多多的传说：高中刚留校的优等生，十八岁，能指挥合唱，还会朗诵。

当她站在教室门口的那一刹那，我不知道她是否有人们常说的紧张和激动，然而从她那浅浅的一笑里，我感到一股自信的力量从她心中升起。我望着她：白衣、蓝裤、短发，单调的色彩和朴实的气质和谐地融为一体。我不记得她当时发表了怎样的"就职演说"，只是当下课全体起立时，我从她那绝不威严的外表里，感到了一种威严的内在。我十分感叹：她只有十八岁啊！

这就是我中学时代的第一个班主任蒋雯先生。

我是她班上的中队主席，调皮而骄傲。然而，却由衷地崇拜着她。为了这个，我写了一首诗，记不清诗里的句子了，只记得至少有二三十行。为了把这首诗献给我的班主任，我在灯下一笔一画地抄写着，那张白纸上事先已用铅笔打好了格子，抄完后，又画上了黄色的小鸟，绿色的柳枝，还有杂花相映，当时自以为是极其漂亮了。第二天，在下课的间隙里，趁蒋雯老师刚刚走出教室，我便将那折得极方正的纸递给了她，她竟问也不问地接了过去。过了一天，也是在下课时，她小声对我说："那诗我贴在宿舍墙上了。"说完眯着眼笑着。我并不怀疑她的话，但我却固执地想要证明它。于是，一天自习课时，我借故溜出了教室，悄悄地走进那个静静的小楼——我知道蒋雯老师住在那里，我蹑手蹑脚地走着，因为这座小楼并不允许学生们随便进来。宿舍门虚掩着，轻轻一推，便闪出一道小缝，恰恰够我一只眼睛向里望。我一眼便看到那面整洁的墙上，果真贴着我的"杰作"。我高兴得几乎跳了起来。一个孩子幼稚的心，得到了这样的呵护，那是何等快乐的事呀！

那时，蒋雯老师更主要的职务是少先队的总辅导员，统领着全校的红领巾们。她总是脚步匆匆，但又朝气蓬勃。在大队日时，她站在操场正前方的高台上，举起右臂，领着我们高呼"时刻准备着"，她那洪亮而充满激情的声音，感染得我们热血沸腾。在这个岗位上，她工作了八年之久，于是，在我的关于女十二中的记忆中，她永远是胸前飘着红领巾的意气风发的样子。

我高中毕业后，上了大学，而后又走上工作岗位，但无论何时何地，我总能听到她的消息，因为她桃李满天下，又因为她的许多学生都那么由衷地爱着她，敬着她。

"文化大革命"中，我曾在母校门口徘徊，到处可见的大字报，让我心中无比美丽的校园变得满目疮痍。我没有看到蒋雯先生，或其他我熟悉的先生。一位校友告诉我：蒋先生是被"打倒"的"走资派"，大字报上说她"疯狂地发展执行了修正主义路线"，说她在教育中大搞"人性论"，说她用"纪律"把学生变成了"驯服的绵羊"。这所有在当时社会的罪名，横加于为教育事业鞠躬尽瘁的蒋先生的头上，她承受得了这份重压吗？我怅然地从母校门口离开时，心中竟陡然感到一阵悲凉，想到：如蒋先生这样的许多优秀的老师们，就被埋没在这层层叠叠的大字报之中了，我们心中的女十二中岂不也随他们的埋没而消失了？

"文化大革命"的结束，让我们去追寻第二个春天。此时，我们见到的蒋先生已两鬓染白，眼神中透出一种岁月铸就的严峻，而那严峻的后面，仍是当年的那种激情，她和我们的母校一起经历了一场生命的历练。她又走到学校的领导岗位上，又用她洪亮的声音感染着花朵般的孩子们。她不再如年轻时高呼"时刻准备着"，但她在总结半生的工作时，仍充满激情地说："少先队是我生命中的一束火焰。"当她成为一名大学教师，主讲教育理论时，她的"中学教育管理"的专题，最早导入的思考，就是从少先队工作开始的。

如同许多优秀教师一样，蒋先生关心着她历届的学生们。学生们走入社会后，无论是名人还是普通劳动者，在蒋先生心中都同样可爱。

我在《十月》杂志担任副主编时，曾觉得文学的覆盖面很局限，因此和中学老师校友聚会时，很少说文学。但蒋先生却令我意外地议论到《十月》上发表过的作品。不少由我任责任编辑的作品，蒋先生都饶有兴趣地阅读了。当长篇小说《废都》获得法国女评委文学奖，其作者贾平凹获得法国最高文学奖时，蒋先生是最早打电话给我的人，她那永远洪亮的声音，那由衷高兴的心情，从电波传导过来，其感染力依旧不减当年。当我出版了新书赠了蒋先生时，她脸上的笑容总让我想起年轻时的她，她用这种笑容看着届届学生的成就。最近，我将刚出版的长篇报告文学《金色生命》赠给蒋先生，她手抚着书的封面，竟然说："我会好好拜读的，你是我的老师。"当时，我惶恐得难以言述，我看着她的白发，心想：这是一个怎样的老师啊！

是啊，这是一个怎样的老师呢？——奋笔至此，我却难以有个明确的结论了。这时，我忽然想起，1992年蒋先生从教四十年时，学生们为她举行了隆重的庆祝仪式。就在那时，她朗读了自己创作的一首诗。诗太长了，一共四十八行，但跳出来的句子，却让她自己和听着的学生们不禁热泪盈眶。她在诗中说，"我们每个人就像一棵树，经历了春夏秋冬"；她说，这棵树"曾在风雨中挺拔，也尽情地在阳光中潇洒，献给了人间营养，也带给世界芬芳"；她说，"最美丽的是事业地久天长"；她说，"不求功名卓著，不慕荣华富贵"；她说，"生命只要再有一分钟未来，就让它实现六十秒的延伸，延伸出根再增加养分，延伸出果实去占有第二个春天"。读罢这些诗句，答案油然而出——这就是我们的蒋先生，也是我们所有的老师们的写照，他们是我们心目中永远的老师。

我曾经想过，蒋雯先生教我时间甚短，但她是我心中的"永远"，她给我的难道仅仅是"勤奋工作、永不停步"吗？

其实，在这八个字的后面，有一个坚强厚实的支撑，那就是一个人生命力的旺盛，如火山爆发、岩浆喷射一样。

上帝在赋予蒋雯老师才华时，也把一个负担给了她，那就是由于母亲的日本人血统，而带给她的矮小的身材。她只及我班小个子女同学的身高，中等身高的同学与她说话，都要稍稍低头。她没有美丽的脸庞，没有浓密的头发让她扎成当时流行的辫子。但在一群比她高的人群中，她永远是那个声音最洪亮、情绪最激昂，并能让这群人跟在她后面齐步走的人，她永远在精神上领导着她的同事们、同学们。这就是生命力，它能弥补一切外形上的缺陷，让你昂首走在人生的道路上。

如今，女十二中已走过一百五十年的路程，在"文化大革命"时改为男女合校的 166 中。但无论它的称谓如何变，每次校庆时，各年级不相识的同学相问最多的是：蒋雯先生来了吗？

这就是"永远"，永远的记忆，永远的老师。

上高一时，我遇到了在我当学生的历史中，对我最严的一位语文老师——余觉今先生，他在我作文本上留下的红笔书写的"4"分，成为我一生的警钟。我习惯了在作文课上余先生把我的习作当范文读，评点优长。但那一次，我惦念着下课后的朗诵活动，写作文时，笔下稍显仓促，不想瞒不过余先生那双眼睛，一个"4"分落在我从小学到大学的作文史上，让我终生铭记。

回想那次发作文时，我看到那个"4"分，顿感吃惊，心中还有些不满。余先生读着赵广建（作家赵树理的女儿）的作文，边分析，边透过眼镜看我一眼。他一定看到了我装作漫不经心而实际心中不服的神情，就愈加分析广建作文的细致之处。待他分析完了，我也心平气和了，觉得自己的作文确有粗疏之处。

余先生从不正面批评我们，他温厚待人，在修正我们的错误时，常常是点到为止，手下留情。比如，上课时，哪个同学走神了，他一定会恰当其时地点你的名，叫你回答问题。然后不管你答对答错，他都会轻轻地说声"坐下"。我常被他点名，也常在他轻声地喊"坐下"后，不敢再有造次。

余先生不苟言笑，师道在他身上体现着尊严。但他的尊严绝不冷峻，他把师道的尊严化作一种温暖，缓缓地输向我们，让我们既感到师道不可动摇的尊严，又感到那尊严中深厚的暖意。于是，这种带着温度的故事，常发生在余先生和我们这些高中生之间。

比如：我们的文娱委员李维玲，一个多才多艺的女孩，却从初中三年级起，让作文像铁栅栏似的挡住了路。她看了不少有关作文的书，每篇作文都费力地布局谋篇，但就是写不好，分数也上不去。待到余先生教语文，维玲的作文仍无长进，她觉得自己在作文课上一定是余先生不予关注的学生。忽然有一次，余先生让我们自由命题写一个场面。这种看似简单的练习，并不比一篇结构完整的作文容易写。维玲冥思苦想，忽然想起自己经历过的一次迎宾的场面：外宾如何满面春风地出现，群众如何自发地迎上去，孩子们跳着挥舞鲜花，女孩们的辫子都甩了起来……发作文时，维玲意外地看到了一个大大的红"5"分。余先生长长的评语中，告诉她：写自己熟悉的，写生活中发生过的……从此，维玲面前的那扇铁栅栏消失了，写作文如她唱歌一样欢畅。她在作文本前再不皱眉了，因为她知道，余先生关注着每个同学的每篇作文。

还有一个关于余先生的故事，主角是语文课代表张彦。这是个爱笑的女孩，一笑就显出两个酒窝，而这笑常常是被余先生引出来的。原来，余先生对课代表张彦的"指示"，总是用一张字条传达。字条上工整地写着："张彦同学：×××同志没交作业，请催交"，等等。署名永远是字体漂亮的"余觉今"三字。余先生在写好这个字条时，常从教研室玻璃窗向外看，一见有我们班同学经过，他就两步奔出教研室，让我们班同学把字条带给张彦。这样的次数多了，带字条便成为我们班的一道风景。拿字条的人一进教室，就大呼张彦，然后，当众大声读着字条上的内容。最后，更大声地读着"余觉今"三个字。这时，教室里一片善意的笑声，张彦更是一边笑出两个酒窝，一边忙不迭地满教室收作业，然后急匆匆地奔向余先生的教研室。我们班特别喜欢余先生的字条带给我们的欢笑。小小的字条就那样将余先生的温暖带给了我们。

在讲着上面的故事时，张彦和维玲已经76岁，而我长她们一岁。我们争着你一句我一句地讲着，心情都回到那个属于我们和余先生的时代，仿佛先生还在我们身边。

高中二年级时，我们的语文老师换成蒋震先生，他还是我们的班主任。

蒋震先生是我在前文中写到的蒋雯先生的同父异母的哥哥。师母杨中平，是与蒋雯老师同级毕业又同时留校任教的老师。他们一起在女十二中的园地里培养着我们。

蒋震先生，也是不苟言笑的，但表情中总带着文静的深意。他讲课的风格，沉稳、发人深思，甚至在课文的激烈处，他也不加快语速或提高声调，而是从不动声色中，将他发掘的思想输送给你。

记得他讲鲁迅的《药》时，即使讲到刑场上的鲜血淋淋、人血馒头的惨不忍睹，他也是用深沉的语调叙述着，绝不刻意渲染。只是一字一顿中，让你体会到深刻的内涵。

他讲李白的《梦游天姥吟留别》时，从范读中，就清晰吐字，缓缓读来，绝不用朗诵的腔调表演内容。一堂课讲下来，这首长诗中的许多句子，我都可以背诵了。

蒋震先生讲课时的激越情感，常常在他龙飞凤舞的板书中透露出来，这时是他平息激动的时候，而他这样的板书内容，又恰恰是他要传送给你的激越情感。在蒋先生教授我语文的一年里，我懂得了什么叫"潜移默化"，懂得授业者传达给我们的，不仅仅是技巧，在那技巧之后的内质才是影响我们一辈子的财富。

与余觉今先生一样，蒋先生也从不正面批评我们，他不大注意我们外露的细节，却一点也不放过对我们品质的修正和滋养。

蒋先生和我有过一次令我难忘的谈话。起因是，我们班的一位钟同学（化名）喜欢我的爽朗干练，希望和我成为好朋友。但我偏不喜欢她的做作，也嫌她有哮喘病，终年喉中有痰，而有意地疏远她、冷落她。她苦恼地向蒋先生诉说了她的心绪。于是，一个冬天的下午，蒋先生叫我到教研室，他和我围炉而坐，他一边用铁捅条拨开炉中的煤球，让炉火旺盛，一边拉家常似的语调平平地直说钟同学的苦恼。待听完我的申诉，他娓娓而谈，说友情对人生的温暖；说一个人要学会和各种人相处才是俊杰；说一个人心胸如海才能容得别人的不足，而生活在相互通融中……

那次谈话，必是我终生该铭记的。因为我当时就体会出了蒋先生的细致用心：他是用钟同学的事做引子，把我引入一个做人的大境界中。而在那时，这正是我的缺陷。

蒋先生是位博学、并因博学而眼界开阔的人，他经常拿些课外的文章读给我们听。一次，他拿着吴祖光先生的文章读给我们听，吴先生在那篇文章中抨击一个解放军用枪击毙一只猴王的事。

这件事是蒋先生在 20 世纪 90 年代末去世时我们班的同学倪乃先想起的。而读那篇文章后不久就是"反右"，那时我们听说，如果女十二中的"右派"数目再增加，蒋震先生一定位列其中。

说到"反右"，我又想起那位钟同学。蒋先生那样关照她，在说服我以友情为重后，钟同学竟在"反右"中给蒋先生贴大字报，批判他的"资产阶级思想"等。那时，我们的风雨操场里挂满了大字报，"反右"之风吹遍这个一向平静的百年名校。我没有问过蒋先生在看到钟同学的大字报时作何感想，但我看到那时老师们又开会又看大字报，却又如平常那样给我们上课。蒋先生仍如以往，手指捏根粉笔，腋下夹着备课本，走上讲台，用他那永不改变的声音，沉静而和缓地讲着诗文。我相信，那时他有一颗强大如海的内心。

或许在我笔下，只触到了蒋先生的沉稳。其实我们有时也会看到他的活跃，那是在球场上。多才多艺的蒋先生会打网球、踢足球等。而在学校的篮球场上，他的表现，则成了我们班的骄傲。那时，体育老师为了训练校篮球队的女孩子们，常将男老师临时组织起来，与校队展开对抗赛。这时，蒋先生就是教师队的主力，而我们班的倪乃先又是校队的主力，看他俩在场上互不相让地夺球，是我们全班最开心的事。我们在场外，一会儿为蒋先生加油，一会儿又为乃先鼓劲，场外的喊声此起彼伏。那时场上的蒋先生身手不凡，对乃先毫不相让，真让我们看到了另一个蒋先生，或者说，看到了一个内心十分丰富的蒋先生。

听到蒋先生去世的消息时，已经是 20 世纪末。我打电话给师母杨先生，问及为何蒋先生病重时没有告诉我们，杨先生叹曰："他不让，他病得变了样子，不愿别人看到……"

我相信这定是蒋先生的心迹，一个那样正直而尊严的人，到死也是尊严的。

当我未曾在上一段的末尾画上句号时，时间的隧道载我驶向七十多年前的时光，我沉浸在做少年和青年时的兴奋中，我的许多老师在我的眼前微笑着，我快步奔向他们，表达着我年少时的欢乐。

然而，当我为上一段画上句号时，我从时间隧道里骤然返回，但现实并不凄寂，因为我带回了七十年前的那片阳光。我的许多老师早已离世，在这篇文章中写到的老师中，只有蒋雯老师健在。但我的怀念，并不哀切，因为我怀念的师长们都化作一片阳光，照耀和温暖着我和他们所有的学生们，我们只要翻开记忆的这一页，就会看到这片永远灿烂的阳光。

附：

小学五六年级，我在西安第二实验小学完成了我最初的学业。"二实"是这个学校的简称，它位于夏家什字。因此，新中国成立后改名夏家什字小学。以后，我离开古城西安，四十年未能回去过。20 世纪 90 年代初，我因公回到古城，曾寻找我家的旧址和"二实"，但竟然没有找到。

近几年，我惊喜地从百度地图上找到了夏家什字，并查看到标示出的"莲湖区第二实验小学"，再向西寻，看到了我小时上学必经的"白鹭湾"。继而前行，竟然找到"南马道巷"的标识——这是我家在西安时的旧址。

这一系列的踪迹，让我萌发了年过古稀再回古城的意向，我知道我很难找到七十多年前的遗迹，但我相信，我一定能找到当年的那种气味——清新、温暖，永远充满生气的气味。

至于我的中学——女十二中，它就在眼前，北京东城区灯市口大街。但我不仅找不到当年的遗迹，连当年的气味也荡然无存。

这个创立于1864年的百年老校，如今在楼顶的最高处，用霓虹灯标出一条历史的线路："贝满女中—女十二中—166中"。

原来的初中部，在灯市口大街上，现已划归他校。原来的高中部，在大街东口的同福夹道里。在近旁景山学校新兴校舍的对比下，它已显不出旧时的风光来。

当它被叫作贝满女中和女十二中时，许多东城的显贵尤其是大知识分子，都把子女送到这里。冰心老人就曾是这里的学生。她对母校情意深笃。晚年时，她因身体情况，常常谢客，但却嘱咐保姆：只要女十二中来人，一定要见。我得此便利，多次拜访她老人家。有一次，她听说：已经改称为166中的母校，要合并到景山学校去，急忙向我们打听原委。待知道只是传闻时，才松了一口气。还嘱咐我们说，倘真有此事，需要写信申诉，她一定要参加。

新中国成立后，私立贝满女中交付人民，改为公立学校，排列为第十二女子中学。那时，北京有女校十三所，大多数都是人所向往的好学校。同时亦有男校若干所，男女合校若干所。治校各有所长，各校自得其所。

在"文化大革命"中，所有女中、男中一律被革除，而改为男女合校。女十二中也被排列为166中。今天，当我们的教育面临问题重重的现实时，或许女校、男校的恢复，是提不到日程上的。

2014年，当以166中的名义纪念"贝满女中—女十二中—166中"建校一百五十周年校庆时，主席台上出现了一位美国人，他是贝满女中创始人贝满夫人的后代。他从美国远渡重洋来到这个由他的先辈创立的百年老校，他带来了什么信息？他的满脸的笑容，能给我们以答案吗？

《北京文学》2017年第10期

司徒美堂与罗斯福

艾 云

聘罗斯福为法律顾问

罗斯福一个上午都枯坐在桌前，没有人推开他这间办公室的门。旁边房间的同行都在忙碌，在忙着接洽官司诉讼，或在忙着解答慕名而来的咨询。

这是 1907 年的深秋，从法学院毕业的 25 岁的罗斯福进入律师事务所任律师。他还太年轻，又加上刚涉足这个行业，人们对他不了解也就不信任，不知道他究竟能力如何。人们一向都认为，打官司不能尝试，必须请到有经验的律师胜算才大。

望着窗外，罗斯福看到树叶已经开始泛黄，呈现出瑟缩的深秋气象。已经一个月了，没人找他，但他要耐下心来，有了第一桩生意，下边的一切就好办了。

临近中午快下班时，门却被推开了，进来一个中年的华人男子。

那男子身着黑色布褂，宽大的裤子用黑色绑带扎着腿脖，脚穿黑色布鞋。最显眼的是脑后有一根粗大的辫子。这个人精干而雄悍，一双眼睛炯炯发光，透着机敏和沉着。来人正是司徒美堂。

罗斯福赶紧起身，让男子在镂花硬木咖啡色椅子上坐下。来人先做自我介绍，然后开口便道："我希望先生您能长期做我们安良总堂的法律顾问，不知您能否接受我的这个请求？"

罗斯福知道安良总堂，它在华侨那里很有影响，是一股不可小觑的势力，罗斯福也知道司徒美堂是那里的大佬。

罗斯福自然是答应下来。他很感谢司徒美堂。律师从来都是希望有人找上门，就害怕无人找。有生意才有经济来源，才能够在业内积累名声和人气。尤其对罗斯福而言，他还要通过律师这个职业了解各行各业民众的生存情况，了解整个的社会现实，这一切都是在为自己远大的政治抱负做准备。他有着强烈的从政愿望。

　　司徒美堂来这里之前，已通过耳目灵通的堂会兄弟大致了解了罗斯福的基本情况。他年轻有为，一切履历都很闪光。他日后将是不可限量之人。况且，他有良好的家世，其远房堂叔西奥多·罗斯福曾经担任过美国总统。这个贵族出身的年轻人，品行端庄，行事稳重，虽说从事律师工作还不大有经验，但他胜任安良总堂的法律顾问没有一点问题。

　　司徒美堂与堂会另外几个负责人商量了一下，认为罗斯福是最合适的人选。除此之外，选择他还有另外一个原因：罗斯福作为一个新律师，办案自然不会狮子大开口。经济自然也是应该考虑的原因。

　　待司徒美堂见到罗斯福，先前对他还存有的一丝担心全然消失。他一下子就对罗斯福充满了好感和信任。

　　罗斯福年轻而俊朗，稍长的面颊显出儒雅和高贵的气质。他眉宇间有英姿焕发的豪气，那双眼睛尤其富有很深沉的内容，那里有睿智、冷静、坚毅和仁慈，却又是那样清澈而坚定。他鼻梁高挺，面庞匀称。

　　司徒美堂行走于江湖多年，阅人无数，已练就了老辣精准的判断力。他发现罗斯福是很少见的具有鲜明独特气质的人。这人未来前途不可限量，且是个不论逆境顺境，都有一种亘古端宁、荣辱不惊气象的人。

　　罗斯福对司徒美堂也很有好感。他早已闻听过美堂大名，知道他有着敢作敢为的气概与血性。作为男人就应该这样。罗斯福从来不喜欢唯唯诺诺的小男人。男人之间，一对眼，便知底细。

　　罗斯福面前的司徒美堂，那真是仪表堂堂一丈夫。美堂的身上有杀气却无戾气。有杀气，那是长期处在艰难屈辱生活中练就的一种凛然不可侵犯的自保本能，也是刚毅威武之人强烈的雄霸的外部特征。但他却是全无戾气，绝没有谄媚、阴险、刁钻的坏习气。看看美堂那双眼睛，那里边有坚定、勇敢，却又有忧伤伴着惊惧、防范的混合感。

　　罗斯福心想：华人在美国，为美国人创造了那么多的财富。美国的桥梁与铁路很多是由华工修建的。美国的粮仓是由华工开垦而成的。在美加州萨克拉门托河与美利坚河流域，来自五邑地区的华工筑堤造田一千八百万英亩，使那里真正成为美国的粮仓。

　　在罗斯福的心里，他自然想与华人组织有较长期稳定的合作关系，这会为自己逐渐赢得业内的认可。还有一个深层次的原因潜埋在他心底他尚未说出口，那就是：他的家族在历史上曾经是愧对过华人的。

　　罗斯福的外公曾经在 19 世纪 80 年代到中国做过贩卖鸦片的生意，并且发了横财。罗斯福家族财富的积累，有相当部分是从中国人那里赚得的。这钱财又是嗜血的。把鸦片输送到中国这一行为本身，必然导致中国人身体机能损坏，吸食鸦片的中国人日益萎靡不振。也许，财富的原始累积就是建立在这种不道德基础之上的原罪。有罪就要赎罪。

罗斯福身上有着体恤、悲悯的高贵情感，当然，也有审时度势时的妥协和退让，但他骨子里对自由主义精神尤其心向往之。这一切，将在日后他担任接近四届美国总统时期的各种行动中表现出来。

罗斯福与司徒美堂相谈甚为融洽。他们在一起仔细研究起最近一桩比较棘手的案件来。

英雄与英雄，从来是惺惺相惜的。

从罗斯福律师办公室出来已是中午，司徒美堂往纽约的唐人街走去。这条街弯弯曲曲，有些地方还拱起了斜坡。这里，华人几乎把家乡的一切都照搬过来了，中餐馆、理发店、裁缝店、洗衣店、中药铺、杂货铺，还有寄汇银信的银号，应有尽有。

司徒美堂先在中餐馆吃了简单的午饭，之后到银号为母亲汇了些钱。母亲渐渐老了。他的心一阵抽搐。他离开家迄今已经二十五年了，他想回去看看。这个念头近些天来更加强烈地冲撞着他，让他夜里总是难以安眠。

他朝裁缝铺走去。

他已决定了，待做些准备，他就回故乡看望母亲。

他在裁缝店量体，选料，做了冬夏两套衣服。他不习惯穿西装。非正式场合，他大都穿着中式衣衫，那种短衣打扮能让他活动自如利落，比较方便。

司徒美堂选的是黑白两种布料。他喜欢夏天一身白，冬天一身黑的服饰。夏天，一个白衣白裤的男子干净爽利地站在那里，浑身散发出淡淡的馨雅之气。这如兰的气息又裹着那豪气翻卷出英雄万里的雄姿，这就格外吸引人了。而在冬天，一身黑色棉衣，并不显臃肿。那黑色里透着神秘与霸气。气场强大的司徒美堂站在哪里，哪里就有刚烈不羁的火焰，那火焰能烧掉灰心与绝望。他日渐形成的巨大影响力与魅力和他身上的强大气场很有关系。

从裁缝店出来，司徒美堂踱步到隔壁一家茶馆喝茶。这里十分安静，正好可以边喝茶边整理一下自己的思路。

白色的茶杯，里边是琥珀色的茶水，啜一口，顿觉舒服。华人将喝茶的习惯也带到了美国。旁边茶几也有三个美国绅士在那里慢慢品茶。

司徒美堂一边喝茶一边回忆起三年前孙中山在波士顿时，他们两人也常到茶馆喝茶。孙中山住了将近半年后，带着一些筹款要去日本。他临走时，两人在茶馆聊天话别。孙中山说："与同志们再做商议以后，想将兴中会改为同盟会。

这样可以吸收到更多力量加入革命行列。"接着孙中山又将草拟的新的同盟会的十六字宗旨念给司徒美堂听。美堂听了，甚觉全备，也很是振奋。

临行前孙中山又对司徒美堂道："你应该到纽约去。那里是美国第一大城市，华侨众多，堂口、山头也多。你到那里，可以将各派统一起来。我们洪门已进行了总注册，也重订了章程，万事就绪，就差像你这样的一个带头人。你若是去了纽约，也正好可以将那里的兴中会统管起来。"

司徒美堂沉默了几分钟，然后点头应允。

孙中山走后不久，司徒美堂从波士顿前往纽约。他成立安良总堂，并且任总理，无人反对。

在纽约生活大半年后，1906 年 4 月 18 日黎明五时刚过，旧金山发生 8.25 级大地震。煤气管爆裂，城里多处引发大火。地震与火灾使得旧金山顷刻间变成一片废墟。

司徒美堂听到这个不幸的消息后，心里又难过又担心。旧金山是自己踏上美国的第一站，那里有他太多酸甜苦辣的记忆。同时他也担心地震中的人们，不知他的那些华人同乡处境怎样。

有时历史就是这么吊诡。旧金山地震伤亡惨重，房屋倒塌。火灾使得政府的档案馆也遭毁坏，那里留下的各种档案资料悉数被烧毁。震后，政府当局要重建户籍和档案，要求居民重新申报家庭成员相关材料。正是这个机会，让幸存下来的华人将自己家乡的亲眷名字填写上去，以让自己的家人可以多出来一些。这是对美《排华法案》的合理抗争，也是对自己相关权益的合理争取。

等待移民的人将在旧金山的天使岛木屋经历审查、甄别和体检等诸多程序。因为这件事，一种独特的口供纸就此出现了。

2017 年 5 月 3 日，我在倩娜的陪同下，到江门市的华侨博物馆见到了口供纸。口供纸，就是现在的移民培训资料。如果你是申请中的移民，必须要背熟上边写的全部内容。

我望着博物馆橱窗里展出的口供纸原件。纸已泛黄，在灯光的照映下朦朦胧胧，纸上整齐的黑色小楷写着相关亲属的名字、职业和家族基本情况，是一问一答的格式。我看到一张很长的口供纸，上边密密麻麻写满了字。口供纸现已成为中国海外移民独特的文化记忆。

在对面的墙上，我看到天使岛木屋华文遗诗，其中一首写道：

> 木楼永别返香江，
> 从此兴邦志气扬。

> 告我同胞谈梓里，
>
> 稍余衣食莫漂洋。

是啊，但凡有一点办法谁想漂洋过海啊。

话说司徒美堂，他没有家人入境美国。他依旧孑然一身，年近四十，仍孤身一人。但是新移民的到来，让他想回家乡看一看的心情更迫切了。

他估摸了一下，现如今洪门致公堂凡事已走上正轨，各分部负责人已有明确分工，又加上聘好了罗斯福为常年法律顾问，自己是可以放心了。

喝着茶，喉咙间有丝丝的甘甜，就好像喝到了家乡潭江的水一样。"母亲，让我活着见到你！"他不禁鼻头发酸，险些掉泪。从1882年离开家乡至今已经二十五年过去了。人的一生，能有多少个二十五年呢！

碧血丹心

这一次，当司徒美堂推开罗斯福办公室的大门时，罗斯福却坐在椅子上没有起身，只是张开双臂做着拥抱的姿态，朗朗笑着道："老朋友，欢迎你来看我。"

两个人随即握手。两双铁钳般的手紧紧握着，力量和暖流通过手掌传向全身。

司徒美堂望着罗斯福。这个男人西装笔挺，非常讲究。他是个坚毅顽强、乐观有智慧的人，所有最富魅力的形容词用在他身上都恰如其分。他依旧那样儒雅英俊，笑意盈盈的双眼，写满通透、善良与信念。可惜，上帝开了一个大玩笑，个子挺拔的罗斯福只能坐在轮椅上，他站不起来了。

早在1921年的8月，罗斯福带着家人在坎波贝洛岛休假时，一场林火燃烧起来。罗斯福奋力灭火后，被火烤得全身灼热燥烈，无奈之下就跳进海水借以消燥。不承想，在极度燥热中，在强烈运动后，人不能马上经受寒水的浸泡。罗斯福从休假地返回家时，全身疼痛，高烧不退，后来又发展到全身麻木。他患了脊髓灰质炎症，几乎要终生残疾。

从不向命运屈服的罗斯福开始寻找自救的办法。他从瘫倒在病床上动不了身的状态开始，学着坐起来，并学着站立和行走。他感觉佐治亚的温泉让自己冰冻的身体渐渐有了暖意，有了血气。他硬是让自己摆脱了瘫痪的厄运，却不能像一个正常人那样行走如风了。

司徒美堂坐定，罗斯福便问："老朋友，找我来，有什么需要我去做的吗？"

多少年来，他们见面时罗斯福总会用这种关切的口吻对司徒美堂讲话。

罗斯福任安良堂的法律顾问长达十年。他总在尽力帮助司徒美堂他们打赢一场场诉讼官司。他对律师费从不计较。司徒美堂很信赖他，知道他有宽广的胸襟，善良的心肠。这两个男人在长期的合作中已建立起兄弟般的深厚的友情。

这是 1932 年 2 月的一天，司徒美堂有要事来找罗斯福帮忙。此时的罗斯福已经是纽约州的州长。

司徒美堂向罗斯福细说缘由。话说中国国内上海，1932 年 1 月 28 日，日本人悍然进攻我淞沪守军，并动用了枪炮、坦克，甚至飞机，"淞沪抗战"爆发。

我淞沪守军为蔡廷锴、蒋光鼐率领的 19 路军。这些将士英勇杀敌，绝不屈从日军的淫威。

1 月底的上海，天降大雪，19 路军壮士几乎没有棉衣，他们身着单衣短裤，露着膝盖在冰天雪地里作战。不仅如此，武器装备也不足。19 路军的炮火力量比日军低了几个档次。日军肆意狂轰滥炸。

国内是各地军阀割据的局面。蒋介石几乎调动不到前来增援的兵力。19 路军只能以血肉之躯顽强抗击着日军。后来，蒋介石在各方压力下，派张治中率领的嫡系部队第 5 师驰援上海。

"淞沪抗战"的消息传遍全国。各地在声援，募捐的衣物和药品源源不断地被运往上海。居住上海的宋庆龄、何香凝等人夜以继日地组织募捐、组织抢救伤病员。上海的民众制造土手榴弹支援正在作战的将士。消息自然也传到了海外。

司徒美堂再也坐不住了。

他最难以承受的是外侮。这种愤怒甚至可以说是一种过分的敏感。

2 月初，他就在纽约召集安良堂干事会，在会上做出三项决定：以致公堂的名义呼吁支持坚守在上海的 19 路军；迅速成立洪门筹饷机构，发动募捐；组织华侨青年上街宣传抗日救亡运动。

他愤怒难忍。他知道，日本自明治维新之后国力强盛了，可胃口也大了。不远处，中华辽阔的版图令他们垂涎欲滴。他们认为懒惰、自私、怯懦、无自持力的中国人不配有这样大的领土，他们侵华的野心一天天膨胀起来。司徒美堂心想：我大中华若是亡于日本人之手，这岂不是奇耻大辱？如今，有抗击日军的 19 路军不屈的将士，海外华侨必须要伸出援手。司徒美堂还有另一种恻隐，这些将士多为粤籍，这些家乡子弟的命运，最让他揪心牵挂。

海外的援助物资和钱款被寄往国内。

美国纽约唐人街和其他街衢，到处可见华人宣传、声援的队伍。他们在街头宣传时，警察强行抓走了两名宣传队员，现正被关押着。

罗斯福听完司徒美堂的这番讲述，脸色凝重。他立即拨通纽约警察局局长的电话，要他马上放人。

罗斯福出于政治家的职业要求，他对日本人不会说什么，但在美华人声援国内抗日勇士绝对无罪。作为一州之长，作为一个秉持公道的人，他绝对不允许胡乱抓人。他完全没有料想到，十几年后，在他任美国总统期间，他将与日本人交锋。太平洋战争和珍珠港事件，让美日两国在二战中像杀红了眼的猛兽一般角逐着、噬咬着。

事情办妥，司徒美堂便起身告辞。这些日子，罗斯福正处在紧张激烈的总统竞选中，司徒美堂不想占用他太多时间。这时候还可以提前打个招呼，然后推开罗斯福办公室的大门；以后，若是他当选了总统，进了森严白宫，就不是那么容易见面了。应该说，罗斯福这次当选美国总统的胜算特别大。虽然华人仍然没有投票权，但华人是非常希望罗斯福竞选成功的。罗斯福的自由公正思想，以及悲悯与善意，让接触过他的人尤其是华人深受感动。

司徒美堂走出州政府，走到唐人街。他到一家茶馆喝茶，借以清理一下自己纷乱的思绪。

他一个人沏茶，品咂，他要了一壶潮州凤凰单丛，茶水浅浅的琥珀色，喝一口，甘醇沁人。以前，年轻的罗斯福当律师的那段时间，司徒美堂若有事与他相商，便会邀他到小茶馆喝茶聊事情。那真是一段难忘的岁月。

这是3月的冬天，寒冷砭骨，司徒美堂将布袍的袍襟向内里掖了掖，嚯地起身。此时，他非常想回国一趟，去看看在那冰天雪地里鏖战的19路军的将士们。

4月初，司徒美堂率安良堂的另外几个兄弟带着美洲侨胞捐献的款项和物资返回国内。5月5日，中日在英、美、法、意等国的调停下签署了《淞沪停战协定》。交战双方停歇下来。

司徒美堂一行人来到硝烟尚未散尽的战场。

蔡廷锴将军派车接司徒美堂等人到上海的真如范庄军部。

在交谈中，司徒美堂明显感觉到蔡将军对蒋介石的不满。司徒美堂心里咯噔了一下。

十多年前的1920年他回过一次国，见过孙中山先生身边的蒋介石。

蒋介石一身戎装，年轻却有枭雄之气，当时深得孙先生器重，他先以孙先生学生自居。司徒美堂却觉得蒋介石看起来待人以礼，但那双机敏的眼睛里却有几分狡黠。此人非笃诚淳厚之人，是个有能耐的政客。司徒美堂不知心里对蒋怎么有了这样一个奇怪的判断。当然，职业政治家不可能都是些道德至上论者，甚至政治本身与阴谋、善变、投机有着隐秘联系，这他承认。但是，司徒美堂率直坦诚的性格，使他更愿意与同样率直坦诚的人交往。当然，私心里，他更愿意同那些尊重他、甚至有求于他的人交往。孙中山当年在美国不名一文，司徒美堂愿意施以援手。他与人交往，不在乎对方地位，只在乎平等。或者说，他更在乎对他的尊重。这可能是多年在异国生活、在白眼和欺凌中产生的一种极端的逆反心理吧。

1925 年 3 月 12 日孙中山去世以后，国民党内部无形中分成了左派和右派两大阵营。廖仲恺、何香凝、宋庆龄、邓演达等人，是孙先生"联俄、联共、扶助农工"政策的坚定执行者，而蒋介石则处在其对立面。尤其 1927 年以后，蒋介石更是与党内左派交恶，与联共政策背离甚远。

司徒美堂无意于这些纷争，但他与孙先生阵营中的左派更投契些。19 路军蔡廷锴、蒋光鼐先生应该是左派阵营的，他们对蒋介石不满，不仅仅因为他们不是蒋的嫡系部队，还因为对他的许多做法都有非议。

听着蔡将军的话，司徒美堂已经难掩自己的倾向性。在随后的日子里，当蔡将军遭蒋介石排斥到美国看似旅游散心，实则政治避难时，司徒美堂都给了他相当隆重的欢迎和礼遇。接着，"西安事变"后的 1937 年 6 月 29 日，杨虎城也到了美国，司徒美堂对他的安全也给予全力保护。他们一起相处一周，交谈甚洽，遂成莫逆之交。

这一切，早已隐隐透出日后司徒美堂弃国民党而选择共产党的必然性。

司徒美堂与蔡将军、蒋将军见过面后，又去探望 19 路军战士。这些黧黑、瘦削的粤籍子弟，许多人身受重伤，他们的腿上被弹片射中，露出森森白骨来。治疗的医院和人手都不够，司徒美堂禁不住双眼潸然。

5 月 16 日，为 19 路军阵亡将士举行公祭，司徒美堂代表美洲华侨敬献花圈。

19 路军的烈士后来魂归故里。现在广州的水荫路上，在郁郁葱葱的林木间有 19 路军烈士陵园。在水荫路和先烈路交界之地，高耸着 19 路军的纪念碑。灰白色的花岗岩石上镌刻有宋子文题字的"碧血丹心"四个大字。那一切仿佛穿越苍穹，将永不干涸的热血镌铸成不灭的魂灵。

疾风岁月

司徒美堂又返回美国了。这一年，是美国总统的选举年，又是美国遭遇严重金融危机的年份。经济大萧条的风暴狂袭美国，到处是失业、破产、倒闭、暴跌，人们在痛苦与绝望中挣扎并隐隐祈盼着什么。

司徒美堂欣喜地看到，总是称他为老朋友的罗斯福作为民主党候选人参加了竞选。罗斯福用他那充满自信的声音提出振兴经济、实行新政的纲领。他的政敌拿他的残腿来攻击他，在首次参选时就说："我们选的不是一个杂技演员，选他不是因为他能做前滚翻或后滚翻。他干的是脑力劳动，要想方设法为人民造福。"

罗斯福乐观坚毅、百折不挠的精神深深撼动了许多人。美国在最危急时刻，极其需要他这样的领袖执掌权力。罗斯福终于以绝对优势击败胡佛，成为美国总统。而且，他创造了美国历史上总统四届连任的奇迹！

1933 年 3 月 4 日，天气阴冷。

司徒美堂和所有美国人以及侨胞一样，坐在那里收听广播，新任美国总统罗斯福发表就职演说。

那是一场极其出色的富有激情、鼓舞人心的演说。

罗斯福告诉人们："我们唯一害怕的就是恐惧本身。"

新总统的决心和昂扬乐观的态度感染和感动着所有的人。陷入长久灰暗情绪中的人们看到了前方的光明远景。新总统那磁性的、富有穿透力的演讲点燃了举国上下同心同德的崭新精神之火。

罗斯福上任以后，不再采取以往政府的放任主义。他开始加强政府对经济领域的指导，实行赤字财政、用大力发展公共事业来刺激经济。罗斯福知道，个人的专业能力、思考范围都有限，领袖绝不是无所不能、无所不知的天才，他应该集中众人的才华，于是，他将一批思想活跃而又理性，并且具有自由主义精神气质的律师、专家和学者组成他的智囊团，采取"炉边谈话"的方式，广泛征询智者与民众的意见。当最高法院反对他的"新政"时，他毫不手软地改组了法院。

罗斯福绝对是个具有魅力的出色政治家。他以必需的强力与铁腕，让政策在实际生活中落实，绝不会为各种无所事事者的那些非议所动。他看准了就去做。在他上任不长的时间内，美国的政治、经济、军事以及在世界的地位都处在世人瞩目和交口称誉之中。

罗斯福所做的这一切，不是专断，不是对广开言路的恐惧；恰恰相反，他以赤子情怀报效他的祖国，他给予国家和人民的，是创造繁荣的自由精神。即使在随后的日子，在战争临近的 1941 年，在 1 月的国会咨文中，他仍然宣布了四项"人类的基本自由"，这就是：表达意见的自由，崇拜的自由，不虞匮乏的自由，免除恐惧的自由。

自己的老朋友罗斯福当上了美国总统，这让司徒美堂高兴坏了。罗斯福的悲悯与人道情感不仅来自教养，也来自那骨子里的善良，以及思想上自由平等的理念。在罗斯福任下，那些非裔的美国人，那些弱势族群的生活处境和政治处境都有了较大改善。华人的待遇和诉求也有可能改善了。比方说，有人动议，因城市发展的需要应该将唐人街拆除时，华侨立即抗议，结果是美国各个城市的唐人街都得到了保留。

美国在罗斯福任下创造了令人意想不到的繁荣。

1933 年，对于无数美国人来说这是值得纪念的一年，对于司徒美堂来说，也是开心的日子。但他心底那巨石般的逼压并没有消失，《排华法案》并没有撤销。罗斯福是美国人选举的总统，美洲的华人没有作为公民的正常投票资格。司徒美堂已经明白今后自己重大的、责无旁贷的使命，是在他有生之年，一定要将那个让华人受尽欺辱的不公平法案废除。这中间，无论遭遇多少困难都要坚持去做。

让我们再讲述一下这一年。

1933 年，美国人迎来了罗斯福。在举国欢庆的同时，谁也不会注意，美国西部爱荷华美沃伦镇外三十公里的地方，那人迹罕至的林中河畔，有一座孤独的木屋，在那里，一个叫波莉·比利斯的中国妇女悄然离世，享年八十岁。

波莉的一生犹如故事。二十岁那年，不知通过什么渠道，她离开中国到了美国，嫁给了西部一个小镇上做生意的中国商人。中国商人在一次赌博中输了钱，竟然把波莉也给输掉了。波莉成为赢家查理·比利斯的新妇。波莉几乎是满心喜悦离开那个已经衰老的中国商人。查理在镇上开一家酒馆，待她很好。可因为查理娶了一个没有户籍和身份的中国女人，他被迫迁往离镇几十公里的几乎与世隔绝的地方。查理宁愿什么都不要，他只要波莉。波莉勤劳能干，她耕地喂马，为查理洗衣做饭、照料家庭。她个头中等，身材匀称；她皮肤细腻，白里透红，如桃花盛开。她让查理感受到了女性的甜美和家庭的温暖。

因为一个男人和一个女人相爱，荒凉的丛林变得美丽迷人。

1922 年查理死去。波莉的两个邻居帮她盖了一座木屋，她在那里住了十年，直到八十岁去世。她的骨殖葬在异国，葬在木屋不远处的森林里。波莉的那座木屋至今还在。这个普通的中国女子在异国顽强地生存，并且寂寞地死去。她的墓碑至今还能在蓬蒿中找到，上面刻着浅浅的几个字，是她的姓名和生卒年月。但从来都没有她的任何个人材料出现在美国的户籍档案中。

在这里我们还要记住那个最早对《排华法案》提出抗议的中国人王清福。他不知是通过怎样的途径加入了美国国籍。他曾经见证过对华人更加严苛的《泰瑞法案》。它比 1882 年的《排华法案》更甚，规定华人不能带女眷。要知道，当时出国的华人多是精壮的男丁，原本就男女比例严重失调，这一规定可以说是一种种族灭绝。

王清福一直单枪匹马地与这种不公平、不人道的法案激辩着、抗争着。在无希望处去寻找希望，这就是百折不挠的中国人。

现在，仍然有一个趄趄雄心的中国人正在为在美华侨的权益而奔波。

司徒美堂对罗斯福当政异常欣喜还有一个原因，他相信罗斯福，他希望能有人督促他将《排华法案》撤除。这是件历史性大事，但是必须要有人着手去尝试、去推动。司徒美堂相信罗斯福，是相信他身上那同情、悲悯的精神，公正、平等的观念，以及务实、理性的判断力，还相信他有一种深沉而高贵的气质。在与罗斯福多年的交往中，司徒美堂从他的眼神里能看到乐观和豪迈，同时也能看到忧伤和虚无。残疾的双腿是他挥之不去的痛。不是隐痛，而是显露于外的身体缺陷。罗斯福非常敏感，他怎么能感受不到投射到自己身上的睥睨目光？这是比直接施暴更要命的羞辱。

一个受过羞辱的人对欺凌和羞辱有更加强烈的意识。他人无处不在的优越感如钉子般扎在罗斯福的心底。司徒美堂了解罗斯福遭受羞辱以后的种种思想。罗斯福抗击这一切的做法不是再用权力羞辱伤害过自己的人，而是想办法让羞辱成为不可能。他高贵地挺立于世，在轮椅上托起了一个美国。

司徒美堂相信经历过羞辱体验的罗斯福，一定会对美洲华人有个公允看法。他想找个时间将这件事告呈给罗斯福；如果见不到他，写封信也好吧。他不能说自己是罗斯福的老朋友，他没有这个自诩的资格，也不想攀高枝，硬要标榜自己有靠山。他不是这样的人。他有强烈的自尊心，刚烈的脾性，大不了去死的无畏感。可能正是因为这种个性，才让罗斯福对他尊重、敬佩。或者连尊重、敬佩的话都显矫情，那是同样刚烈男人的疼惜与欣赏。

罗斯福显然是太忙了，他要面对美国国内和国际上的各种难题。他实施的"新政"很快使美国的工农业全面恢复。1936年，罗斯福再次当选美国总统。

不管怎么说，美国经济的复苏，总统罗斯福本人明达而自由的精神，使在美华侨的处境有所改变。一些居留在美已有很长时间的五邑华人已经积攒下来一些财富，他们回到家乡盖起了新楼。赤坎古镇在20世纪30年代开始了它快速的发展阶段。

2016年那秋风沉醉的季节，我们一行人徜徉在赤坎古镇。一条潺潺流淌的潭江，两岸到处耸立着各式中西合璧的三四层小楼，它倒映在水面，如一个个披着茜纱衣裙的时髦女郎。它有骑楼，有楼窗与门楣上精美的浮饰雕花，有罗马柱，有哥特式风格的建筑。楼房外观原来是铅白色，在岁月的剥蚀中，有的墙面露出灰漆和驳白的渍痕，墙缝间柔韧的小草在风中摇曳着细茎。这些精美的洋房至今都是赤坎古镇一道绝妙的风景。它不是如江浙周庄、乌镇那样的中国江南风俗画，它是洋气的，在岭南，在无数华侨的梦绕魂牵中，它旖旎婀娜、文雅贵气，呈现出亦中亦西的独特魅力。

一吼四海风

司徒美堂抖动着花白长须，拍着桌子大骂：

"蕞尔日寇，竟敢侵我中国，是可忍孰不可忍啊！"

1937年7月7日，日军发动"卢沟桥事变"，扬言要在三个月内全面占领中国。

自1932年"淞沪会战"，或者说从1931年的"九一八事变"，日本的侵华野心始终不死。现在，他们不顾一切地疯狂进攻中华。卢沟桥的明月开始暗淡，被殷殷鲜血笼罩；那石狮在哭泣，也在咆哮。中国军民已忍无可忍、退无可退，举国上下，抗日洪流滚滚，中国的抗日战争全面打响。

上午还不到十点，美国纽约华侨抗日救国筹饷总会的办公室里就已经见到了司徒美堂的身影。他已年近七十，自然不能回国上前线亲自杀敌，他现在所能做的，就是募集钱款，为国内的抗战出力。

在司徒美堂的倡议下，筹饷总会作为一个持续较长时间的机构保留下来。他在会上说："我别的工作都不干了，就负责筹饷总会的工作。我们要拿出真金白银，为祖国分忧解难。"

募捐，也就是找人张口要钱，并不是一件容易的事情。司徒美堂晓以大义，他拍着胸脯说："这里是永远改变不了的中国心。"

筹饷总会印了募饷登记证发给华侨，设定了相当的捐款定额，还有个人自由选择的捐款。

2017年5月初，我在江门华侨博物馆参观时看到了那些捐款登记证，看到了一张1942年司徒美堂与郭琼之救济难民的汇款单。在展览的图片中，还见到1940年在美国的华侨妇女为中国抗战募捐时那一张张激动而又恳切的面孔。

在一张图片前，我的心被狠狠咬了一下。那是一张为了抗战募捐，一个男子卖掉了亲生儿子的图片。这内容我不敢苟同。募捐固然是爱国之举，但卖掉儿子实在过于残酷。我想，盛怒之下，人可能会做出任何过激行为。也就只能这样理解了。

在海外，国人的心似乎与祖国联系得更加紧密。在海外，有祖国就有根，魂可守舍；如果祖国亡，那便是连根拔起，便是无家可归的孤魂野鬼了。

不仅在纽约，在美国各地的华侨社团组织中，为国义捐的热潮一浪高过一浪。1938年8月，旧金山九十一个有广泛代表性的华人社团组织成立了泛美华侨统一义捐救国总会，主席由台山人邝炳舜担任。

司徒美堂凝紧眉头在筹饷总会的桌子前坐着，心里百味杂陈。当年他为孙中山先生募捐，是因为清王朝入主中华，陷汉民族于屈辱和不幸中。而眼下，日本人则公然入侵中华。日本人已经做足了美梦，他们想赖在中华不走，他们叫嚣的所谓"大东亚共荣圈"已经充分暴露了其狼子野心。中华民族若是守在家门口让歹人肆意欺辱，这岂不是太窝囊、太孱头了吗？

司徒美堂从早到晚就在筹饷总会忙碌，深夜才回到自己的住处，就这样一干就是五年。

中国军民在艰苦卓绝中浴血奋战，国内传来的每一个消息都震撼着海外华人的心。

1939 年，司徒美堂得知自己的家乡五邑沦陷。

这一年，司徒美堂家乡的子弟成立了抗日自卫队。

日酋田中久一带领日本兵打到赤坎。司徒姓氏的七个子弟在南楼一座碉楼里边用武力阻止日军入侵。南楼就在司徒美堂家乡的牛路里村不远处。七子弟在敌强我弱的情况下顽强战斗，在南楼上坚守了七天七夜。最后，日军用毒气弹轰炸南楼，七子弟壮烈牺牲。他们的尸体后来被日军抛于潭江。

2016 年秋天，我们在赤坎古镇往东不远处的南楼凭吊了七烈士。进入南楼，沿楼梯一层一层往上走，但见当年日军用炮弹轰炸时留下的弹洞，还见到墙上刻写的烈士们激励自己的誓言和诗句。土黄色的墙上，有他们在炮火声中用小刀刻下的浅黄字迹。在光线有些昏暗的碉楼里，这字迹如火焰般一簇簇燃烧着、沸腾着。这是在世界的每个地方都可以见到的中华儿女不可欺辱的大无畏民族特征。

20 世纪 30 年代中期的世界的确是不大太平。日本以及德、意法西斯开始向世界文明与和平秩序发起公然挑战，亚洲和欧洲形成了两个战争策源地。

当时在美国国会有一派鼓吹孤立主义，认为美国可以保持中立姿态。实际上，这是一种掩耳盗铃的做法。法西斯虎视眈眈，不会轻易放过美国。

罗斯福不赞成孤立主义。他在 1937 年 10 月的一次演讲中说："战争都会蔓延。战争可以席卷远离原来战场的国家和人民。我们决心置身于战争之外，然而我们并不能保证我们不受战争灾难的影响，不能避免卷入战争的危机。"

许多人在频频点头，他们听懂了总统的话。

美国不再奉行孤立主义，它给抗击法西斯的国家提供援助。当然，这是有偿的。在英国最危急关头，罗斯福开始向英国提供武器装备。罗斯福在一次记者招待会上这样解释："我把花园浇水管借给家宅起火的邻居，以帮助邻居扑灭火灾。而灭火之后邻居是归还还是赔偿水管，都好商量。"

罗斯福非常善于用形象化的比喻，用生动的语言来讲述正在发生着的严峻事件，并且用通俗易懂的话来阐明自己的观点。这一招很灵。他富有蛊惑性的演讲总能煽动起听众的情绪。他要求国会追加国防拨款，加强战备的提议也获得通过。

1940 年，罗斯福已经打破美国国父华盛顿确立的不能三届连任总统的传统，第三次当选了美国总统。

是非常特殊的时期，即"二战"的严峻局面让美国人选择了自己最信赖的总统。他们相信他有力量带领他的国家与人民战胜任何的困难与厄运。

司徒美堂对罗斯福三届连任当然是喜出望外。他还是要借着与罗斯福多年来的信赖关系，将主张废除《排华法案》的事向他禀告。司徒美堂展纸写信给罗斯福。罗斯福真的将老朋友的这封信当作大事件来处理了。1940 年 10 月，罗斯福咨文国会，提请废除《排华法案》。他说："限制华人的法案是历史上的错误。"

事情正要得到解决，美国却被推入战争的烽火中。罗斯福早已居安思危，一切又终于被他不幸言中。1941 年 12 月 7 日，日本偷袭了珍珠港，太平洋战争爆发，美国和英国向日本宣战。

美国的参战，使"二战"的局势有了微妙的变化，也使得世界反法西斯的阵营有了新的力量。不久，罗斯福建议"二战"后成立一个维持世界和平的组织——联合国。

这也就是后来各国可以坐在一起仲裁世界大事的权威性组织。

美英联盟抗击法西斯，罗斯福和丘吉尔决定组建中国战区，同时决定组建中缅印战区美军司令部。

在中国战场，在离缅甸很近的云南，美史迪威将军亲临前线，以美国陈纳德将军为首的飞虎队驾驶飞机在中国领空重创日本人，为中国的抗战提供了各方面的援助。中国已同世界反法西斯的人们团结在一起。

司徒美堂在一个寒冷的冬夜站在窗前向远方眺望。透过如墨般阴沉的夜色，他仿佛看到天穹被战争狼烟燎烧成血红的烈焰。那是在奥斯维辛，是被成批成批送进毒气室的犹太人闷声闷气窒息着抽搐着面孔的狰狞紫瘢，是南京那遭遇枪杀屠城的无辜平民的浓烈血雾，是长沙会战中国军队正面抗击日军的不屈殉国的惨烈。

在寒冷的冬夜，血已凝固。司徒美堂心里有着无边无尽的悲怆。这个已入耄耋之年的老人，禁不住热泪横流。

悲伤中他还是感到了些许的宽慰，祖国的抗战已频频传来捷报。他居住了近六十年的美国，对中国人民的抗战有了更多的了解和支持。中国抗击日本法西斯的战争不是孤立的。他放心不下，决定回国一趟。

1941 年冬，他带着侨胞捐赠的物资和钱款回国，还带着美国明星协会送给中国抗战将士的一面锦旗。

一回国，他就见到了迎接他的蒋介石。他看到蒋介石黑瘦，面孔带着疲倦，但整个人精神状态仍然是高昂的。蒋介石身边站着的是漂亮的宋美龄。正是她，不久后将在美国掀起一场风靡一时的"中国风"。

蒋介石夫妇对司徒美堂支持抗战的行动表示了深深的感谢。司徒美堂受聘为中国国民参议会华侨参议员。

不久后的某一天，宋美龄站在美国国会大厅，用流利的英语进行演讲。

她身着镶边墨绿色丝绒旗袍，身段婀娜。她颈后盘髻，前额光洁亮堂。这个典型的中国女性，坚定的眼神中又透着无尽的女性魅力。

她向美国民众宣讲着中国军民同仇敌忾抗击日本法西斯的决心和意志，并报告着前线的各种战况。国会大厅座无虚席。她不讲悲哀与伤感，只讲努力与奋争。她的声音时而低沉时而激越。听者鸦雀无声，被她深深吸引。每当她讲到一个自然段结束，台下便爆发出热烈掌声。美国民众从中国第一夫人的演讲中了解了中国人抗战的艰辛和不言退却的无畏勇气，他们也深深为这个代表东方美丽与智慧的女性所倾倒。

宋美龄这次国会演讲过后，美国对华援助的物资源源而来。

作为中国战区的主要领导人，蒋介石到埃及开罗与美国总统罗斯福、英国首相丘吉尔会晤，共商世界反法西斯大计。罗斯福和丘吉尔都没有带夫人，只有蒋介石身边始终有夫人宋美龄陪伴。在三巨头的聚会上，宋美龄也会发表意见。她是第一夫人，是翻译，也是重要的意见发表者。她有浓郁的西方教育背景，曾留学美国，毕业于威尔斯利女子大学。她的气质是东方的，而灵魂则是西方的，这一切，让她在外交事务中发挥着微妙的奇特作用。

战争仍在惨烈地进行，因为女人和美丽，和平的捍卫更加具有价值和意义。宋美龄站在三个重要的男人身旁，她时而如水仙般散发着清隽幽香，时而又如牡丹般绽放着艳丽风姿。

随着西方更多地了解中国，中国在国际上的地位也得到空前提高。罗斯福在 1942 年 1 月 6 日向美国国会发表国情咨文时说："千百万中国人民顶住了轰炸和饥荒，在日本武装和装备占优势的情况下仍然一次又一次地打击了侵略者。"在 2 月 7 日这一天他又致电蒋介石：

> 中国军队对贵国遭受野蛮侵略所进行的英勇抵抗已经赢得美国和一切热爱自由民族的最高赞誉。中国人民，武装起来的和没有武装的都一样，在十分不利的情况下，对于在装备上占极大优势的敌人进行

了差不多五年的坚决抗击所表现出的顽强，乃是对其他联合国家军队和全体人民的鼓舞。

深夜，司徒美堂从筹饷总会回到住处，他仍然毫无倦意。冲完凉，躺在床上却睡不着。他有一些兴奋也有一种压力。中国的国际地位在提高，在美国的洪门兄弟为祖国抗战全力募捐的情景也得到美国民众的普遍钦佩，华侨的处境在一天天改善之中。但司徒美堂一辈子都惦记的那件事仍像铅石一样压在胸口。

他用手抚在胸前，有一种痉挛般的痛楚。

他在想，自己已经很老了，在有生之年，一定要将废除《排华法案》的事情办理妥当，不能留下遗憾。前几年，他曾经就此事写信给美国总统罗斯福，罗斯福已经咨文国会请求废除这一错误的决定。但随后不久，美国被卷入突如其来的战争，大家都已无暇顾及这件事。但他却必须把这件事管到底。他就是这样一个人：凡是决定要干的，必须要干好，绝不半途而废，也不会因时间的流逝而倦怠。这是件关系子孙后代的大事。

他披衣起床，再次拟就给总统罗斯福的信，信中再次要求废除《排华法案》。这是 1943 年。

同年 10 月 11 日，罗斯福再次向国会递交提案。提案的文字恳切真诚，并态度坚定：

现在提请国会审议批准一项法案，许可中国人移居我国，并允许这里的中国居民成为美国公民。

国家和个人一样，也会犯错误。我们要有足够的勇气承认过去的错误，并加以改正。通过废除"排华法"，我们就可以改正一项历史性的错误，并清除日本人的歪曲宣传。有待国会制定的这项立法将使中国移民限额为每年一百名左右，没有理由担心如此数量的移民会造成失业或加剧求职的竞争。

把公民权授予对我国来说为数不多的中国居民，将是又一项有意义的友好表示。这将进一步证明，我们不仅把中国当成共同作战的伙伴，还将她当成和平时期的伙伴，这样会使中国人比其他地方的人占有更优势的地位。她对荣誉和自由事业所做的伟大贡献，使他们理应得到这种优惠。

我深信，国会是完全同意采取这种早应采取的措施，以纠正过去对我们朋友不公正的行为的。国会现在就此采取行动，也是我们打算再同其他国家人民的关系中运用睦邻政策的一项保证。

12月17日，美国国会终于通过提案，实行了六十年的不平等"排华法"得以取消。中国人和其他国家的移民在美国享有同等待遇。为此，司徒美堂代表洪门人士和广大侨胞向罗斯福写信，表示衷心的感谢和敬意。

总统阁下：

您好！

首先，让我代表美洲洪门兄弟和侨胞向您表示感谢。您为美国华侨办了一件大喜事，废除了"排华法"，我们子孙后代永远不会忘记您。

……

我们洪门前辈在国内追求自由，反抗专制，反对种族歧视，不满遭受清朝皇帝的迫害，逃亡海外。但是，他们到了美国，同样受到了一些不合理的种族歧视和迫害。您是一位正直无私、心胸豁达的人，当我们遭受到不平等的种族歧视时，您挺身而出，替我们辩护，担当我们的法律顾问，保护我们的合法权益。我们洪门兄弟十分感谢您。

您当选总统后，仍然不忘故旧，关心洪门兄弟，维护华侨合法权益，亲手把阻碍中美人民的枷锁——"排华法"彻底废除。但愿在您的关照下，我们子孙后代跟贵国人民和睦相处，同舟共济，废除不合理的种族歧视，为共同建设美利坚合众国而努力奋斗。

谨致

崇高的敬意

您的朋友司徒美堂奉上

罗斯福收到信后说："此为顺潮流而动，合乎人道而已。"

司徒美堂心里的一块巨石终于落了地。此生，即使他什么都没有干，仅敦促成功这样一件事情，也死而无憾了。

1944年11月17日，罗斯福第四次当选美国总统。这在美国是史无前例的，也是再无后者的。美国人民在战争的紧迫阶段再次选择了他，是因为相信他，相信他在重要的战争决策中可以说出最清晰准确的意见，相信他在国会意见纷乱的争执中可以做出有远见的理性判断。美国这艘巨大的艨艟在波涛汹涌的海面艰难地行驶着，他是最好的掌舵人。他守住了美国。他是唯一能阻止美国重犯孤立主义错误的人。

1945 年 2 月 4 日至 2 月 11 日，在寒冷的克里米亚半岛，罗斯福、丘吉尔、斯大林三巨头聚首这里，他们要讨论战后德国的处置问题、波兰问题、东欧问题、联合国问题、苏联对日作战等问题，会议重申纳粹德国必须无条件投降。这就是历史上有名的"雅尔塔会议"。

也许来时的旅途太辛苦，会议的时间太漫长，所要讨论的问题太复杂。不，也许这些都不是原因，关键是罗斯福太累了。

雅尔塔会议之后，罗斯福病倒了。谁都料想不到他会生很严重的病。他在会议内外都始终谈笑风生，声音洪亮有力。

罗斯福来到佐治亚州的温泉疗养院。

他自认为仍是风寒在体内作怪。不久前在竞选总统的日子里，他为了反驳政敌对他健康状况的质疑，坚持在凛冽的寒风中发表竞选演说。他一向有对付体内风寒的办法，自己摸索出了一套治疗的经验。他清晰地记得，1921 年他 39 岁那年扑灭了山火以后，冒失地下到海水冲洗灼热，是温泉水逼出了他体内的风寒，尽管强烈的刺激让他几乎要终生瘫痪。但是他没有想到，这次和那次不同了。那时的自己尚年轻，自身还有足够的阳气去逼走阴寒。而这时，寒湿之毒已将他全部攫住，他已经没有办法恢复体能了，浸泡在温泉中反而让他血液上涌，阻塞了大脑。他因脑溢血于 1945 年 4 月 12 日猝死，享年 63 岁。

罗斯福逝于世界反法西斯胜利曙光即将到来的前夜。这之后二十天，德国纳粹元首希特勒在地下室吞食毒药自杀。第二次世界大战全面结束。人们欢呼雀跃。

这一切，罗斯福都没有看到。但是，他已将在世的使命完成了。他为美国确立了自由主义的精神传统，他和他的盟友已全面部署了战后重建的世界秩序。至于他的后继者能否像他这样信仰着、工作着，那只能听从天意了。

罗斯福的去世，震动了全世界。所有爱好和平的人们都在沉痛悼念他。

听到罗斯福去世的消息，司徒美堂极为震惊和难过。本来，他是有一场和罗斯福见面的活动的。多少天里，他一直盼望着旧友重逢。

1945 年 3 月 12 日，美洲洪门恳亲大会在纽约举行，决定将洪门致公堂改组为海外华侨政党"中国洪门致公党"。从此，洪门从一个在亚秩序和边缘地带讨生存的、吸引中下层民众参加的、具有帮派性质的民间组织，成为具有合法身份和政治地位的现代政党组织。

司徒美堂以威望服众，被选为全美总部主席，成为美洲侨领。司徒美堂还被全美华侨选为中国出席联合国代表团的华侨顾问。司徒美堂听说联合国创始人罗斯福也将主持这次会议，他喜不自禁。他期待着与老朋友再次见面，共叙别后离情。他很兴奋，盼着会议召开。

谁料想，死神却将罗斯福带走。

深夜无眠。司徒美堂老泪纵横。

他弄不明白的是，为什么好人不长寿呢？

1925 年 3 月，孙中山先生在 59 岁的盛年带着未完成的共和遗愿离世。时隔二十年，罗斯福又在世界和平即将到来的关键时刻西归。

也许，有的人是负有使命才降临到这个世界的。他们在完成了使命以后会飘然远去，不再回头，不再对尘世有丝毫的眷顾。孙中山先生完成了推翻清王朝、将中国引向共和的纪元；而罗斯福连任四届总统，让美国经济在大萧条时期得以复苏，在"二战"中带领美国创造了神话和世界崭新秩序。他做的已经足够多了，上苍已经不再想要烦劳此君了。

司徒美堂非常庆幸自己此生能有机会与这世界上两个伟大的人物相遇，他从他们身上学习到了太多的东西。那是关于信仰、坚持、公平、正义的道德理想与价值。尤其罗斯福更是有恩于美洲华侨的，正是在他任下，《排华法案》在执行了六十年以后终于得以废除。

罗斯福的逝世也让中国政府及民众感到哀伤。罗斯福对中国抗战的肯定与支持让人无法忘怀。

1945 年 5 月，重庆设"国立罗斯福图书馆"。1955 年后虽更名为"重庆市图书馆"，但 2007 年仍以"罗斯福图书馆旧址"对外开放，里边展出的是"二战"的资料以及中国抗战的相关文档。

1945 年至 1949 年，天津和平区和平路曾被冠名以"罗斯福路"。

司徒美堂痛悼罗斯福。日后他常常对人说："罗斯福总统对华侨的友谊永远不能忘记。"

《在场》2017 年秋

腾冲：极边第一城的抗战往事

聂作平

一座繁荣、富庶的"人类学的奇境"，在日军占据的八百多个日子里，却变成了修罗场。中国远征军浴血奋战，终于以异常惨重的代价收复河山，一个细节是：吃饭时，某连队伙夫挑着饭食上战场，却无人前来食用，原来这一连队的官兵竟全部阵亡……

日军入侵前的边城生活

印度洋板块和亚欧板块的猛烈碰撞，形成了一座长达五百余公里的山脉——高黎贡山，这里峡谷纵深，山势陡峭。在这种典型的山区，那些分布在山间或河畔的大大小小的平坝，便是上天难得的恩赐，必定成为人口稠密的村落和城镇。坐落在高黎贡山脉中段的腾冲，就是这样一座边城。

由于地处滇西要冲，从两千多年前的西汉起，腾冲就是南方丝绸之路上的一个重要节点，同时也是国内的最后一个驿站。历史上，作为滇西军事要地、商贸重镇和政治中心，腾冲管辖的地盘比今天大许多倍，就连如今管辖它的保山以及邻近的德宏和境外的缅北大片地区，都曾是它的属地。腾冲府、腾越卫、腾越州、腾越道、腾越厅，这些五花八门的名字所指向的，其实都是自民国以后名称及行政级别再没变化过的腾冲县。

公元 1639 年夏，伟大的旅行家徐霞客在滇中一路西行，千辛万苦地抵达了腾冲，这是他生平足迹最远之地，也是他记忆最深之地。温泉、火山、雨林，以及奇异的民俗民风，这些都让徐霞客感到新鲜，而高山怀抱中腾冲城的繁华更是出乎他的意料，他因之宣称"此城又迤西所无"，这句话后来演变为对腾冲的历史定位：极边第一城。

有两座在战火中遭受毁灭性破坏的建筑，可以说明腾冲曾经的重要性。其一是英国领事馆。众所周知，一个国家设在别国的大使馆，一般是在首都，而领事馆则大多设在重要城市。在一个县设领事馆，这在全中国都是绝无仅有的。腾冲地处由中国进入中亚和南亚的桥头堡位置，与英国殖民地——缅甸，有着漫长的边境线，英国人自然认识到了腾冲的重要意义。

其二是腾越海关。作为边疆省份，云南与多个国家接壤，近代共设有三个海关，即蒙自、思茅和腾越。从清末到民国，腾越海关年进出口货物总值从数十万海关两至数百万海关两，极盛时期的1920年更是高达五百六十多万海关两。如今的腾冲也有海关，只不过无论是管辖区域还是交易的兴旺程度，都不能与那时同日而语了。

在腾冲，有一句广为人知的俗语："穷走夷方富走厂。""穷走夷方"，是指生活无着落的时候，就到以缅甸为主的东南亚国家谋生；"富走厂"，是指要想发家致富，就到缅甸的玉石厂和其他矿山冒险一搏。原来，地处高黎贡山区的腾冲，耕地少而生齿众，无法从土里扒食的穷人或是企图做大做强的富人，都有着沿古老商道深入缅甸等东南亚国家以图发展的传统。以腾冲下辖的和顺镇为例，这个中国著名的侨乡，全镇人口只有五千人，在海外的侨属却多达一万余人，分布在缅甸等十余个国家。

历史上，那些"走夷方"的腾冲人，在外发达者不计其数。更重要的是，中国人大抵都有"富贵不归故乡，如衣锦夜行"的观念，在外发达之后，首先要干的事就是衣锦还乡。因此，这些富翁在将大把大把的银子带回腾冲时，还带回了各种各样的洋货：从压面机到牛皮箱，从照相机到缝纫机，从文明棍到博士帽，从留声机到电影放映机，从手摇发电机到婴儿车……大山里的腾冲，其实曾是中国最时尚、最洋气的城市之一。

眼睛盯着外面世界的腾冲人，还把精神层面的东西也带回了腾冲，使得腾冲真正与世界接轨。在和顺，有一家当时全国最大的乡村图书馆。这家图书馆创建于1928年，由于捐书捐款者众多，图书馆在十四年后进一步扩建。民国时期，馆藏图书就达两万余册，并藏有包括《武英殿聚珍全书》《九通全书》等多种珍本、善本。崔永元曾经调侃说："和顺镇的人不务正业，经常把牛放在山上吃草，自己跑去看书。"

1934年，腾冲医生尹大典在缅甸行医，偶然在英国商人家里看到无线电收音机，当即购买后捐给和顺图书馆。和顺图书馆的工作人员通过收音机收听新闻，并据电讯编印《图书馆三日新闻》油印小报。"七七事变"后，为唤醒民众，宣传抗日，小小的腾冲竟然创办了多家报刊，如《腾越日报》《腾冲周报》《怒江旬刊》《抗敌月刊》《边铎》《晨曦》等。这种文化的自觉和后来基于文化自觉的民族自强，显然不是空穴来风，它有着深厚的经济基础与人文传统。

日军入侵前，腾冲的繁荣与富庶，不仅有大量照片为证，还有一位著名的外国人曾在游历此地之后，写下的对这座极边古城的印象记为证，这个人就是埃德加·斯诺。

1930年底，斯诺经滇越铁路来到昆明，于次年3月2日随马帮到达腾冲。他在发表于1939年9月15日纽约《太阳报》的文章中写道："路上从腾越过来好多马帮，驮着棉花、罐装奶、鸦片，偶尔也有加强警卫的骡子，驮的是玉石和银子。""我不会忘记，从南门进城以后，在宽阔的街道上行走，街上好像空无一物，却是全云南最清洁的街道。""突然之间，当落日西沉到蔚蓝色的山峰下面，一位年轻的中国女子骑马走过城门。她走近我风尘仆仆的坐骑时，抬头看了我一眼，微微一笑，然后又将头俯至鞍前鞠了一躬。我高举帽子，挥舞致意，她以年轻女皇的风姿骑马而过。这就是我记忆中的腾越。"

三天后，当斯诺离开腾冲时，他已对这片原本陌生的土地产生了深深的眷恋之情，以至于他暗中许下诺言："我下了决心，总有一天还要重返这块人类学的奇境。"然而，此后斯诺再也没有到过云南，更没有到过腾冲。即便他真的回来，他也见不到留在梦中的那座古老城池了。就在他那篇文章发表后不久，这座极边第一城便在战争中化为焦土。

刺刀下的高黎贡

日本人来了，他们的皮靴踏进了这方中国人的乐土。

进入腾冲的是日军第56师团。日军入侵中国之时，曾有过三个月灭亡中国的叫嚣，但即便随着武汉、广州的陷落，日军占据了大半个中国，切断了中国东南沿海的海上交通线，也并未使国民政府投降。当时，中国与国际沟通的路线有三条，一是滇越铁路，一是滇缅公路，一是西北的新疆路。随着战局的发展，尤其是1940年9月日军占领中南半岛和1941年苏德战争的爆发，以及日本和苏联签订密约，中国只剩下了唯一一条国际交通线，那就是滇缅公路。依靠滇缅公路，大量美援输血般地进入中国，支撑起抗日局面。为了彻底击败中国，日本在1941年12月7日偷袭珍珠港得手后，开始布局入侵滇西，以便切断中国最后的国际通道。

1942年4月底，日军第56师团攻占缅甸东北重镇腊戍。5月3日，国门畹町失守，次日芒市、龙陵相继陷落，与之成掎角之势的腾冲，势必成为日军的下一个目标。此时，腾冲城里人心惶惶，一片混乱。云南王龙云的儿子龙绳武时任腾龙边区行政监督，是腾冲一带的最高军政长官。在敌军到来之际，龙公子首先想到的不是守土有责，而是他本人和大量财产的安全。他一面急电其父，要求把他调回昆明；一面组织大量人力，将他在职期间搜刮的财物悉数运走——几十年后，龙绳武接受采访，出版了一本回忆录，回忆里他对抗战时的事一笔带过，至于当年放弃职守，携财狂奔的所作所为，更是只字未提。龙绳武逃跑后，腾冲最高长官为县长邱天培。上行下效，当天夜里，邱天培也带着家眷，在自卫队和警察的护送下逃离了这座不幸的城市。

1942年5月10日上午，日军第56师团146、148联队的各一部分组成的"黑风部队"二百九十二人不费一枪一弹，占领了这座极边第一城。

富庶的腾冲肯定会让入侵的日军窃喜不已，单是从腾冲商会和盐局获得的物资就丰厚无比：共计大米三千余驮，花纱、布匹、洋货九千三百余驮，药品八十七驮，玉石三十驮，杂货七百九十驮，食盐无数，价值国币八千二百余万元。更为重要的是，至此，怒江以西的滇缅公路两翼重镇均为日军控制，中国唯一一条国际大通道业已不存。令日本人想象不到的是，尽管滇缅公路的丧失，曾令蒋介石忧心如焚，并一度做出了如昆明失守，则国民政府迁到西昌继续抗战乃至到印度组织流亡政府的打算，但中国并没像日本人推测的那样，被迫回到谈判桌前接受城下之盟。更让日本人想象不到的是，滇缅公路中断后，中美两国的勇士们竟联手开辟了一条西起印度阿萨姆邦，向东飞越喜马拉雅山脉和横断山的名为"驼峰航线"的空中走廊，从而成为世界战争史上持续时间最长、飞行最艰难、牺牲最巨大的航线。如今，腾冲将其机场命名为"驼峰机场"，正是对这条曾经关系到国运的空中走廊的纪念。

日军占领腾冲共两年四个月又四天。占领之初，日军官佐处心积虑，时时扮成"文明之师"的模样，比如据章东磐记载，和顺的一个老人曾告诉他，日本兵住在他们家里，冬天烤火时，屋里的木地板被灼焦了一小块。第二天，小队长给在院子里排好队的士兵每人一记耳光，并令他们向中国主人道歉。

但正像学者戈叔亚总结的那样：日本军队在哪里遭遇抵抗，他们就对哪个区域的平民施暴。日军占领腾冲的将近两年半的时间里，中国人的抵抗从来就没有停止过。日军占领腾冲近两个月时，六十二岁高龄的张问德临危受命，宣誓就任腾冲县县长。两年里，他以老迈之躯，八渡怒江，成为腾冲人民抗日的一面旗帜。此外，国军预备二师以及土司线光天组织的潞江自卫队等武装，也在密林的掩护下从事游击活动，日军虽然占领了腾冲城，但城外的莽莽群山却令他们望而生畏。

战前的世外桃源，战争中却成了修罗场。从前那种商旅不绝于途，人民安居乐业的恬然一去不复返。据战后统计，被日军占据的八百多个日子里，日军共放火烧毁房屋两万四千余间，其中有四十多个自然村被全部烧成瓦砾；劫掠粮食六千万斤，牲畜五万余头，损失总计五十多亿国币。比财物损失更严重的是人民死于非命：战前腾冲总人口已有二十六万余，战后却不足二十万。1942年5月19日，日军"扫荡"腾北，将逃难至栗柴坝渡口的三百多名难民驱至怒江边，先对妇女实施强奸，然后用机枪扫射，两百余人遇难，史称"栗柴坝惨案"。1943年，日军"扫荡"保家乡和三联乡，保家乡的九个自然村中有六个村因住过中国远征军而被烧光，强奸妇女一百二十八人，一百三十七人遇难。日军抓获为远征军送情报的戴广仁和张德纯，严刑逼供，用滚烫的油锅将两人烹死；一个叫寸常宝的少年被日军抓获后杀死并取出心肝，用葱姜炒熟后食用……

腾冲之围

当初，两百多人的日军小部队兵不血刃地进入腾冲，这支主要由九州矿工和北海道农民组成的军队，想必从上到下都坚信"皇军"一定武运长久——1942年8月末，以日军148联队为核心的腾越守备队下乡"扫荡"，军官们在一座古老的建筑前合了一张影。照片上，前排就座的四个级别较高的军官各持一把战刀，看上去八面威风。孰料，不到两年半时间，大地就像陶轮一样翻转过来——腾冲成为中国军队在"二战"期间收复的第一座县城。照片上的这十多名日军，可以肯定，他们都在两年后的腾冲之围中成了炮灰，命丧异国。

1944年4月，中国驻印军开始反攻缅甸密支那，为策应中国驻印军并打通滇缅公路，远征军司令卫立煌上将奉命于5月发动滇西反攻。以滇缅公路为界，远征军第20集团军从路北反攻腾冲，第11集团军由路南反攻龙陵。日军第56师团师团长松山佑三，企图凭借险恶的地形，将远征军阻挡并消灭在怒江西岸和高黎贡山中。但1944年6月，远征军势如破竹，北线拿下桥头、瓦甸、江苴等龙川江岸的战略要地，向腾冲逼近；南线则对龙陵步步紧逼。松山佑三权衡得失，亲率主力增援南线，命令守卫腾冲的148联队退守城中，坚守到10月份，以图救兵到来。

守卫腾冲的148联队实际已被抽走一个大队，兵力约为两千人，联队长为藏重康美。他奉命将部队退守到腾冲城周边，日夜构筑工事，企图坚守待援。

腾冲境内有九十多座火山，来凤山是其中之一。如今，这里已被开发成小有名气的国家级森林公园，但七十年前的腾冲围歼战中，来凤山却是远征军必须率先啃下的一块硬骨头。当年的一份《战斗详报》记载：来凤山为紧接腾冲城之唯一制高点，形似钢盔，由西北向东南巍然矗立于大盈江南岸，环抱南关，四周峻峭，易守难攻。故敌陷腾城，旋即划该处为要塞区，经两年之修筑，已于该山象鼻子、文笔坡、文笔塔、营盘坡等高地筑有坚固堡垒，并于四周设置数道铁丝网，凡可接近之处，均置有地雷。

攻打来凤山始于 1944 年 7 月 10 日，于 7 月 27 日结束，为时十七天。当时，腾冲民众都知道侵略者大势已去，坐困孤城的日军的最后灭亡只是时间问题，因此成千上万的民众站在高处观看这场攻坚之战，更有无数腾冲民众加入志愿者的行列。曾参与此战，时任预备二师六团团长的方诚回忆说："本师开始攻击之际，白发苍颜之老先生，西装革履之少爷公子们，以及许多男女学生、乡镇民众等，均争相驮沙袋、运子弹、送茶饭，并有许多太太小姐，成群结队地跟在部队后面观战，好像要赶会看戏去似的，此时官兵精神异常振奋，几不知是在打仗。"

7 月 26 日，盟军十几架飞机穿云破雾，飞临来凤山上空，不断轰炸扫射并投掷燃烧弹。之后，远征军以团营为单位发动猛攻，很快拿下来凤山大部分制高点。次日，城内三百余日军出城增援，几乎全被歼灭。至此，来凤山被远征军控制，日军全部退入腾冲城固守。关于来凤山之战的激烈，日军战史称：尽管来凤山阵地守备队为迎击进攻的远征军进行了拼死顽强的抵抗，但由于远征军一线的进攻部队采用轮换人员、连续进攻的战术，使来凤山阵地的守备队没有丝毫喘息的机会，就连修复被毁坏的工事的时间也没有，终日被激烈的炸弹轰炸，死伤不断增加。更为严重的是，此时强大的远征军一部分已侵入来凤山和腾越城之间的中间地带，形势逼得守备队不得不放弃阵地。

中国军队的损失也异常惨重，对此，只需一个细节即可说明：吃饭时，某连队伙夫挑着饭食上战场，却无人前来食用。原来，这一连队的官兵竟全部阵亡。

火山石筑就的腾冲城墙高大宽厚，两年前，日军入侵时，驻防此城的龙绳武望风而逃，徒让极边之城蒙羞；可叹的是，两年后，当中国军队攻打这座自己的城市时，却不得不为城高墙厚付出巨大代价。

1944 年 8 月 2 日，在盟军飞机的掩护下，远征军发起对腾冲的进攻，先投入了四个师，后又投入五个师。日军的单兵作战能力在中国军队之上，再加上深受武士道精神洗脑，绝大多数都抱定了所谓玉碎的信念，是故其抵抗力极为顽强，远征军的进展极为缓慢。依靠空中力量把高大的城墙炸开缺口后，远征军终于攻入城内，不得不和日军进行逐街逐巷甚至逐院逐室的巷战，每天只能推进几十米乃至几米。8 月 5 日，远征军在空军掩护下清除一个堡垒群时，阵亡官兵竟达五百人。

参战的中国军人蔡斌回忆："腾冲城里到处是枪声、喊杀声，一眼望去都是烈火和硝烟。断壁残垣下，死尸味直呛得恶心。在进攻的道路上，我们为了隐蔽身体，不得不扒开敌人腐烂的尸体，从一堆堆的蛆虫上爬过去。在受日军火力所阻，又找不到隐蔽的地方时，就只好把死尸堆起来充当防御工事，让自己卧倒在恶臭的血水之中。有时一梭子子弹或一颗手榴弹炸在尸体上，弄得我们一头一脸臭烂的死人肉。"

吉野孝公是这场围歼战中存活下来的不多的几个日军士兵之一，他后来回忆："敌人的炮兵阵地一齐向城内开火。空中大编队的战斗轰炸机也对城内各个角落实施反复的扫射和轰炸。城内立刻变成一片火海，无数官兵被炸死在熊熊燃烧的大火中。火焰喷射器吐着通红的火舌烧遍城内各战壕，从战壕里跳起的士兵，全身被火包着，像火人一样到处乱窜，身体不到十秒钟就被烧尽了，城内满是这样的尸体残骸。"

9月12日，自知大势已去的腾冲日军最高长官太田正人大尉，发出了最后一封电文："根据现在的情况，要想再坚持一个星期无疑是困难的。我们决定在联队长阵亡整整一个月后的明天，即9月13日，做最后的果断突击，以此消除怒江作战以来心中的郁愤，以此最后为军人的荣誉争光。"之后，他下令焚烧军旗和密电码，毁坏无线电台，逼死慰安妇。两天后的9月14日上午，据守三间危房的太田正人见到了他生命中的最后一轮朝阳，而后，他和部下开枪自杀。至此，腾冲之战以中国军队付出惨重代价后胜出。

尽管盟军士兵不得上前线，但腾冲之围中，仍有十九名盟军士兵牺牲。当时，制空权已为盟军掌握，盟军空军少校卢维斯曾多次驾机轰炸日军阵地，在几千米到几百米的高空，他见证了这座雄伟的古城如何在几十天的时间里成为一座弥漫着死亡与腐朽气息的死城，他在回忆录中说："每天从飞机上，我目睹着腾冲城在慢慢地毁灭。我可以看到一栋栋房屋在燃烧，一个个炸弹坑以及中国人的厮杀。战斗结束，每栋建筑物，每个活着的生命被系统地彻底地摧毁了。死亡的波浪从东到西、从南到北冲刷着整个城市，腾冲城已经毁灭了。"

战后的腾冲从一座繁华的古城变成一片可怕的废墟。一组当年留下来的老照片，更是生动还原了历史之一瞬：作为腾冲文脉象征的文星楼被炸毁，地上一片狼藉；曾经高高在上的龙云铜像身首异处；民国元老李根源故居叠园仅余残垣断壁；英国领事馆的办公楼和餐厅被夷为平地；腾冲人引以为傲的琥珀牌坊仅余三分之一，孤零零地直指苍穹……

向腾冲致敬

从横渡怒江到攻克腾冲，几个月时间里，中国远征军经历大小战役四十余次。

牺牲者的鲜血不仅换来了腾冲的收复，更重要的收获在于心理上：怒江战役是七年来中国在抗战中第一次主要的攻击，战役的胜利表明了中国军队的攻击能力，在精神上可以鼓舞所有其他的中国军队；在物质上，由于供应品经由史迪威公路运入中国，加强了国军的作战能力，贡献至为巨大。

如同一个期盼已久的信号，在收复腾冲不到一年后，原本所向披靡的"大日本皇军"终于走到了穷途末路，天皇不得不宣布无条件投降。其时，那些为了攻克腾冲而阵亡的国军将士的坟头，野花正摇曳于夏秋之交。

腾冲人李根源是著名爱国民主人士，民国年间曾做过部长并代理国务总理，抗战时，他发表《告滇西父老书》，号召民众抗日。腾冲收复后，李根源四处奔走，倡议为死难烈士建一座陵园，这就是如今我们见到的国殇墓园。

墓园里，一共有三千三百四十六块腾冲阵亡国军将士墓碑和十九块盟军士兵墓碑——仅收复腾冲之战，国军阵亡将士就高达九千一百六十八名，也就是说，有将近三分之二的烈士没有留下姓名，他们只是一个模糊的群体，在历史深处闪动着热血的幽光。黑压压的墓碑简陋矮小，采用腾冲遍地皆是的火山石做成。其实，火山石虽不像大理石那样名贵，却更符合这些长眠在地下的烈士，他们的人生在这里画上句号，但我们依然记得火山喷发时的那种摄人心魂的磅礴力量。

今天的腾冲因为火山，因为温泉和阳光，已然成为新的旅游目的地。当我在这里旅行时，温泉洗去了我路途的疲惫，远山慰藉了我尘世的辛劳，而地道的边疆美食，则成为另一种挥之不去的记忆。尽管夜色已深，但街道上还随处可见饮酒聊天的原住民或旅行者，他们面色安详沉静。如同七十多年前日军入侵之前的那些日子一样，这里又成为一个自足的世外桃源。在国殇墓园的庇护下，这座城市享受着属于它的幸福时光……

《同舟共进》2016 年第 12 期